国家出版基金项目
NATIONAL PUBLICATION FOUNDATION

中国粮食经济与安全丛书

中国粮食经济史

程晓林　著

中国农业出版社

北　京

图书在版编目（CIP）数据

中国粮食经济史 / 程晓林著. -- 北京：中国农业
出版社，2024. 8. -- （中国粮食经济与安全丛书）.
ISBN 978-7-109-32291-2

Ⅰ. F326. 11

中国国家版本馆 CIP 数据核字第 2024LQ1967 号

中国粮食经济史

ZHONGGUO LIANGSHI JINGJISHI

中国农业出版社出版

地址：北京市朝阳区麦子店街 18 号楼

邮编：100125

责任编辑：杨　春　王佳欣

版式设计：王　晨　　责任校对：吴丽婷

印刷：北京通州皇家印刷厂

版次：2024 年 8 月第 1 版

印次：2024 年 8 月北京第 1 次印刷

发行：新华书店北京发行所

开本：720mm×960mm　1/16

印张：12.5

字数：210 千字

定价：75.00 元

总　序

粮食事关人民健康、经济发展、社会稳定，粮食安全直接影响人民生命安全、经济安全乃至国家安全。粮食安全影响中国，也影响世界；影响当前，也影响未来。

新中国成立 75 年来创造了中华民族农业史上的四个里程碑：彻底摆脱了持续数千年的饥饿困扰，彻底结束了持续 2 000 多年交"皇粮"（农业税）的历史，基本结束了持续数千年"二牛抬杠"依靠畜力耕地的历史，彻底消除了现行标准下的绝对贫困。2021 年，我国人均粮食占有量已经达到 483 千克，超越了联合国粮食及农业组织规定的人均 400 千克粮食占有量的温饱线（吃饱线），但距发达国家人均消费粮食 800 千克左右的"吃好线"还差 317 千克。可见，"吃饱没问题，吃好要进口"是中国粮食安全的基本国情，粮食安全问题将长期存在，我国必须走出一条具有中国特色的农业发展、粮食安全的发展道路，牢牢地把饭碗端在自己手中。

未来，粮食安全问题将更为突出，粮食安全鸿沟将长期存在，粮食安全将长期困扰人类生存与发展。当前，世界上 78.9 亿人中仍有 8.28 亿人没有吃饱，未来还将出生的 25 亿人吃什么？世界粮食安全期待第三次绿色革命，期待填平粮食安全鸿沟，期待人类粮食命运共同体的诞生！

在国际环境日益复杂多变的形势下，推动粮食产业高质量发展、稳住"三农"基本盘是应对国内外各种风险挑战、保障国家经济安全的战略要求。确保国家粮食安全，既需要足够的粮食产量和合理库存作为前提，又离不开相应的加工流通能力和产业链掌控能力。在复杂的地缘政治环境和不确定的贸易政策形势下，我国 1 亿多吨的粮食进口面临着国际粮源与供应链中断风险；在农业资源约束趋紧、粮食供需错配的背景下，6 亿多吨的消费量、3 亿多吨的存储量、2.4 亿吨的跨省物流量，给国内粮食生产、收储、加工、流通带来了巨大压力和挑战。我国既可能面临国际市场风险加剧、国际供应链中断所带来的防御型安全威胁，又可能面临"谷贱伤农""米贵伤民"在粮食生产、流通领域的管理型安全威胁，必须统筹好粮食生产、储备、流通、贸易，大力发展粮食产业经济、健全粮食产业体系。

第七次全国人口普查数据表明，我国人口总量将在 2025—2030 年达到峰值 14.5 亿人，以人口老龄化为核心的人口结构性矛盾日益突出。为应对人口峰值和老龄化所形成的粮食安全保障与消费新需求，必须谋划粮食安全保障新战略和粮食产业发展新方式。同时，随着居民收入增长与消费升级，口粮直接消费（面粉、大米）逐步减少并趋于稳定，肉蛋奶的消费总体仍呈上升趋势，未来我国粮食消费结构中，除了主粮、饲料粮，蛋白饲料、能量饲料等需求将呈持续增长趋势。2021 年我国人均国内生产总值（GDP）已达到 12 551 美元，但距高收入国家标准还有不小的差距。经验表明，进入高收入国家，食物消费结构将发生较大变化。目前，我国粮食需求仍然处于上升通道，保障粮食供应的任务十分艰巨，但同时也为粮食产业链的转型升级、高质量发展提供了战略性机遇。

产业强、粮食安，习近平总书记多次对粮食问题作出重要指示，强调抓好"粮头食尾""农头工尾"，抓住粮食这个核心竞争力，延伸粮食产业链、提升价值链、打造供应链，深入推进优质粮食工程，做好粮食市场和流通的文章，为保障国家粮食安全、加快粮食产业高质量发展指明了正确方向，提供了根本遵循。

为深入贯彻习近平总书记关于保障粮食安全的重要论述，全面系统研究中国粮食经济与安全领域的关键性理论问题，更好地支撑粮食经济与安全发展，中国农业出版社组织编写了"中国粮食经济与安全丛书"。该丛书围绕"立足新发展阶段、贯彻新发展理念、构建新发展格局、推进高质量发展"，在粮食产业高质量发展评价体系设计与应用的基础上，从流通、贸易、金融化、储备、基础设施、经济史等方面按照"高质量发展及支持政策的问题识别→解决短板、实现高质量发展的路径设计与机制识别→保障高质量发展的推进策略"的思路，进行流通、贸易、金融、储备、基础设施等关键环节的政策效果评估和路径优化研究，有利于构建链条优化、衔接顺畅、运转高效、保障有力的粮食产业体系，进而实现我国粮食安全保障战略和粮食产业高质量发展。该丛书共 7 册，分别为《粮食安全视角下中国粮食储备管理制度与风险防范研究》《"双循环"下中国粮食流通体制改革与创新研究》《地缘政治风险影响中国粮食价格的传导机制与实证研究》《中国跨国粮食供应链构建的现实逻辑与路径优化》《中国粮食生产高质量发展研究》《粮食安全战略下农业基础设施建设对粮食增产效应的研究》《中国粮食经济史》，是国内首套中国粮食经济与安全的系统性著作。

该丛书的顺利出版，对于构建具有中国特色的粮食安全与产业高质量发展理论体系、深化对以粮食为客体的若干重大关系的认识、破解粮食产业高质量发展政策目标错位的难题、指导粮食产业高质量发展评价等都具有重要意义。该丛书既可为我国粮食战线广大干部职工和科技人员学习研究提供参考，又可为政府部门制定与完善我国粮食安全战略和推动粮食产业高质量发展政策措施提供借鉴。

手中有粮，心中不慌。我国粮食安全问题是一个需要持续关注的兼具理论性和现实性的战略问题。该丛书对于相关问题的研究不免挂一漏万，希望更多的专家学者关注、研究中国粮食安全问题，为"中国人的饭碗任何时候都要牢牢端在自己手中，我们的饭碗应该主要装中国粮"作出新贡献。

清华大学国际生物经济中心主任

序

"国以民为本，民以食为天"，粮食不仅是人民生活的保障，也是国家安定繁荣的基础。在中国五千年的历史长河中，历代封建王朝都非常重视粮食的生产与供应，有些王朝正是没有处理好粮食问题而导致灭亡。时至今日，我国依然面临着粮食安全危机，生态环境变化、气候变化、人口增长、饮食习惯变化等因素都在潜移默化地影响着粮食安全，因此对粮食问题的研究是永不过时的话题。

粮食是人类历史上最早参与市场交易的商品，也是国际大宗商品交易最重要的物资，从经济学角度来研究粮食问题向来是学界研究的重点。《中国粮食经济史》的撰写正是服务于这一目的。本书试图从生产、分配、流通、消费四个环节来探索我国粮食经济的历史规律，为新时代中国特色社会主义建设的粮食安全而服务。

学界对粮食经济历史的研究由来已久，从《汉书》以来的历代正史都有专门记载粮食经济活动的《食货志》，《通典》更是把《食货典》放在首位。现代著作有郁长荣和王璋的《中国古代粮食经济史》（1987年）、李全根的《中国粮食经济史》（1991年）、许宗仁的《中国近代粮食经济史》（1996年）、许道夫的《中国近代粮食经济史》（2010年）等，这为我国的粮食经济史研究打下良好基础。为进一步加深对粮食经济史的研究，本书在结构上采用专题形式分别探讨我国粮食生产、分配、流通、消费四个环节的特征，在内容上不再局限于对典籍的引用，并且加入了最新的研究进展，力图为粮食经济专业的学生与研究者提供一个更为清晰的分析框架，为粮食经济学科的发展提供帮助。

需要说明的是，由于作者水平有限，书中不足之处尚祈指正。

作　者

2022 年 6 月于郑州

目　录

生 产 篇

粮食是人类社会的基本需求之一，粮食生产是国家生存和发展的基石。在不同历史时期，粮食生产都是社会关注的重点。保障人民的口粮安全是国家的首要任务，不仅有助于维护社会的稳定和发展，还是提高国家综合实力、提高农业社会人民收入的主要手段。

粮食生产主要关注三个根本问题：一是生产什么。不同历史时期，由于作物品种不同，主粮结构也在不断演变。二是在哪生产。中国地域辽阔，地形复杂，气候条件多样，这些因素对粮食生产产生了深刻的影响。三是如何生产。科技水平和农业生产水平密切相关，在封建社会，尽管中国的农业生产技术不断发展，但相对于现代科技水平仍然较为落后。随着人口的不断增长，生产技术与生产方式也需要不断更新。

第一章
我国粮食结构演变历程

中国传说中最早的农神——神农氏，也称炎帝、列山氏，遍尝百草，找到适合食用的粮食植物，而其子"柱"，"能植百谷百蔬"。在百谷之中，经过长期的比较和选择，最终形成传统意义上的"五谷"，这五种植物就成为中国历史上最为重要的五种粮食。

关于五谷的解释有多种，《周礼·天官·疾医》载，"以五味、五谷、五药养其病"。郑玄注："五谷，麻、黍、稷、麦、豆也。"《孟子·滕文公上》载，"树艺五谷，五谷熟而民人育"。赵歧注："五谷谓稻、黍、稷、麦、菽也。"《楚辞·大招》载，"五谷六仞"。王逸注："五谷，稻、稷、麦、豆、麻也。"《素问·藏气法时论》载，"五谷为养"。王冰注："谓粳米、小豆、麦、大豆、黄黍也。"

以上多种提法中，五谷作物包含6种：黍、粟（禾、秫）、稻（米）、麦、菽（泛指豆）、麻。有的"五谷"称谓中无稻，或无麻，或无黍，是不同地区根据其种植环境而定，一般北方无稻，南方无黍。综合现存的甲骨文、《诗经》《周礼》等早期文献的记载，这6种作物是我国主要的粮食来源，并且在商周时期就已经成形。

明代之后，玉米、番薯与马铃薯的引入进一步丰富了我国的主粮结构，这些作物普遍高产、耐饥，不与传统主粮争地，因此都得到大规模的种植。现今我国的粮食结构按重要程度依次是水稻、小麦、玉米、高粱、小米、甘薯和马铃薯。

第一节　黍为主粮时期

黍是我国粮食的鼻祖，它在甲骨文和《诗经》中经常出现，是我国早期与粟并列的主粮。从目前的考古资料来看，黍在黄河流域七八千年前就已经种植，在新石器时代栽培黍和粟的遗址已经被发现有近50处。黍俗称黄米，它抗旱能力极强，生长周期短，与杂草的竞争能力强，是人类早期耕种的高地作物，也用于开荒时的先期作物。

在早期，黄河流域的先民们还没有学会用沟洫的排水系统时，为了避免洪水的侵袭，主要还是在高地上种植黍，而其文字也由黍成熟的形态演化而来（图1-1）。黍的种植也形成了我国特有的高地文化，与西方的海洋文化形成对比。晋人束晳《补亡诗》载，"黍华陵巅，麦秀丘中"。陵即山地，丘陵也，说明黍种植在高地上，而麦则在丘上。《淮南子·齐俗训》载，"故尧之治天下也……其导万民也……泽皋织网，陵坂耕田"。《诗·小雅·正月》载，"瞻彼阪田"，阪为崎岖之处。《管子》书中记有"陵稻"，即种植于山坡上的高地之稻。《吴越春秋·吴太伯传》中载，"尧遭洪水……尧聘弃使教民山居，随地造区"，这里的"山居"，就是带领人民住在山上。《易经·系辞》载，"上古穴居而野处"。《孟子》载，"当尧之时，水逆行，泛滥于中国，蛇龙居之，民无定所，下者为巢，上者为营窟"。《礼记·礼运篇》载，"昔者，先王未有宫室，冬则居营窟，夏则居橧巢"，"营窟"为环形山洞。以上这些都说明古时期人们的居住和耕田都在高地，在学会治理洪水之前无法居住和生活在黄河两边，而其种植的作物则是黍。

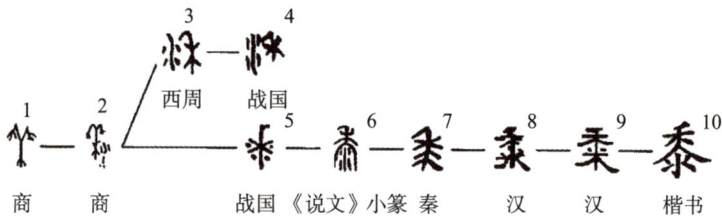

图1-1　"黍"字形演变流程

1、2《甲文编》312页　3《金文编》508页　4《楚系简帛》596页　5《战文编》487页

6《说文》146页　7《睡甲》111页　8、9《篆隶表》487页

图片来源：百度百科，"黍"，https://baike.baidu.com/item/黍/568123? fr＝ge_ala。

在甲骨文与《诗经》中，黍与粟经常连称为黍粟，说明黍在地位上较粟为重，在上古粮食作物中是最重要的。周朝东迁之后，人们加强了对黄河冲积平原的开发，黍这种高山作物因其口感硬、产量低，逐渐被粟所取代，但是在西北及高海拔地区还是作为重要的粮食作物，也是酿酒的原料。

第二节　粟为主粮时期

粟与黍在植物学上分属不同科目，粟称为"五谷之王"，是新石器时代黄河流域主要的栽培作物，在上古时期仅次于黍，而在东周之后、唐代以前一直是我国最重要的主粮，直到宋末，北方的稻与小麦逐渐发展，粟才退居二线。

粟的属性与黍非常接近，都具有抗旱、生长期短、抗杂草能力强的特点，只是抗旱和抗杂草能力较黍弱，所以才在没有耕种技术的早期处在黍之后。粟为狗尾草科，俗称"谷子"或"小米"，其中品质好的为"梁"，是古代贵族的高级粮食，而品质较差的为"莠"，其植株较细弱矮小，就是狗尾草，这就是"良（梁）莠不齐"成语的来源。

由于粟有坚硬外壳，便于保存，防虫防潮性能强，古人喜用地窖藏粟，所以粮窖是粟文化的特征之一。河北中南部的磁山文化，距今有七八千年，在其遗址中有 88 个窖穴堆存了粟，出土时色泽鲜明，清晰可辨，原储量估计为 13 万斤[①]。与其同时期的前仰韶文化，以及后来的仰韶文化（前 7000—前 5000 年）、龙山文化（前 5000—前 4000 年）均有修筑规整的储粮窖穴。黄河流域史前考古发掘的粮食作物也以粟为多。

由于粟的口感较黍好，产量较之更高，易于存储，所以一直是中国北方民众的主食之一，也是北方文化的代表，与南方的稻文化形成对比。但从文化上来说，粟的影响更为深远。《齐民要术》将粟排列在第一位，并对粟的种植有详细的描述，且篇幅更大，由此可见一斑。

粟在甲骨文中也称为"禾"，"禾"就是粟成熟时谷穗下垂的样子。由于粟的推广，"禾"便演变为谷类乃至所有粮食作物的统称，大多与粮食作物相关的汉字都加"禾"旁。唐代诗人李绅《悯农》中所写"锄禾日当午，汗滴禾下土"中的"禾"就是粟，不可能是稻麦，因为稻在水中不需要锄，而麦苗在冬季，不存在"汗滴"的景象，这与禾的原意一致。《说文解字》载，"禾，嘉谷也。二月始生，八月而孰，得时之中，故谓之禾"。秦汉时期，粟是种植最多的谷物，唐宋时期也在南方提倡种粟，在唐初的租庸调制中，田租即用粟交纳，麦豆此时尚为杂粮，因此粟在唐诗中反复出现并不奇怪。

---

① 1斤＝500克。——编者注

稷也称为稷，为谷神，《说文解字·禾部》载，"稷，齋也，五谷之长"。段注云："稷长五谷，故田正之官曰稷。"《五经异义》载，"今《孝经》说：稷者，五谷之长，五谷众多，不可遍祭，故立稷而祭之"。"稷"字的初义应是一个侍弄禾谷的人，以后又被先民敬崇为神。由于"禾"用来泛指谷类作物，"粟"又用来泛指禾谷成熟后的种子，作为"谷子"的专用名称，"稷"字一直保留至今。社稷是土神和谷神的总称。土、谷是人们首要的、最基本的生活条件，因而也必然是古代中国的立国之本、执政之基。如此一来，土谷之神"社稷"常常被用来代指国家或朝廷。

第三节　稻为主粮时期

稻与黍、粟一样是自上古时期人类就开始培育的重要粮食作物，主要集中在长江流域，形成了我国"北粟南稻"的格局。在与中原仰韶文化的同时期，河姆渡文化就有了较为完善的稻作农业。在浙江余姚的河姆渡文化第四层，距今约 7000 年的土层中，考古发现了几十厘米的大面积稻谷、稻草和稻壳的堆积物，估计原始稻谷有 24 万斤，说明那个时期已经存在大规模的水稻种植。在更早时期，距今约 9000 年的湖南澧县彭头山遗址中，发现了保存在陶片和烧土中的稻壳。

水稻是由我国南方百越先民最先驯化的。早年主要栽培普通野生稻，零星分布在广大的南方地区，大致范围是东起台湾桃园，西至云南景洪，南至海南三亚，北至江西东乡。目前发现的新石器时代稻作物遗址 80 余处，以长江中下游最为密集，主要集中在公元前 9000—公元前 7000 年。

相传大禹治水曾在北方低湿地推广种稻。农史专家游修龄认为，甲骨文中也有稻字，即黍从水旁即指稻，因为稻和黍均系散穗形植物，其区别在于水栽还是旱作。因此中原地区的甲骨文上面为黍字下面为水字，合起来表示水上的黍，即指稻，直到金文①时代才被现在的"稻"字所取代。

但在唐中后期以前，稻并没有成为全国范围内的主粮，原因是古代南方远离中原文化中心，气候温热，瘴疫流行，野兽和蛮人遍布，不利于人们居住。这种气候条件导致南方人口整体较少，不需要大规模种植水稻。比如在汉平帝

---

　　① 金文是汉字的一种书体名称，指的是铸造在殷商与周朝青铜器上的铭文，也叫钟鼎文。

元始二年（2），黄河流域中下游地区总人口有 2 800 万余（含今河南、山东、山西、河北、陕西 5 省），占全国总人口的 2/3，而面积数倍于中原地区的南方总人口才 680 万余（含今江苏、浙江、福建、江西、湖北、湖南、广东、广西 8 省、自治区），只占全国总人口的 13％。

东汉末年的吴国开始向东向南拓展疆域，蜀则向西南拓展，此时才让南方摆脱原始社会形态，但由于南方使用铁器和牛耕的比例远小于同时期的北方地区，所以稻在粮食中的地位还是不及黍、粟。随后东晋的士族南迁，通过占田对南方的土地进行了初步的改造，将部分地区修建成庄园，并将北方的铁器与牛耕带到南方，使得南方水稻种植获得初步发展。南朝四国继续了改造和修建的进程，形成"良畴美柘，畦畎相望""一岁或稔，则数郡忘饥"的局面。

隋唐之初，南方的水稻引起了北方朝廷的重视，不惜重金修建运河将稻米运往洛阳，首次获得与北方中原粮区的平等地位。在唐中后期，由于北方战乱，大量游民继续充实南方，并将北方的耕种技术带到南方。到宋代，南方水稻则已经超越北方，真宗大中祥符年间（1008—1016）从福建引入占城稻①，并推广于江淮、两浙等地，占城稻与传统晚稻配合成为双季稻，使谷物产量大为增加。在宋徽宗崇宁元年（1102），黄河中下游五省（同上）人口 2 400 余万，而东南 8 省份（同上）人口达 4 000 余万，占全国的 50％左右。

北宋末年北方战乱，宋王朝与流民继续南迁，南宋时期则达到人口发展的高峰。由于江南地区在元统一时期免遭战乱，导致元初全国 4/5 人口在秦岭—淮河以南、云贵以东的东南 8 省份。人口的增加既为水稻种植提供了更多劳动力，也证明了水稻确实有巨大的产出能力供养更多人口。宋代太湖地区水稻每亩产米二石五斗，合 450 斤左右，比唐代的南方水稻亩产增加了 63％。

南方地势与北方平原明显不同，为了水稻的推广，从东晋到南宋，大片的沼泽滩涂被辟为稻田，同时稻田向山上发展，陂塘建设与梯田成形，水利的进一步发展让丘陵山区也种上了水稻。从过程上来说，稻的推广是由下而上，先在河边种植，然后通过梯田、圩田、灌溉系统向山上和湖泊扩张。黍、粟的推广是由上而下，先在高山之上，人们学会沟洫之后才移向平原。

唐宋之时，北方地区、河西地区、新疆哈密、东北吉林中部、关中平原、

---

① 占城稻以其原产地位于今越南中南部的占城为名。占城稻又称早禾或占禾，属于早籼稻，原产越南中南部，北宋初年首先传入中国福建地区。根据中国古书记载，占城稻有很多特点。一是"耐旱"。二是适应性强，"不择地而生"。三是生长期短，自种至收仅五十余日。

黄淮地区均有种植水稻，水稻彻底确立了其主粮地位，明末宋应星在《天工开物·上篇·乃粒》中写道，"今天下育民人者，稻居什七"。

第四节　麦为主粮时期

麦是我国主粮中仅次于水稻的第二大粮食作物，但麦的起源并不在中国，而是中国早期引进的粮食作物。小麦是新石器时代的人类对其野生祖先进行驯化的产物，栽培历史已有 1 万年以上，原产于西亚，是一种跨年生作物，与中国传统春种秋收的作物完全相反，适合在西亚的冬雨区自然环境中种植。

两河流域是世界上最早栽培小麦的地区。中亚的广大地区，曾在史前原始社会居民点上发掘出许多残留的实物，其中包括野生和栽培的小麦穗、籽粒、炭化麦粒，麦穗和麦粒在硬泥上的印痕。早在公元前 7000—公元前 6000 年，在土耳其、伊朗、巴勒斯坦、伊拉克、叙利亚、以色列就已广泛栽培小麦；公元前 6000 年在巴基斯坦、公元前 6000 年—公元前 5000 年在欧洲的希腊和西班牙、公元前 5000 年—公元前 4000 年在外高加索和土库曼斯坦、公元前 4000 年在非洲的埃及、公元前 3000 年在中国和印度都已成规模性种植。

我国新疆孔雀河畔古墓沟遗址发现了距今约 3 800 年的小麦栽培遗址，1985 年和 1986 年先后两次在甘肃民乐东灰山遗址中发现距今 5 000 年的碳化小麦和大麦粒。黄河流域的小麦主要是由西部一些少数民族传入，比如通过羌族由新疆、河湟这一带传入。周族在其先祖后稷时已经种麦，但先秦种麦不多，麦类在古中国时期，地位在黍稷和大豆之后。

由于麦是外来物种，所以从字源上有"来"的意思，甲骨文中以"𣏟"字表示麦。在甲骨文中"𣏟"字下面加"足"，即形成了现在的"麦"字①。这也是麦字从"来"旁，而与中国传统作物从"禾"旁的区别。

殷墟出土的甲骨文有"告麦""食麦"记载。《诗经·周颂·思文》载，"贻我来牟"，亦作"麳麰"。三国魏张揖《广雅》有"大麦，麰也；泪科，麳也"的记载。以后的古代文献中，将小麦简称为麦，其他麦类则于"麦"前冠以"大""穬"等字，以与小麦相区别。根据《诗经》中提及的"麦"所代表的地区，说明公元前 6 世纪，黄河中下游已普遍栽培小麦。长江以南地区约在

---

①　关于甲骨文的"来"和"麦"字目前有多种说法，未有定论，其中有代表性的包括两种：首先，"来"表示小麦，"麦"表示大麦，二者各有所指；其次，"麦"是特指正在田间生长的小麦。——编者注

公元 1 世纪，西南部地区约在公元 9 世纪都已经种植小麦。到明代《天工开物》（1637）时期，小麦已经遍及全国，在粮食生产上占有重要地位。

黄河流域由于冬季干燥，雨雪较少，是不利于小麦生长的，但因为小麦的收获季节在初夏，正好是我国青黄不接之时，有"续绝继乏"之功，因此得到重视。但在种植中需要克服很多的困难，最初只能种在下游湿地，产量还低。《齐民要术》中载，"高田种小麦，终久不成穗。男儿在他乡，焉得不憔悴"。说明了当时的种植情况。经过长时期的探索，比如用醋和蚕矢浸麦种可以增加麦粒重量，在冬季雪后要防旱保墒，才逐渐扩大了种麦的范围，这在我国最早的农书《汜胜之书》中有详细记载。

麦主要在北方种植，汉代在关中地区推广种麦，成绩斐然。汉以后才逐渐向南推广。《晋书·五行志》载，"元帝太兴二年（319），吴郡（今江苏）、吴兴（今浙江湖州）、东阳（今浙江东阳）无麦禾（这里的禾是指稻），大饥"。可见麦在江浙一带已经取得了一定的地位。自此以后，又陆续得到推广，主要是出于农民自己的传播，有时朝廷或地方官也督促推广。

唐代小麦发展很快，在两税制后期，夏粮主要收麦（用麦折钱），秋粮为粟，说明当时小麦已经较为普遍。南宋初年，北方人大批迁移到长江中下游和福建、广东等地，北方人习惯于吃麦，麦的需要量突然增加，因而麦价大涨，刺激了南方麦的种植。此后，麦的栽培迅速扩大开来。南宋庄季裕在《鸡肋编》中写道，"竞种春稼，极目不减淮北"。这就是说，已经不亚于北方了，所以南宋陆游才说"有山皆种麦"。

麦和稻的生长季节不同，但只要安排得好，就可以在秋季收稻以后种麦，夏季收麦以后插秧，同一块田可以一年两熟。这是麦得以在南方推广的主要原因。北宋朱长文的《吴郡图经续记》（1084）中写道，"吴中土地肥沃，物产丰富，割麦后种稻，一年两熟，稻有早晚"。后来南宋陈旉《农书》（1149）和王祯《农书》（1313）所说的也是稻麦两熟制。而且根据王祯《农书》的记载，南方对于种麦，已有相当技术水平，单位面积产量也比较高，并不比北方差。

元朝初年，收麦的技术又有了新的改进，北方创造了用麦笼、麦钐（一种长形的镰刀）、麦绰套装工具①。据王祯《农书》的记载，一天可以收割十亩，

---

① 麦绰是一种竹篾编成的抄麦器，形状好像簸箕而稍大，它的一边装有钐刃，当挥刀割麦穗时，麦穗自然落到绰里。套装工具的使用方法是：麦笼安装在下面有四个小轮的木架子上，用绳系在腰部拖着走。割麦人用麦钐割麦穗，麦穗跟着落麦绰里，随手把绰里的麦往后倒到笼里，笼装满了以后就拉到打麦场上。

比南方用镰刀割，要快十倍。这说明麦的种植规模持续扩大，才促使先进生产工具的出现。

据明宋应星《天工开物》的估计来推算，当时小麦约占全国粮食总产量的15％，这虽是一个粗略的估算，但已可以看出，小麦在明代粮食作物中仅次于稻而居第二位。

第五节　豆为主粮时期

豆古称为"菽"，是豆类的总称，在《诗经》的记载中，其地位比不上黍、粟、麦。春秋时期齐桓公讨伐"山戎"族（今河北省东北部及北部地区）时，发现当地盛产戎菽（现代认为是黄豆，即大豆，中原地区原种黑豆），并将此品种引入中原。当时正值井田崩坏，黄河流域大垦荒时期，中原农业也由休闲轮种制进入连种制时期。大豆引入后可以春秋两季播种，且生命力强，在其他作物失收的条件下也能保收，故称"保岁易为"，且有改善土壤的作用。所以"戎菽"（大豆）在黄河流域迅速发展，从春秋到秦汉之际，已经成为与粟比肩的粮食作物。

在先秦的诸子书中，菽与粟并称，且在粟之前，泛指粮食，如《墨子·尚贤中》载"是以菽粟多而民足乎食"，后来的汉桓宽《盐铁论·授时》载"夫为政而使菽粟如水火，民安有不仁者乎"，宋樊仁远《浮云居士曾公行状》载"赴人之急甚己之私，饥者菽粟，寒者绨纩"，均沿用了此含义。北魏时期的《齐民要术》在论述不同作物的种植技术时，其排序是谷类、豆、麦、麻、稻、瓜、瓠、芋等，可见豆在北魏时期还是仅次于粟的主粮，排在麦、稻之前。

中国是世界公认的大豆栽培起源地，主要分布于黄河流域、长江流域和东北地区，《诗经》中记述有周族先祖时期就种植"荏菽"。已发现最早栽培大豆的遗址是吉林永吉县大海猛遗址，距今有 2 500 年。由于大豆只起源于中国，因此世界各国的大豆均由我国直接或间接传入。秦时期已经传至朝鲜和日本，18 世纪后再传入欧美各国，这也是为何目前世界各地对大豆的称呼都以"shu"为基本发音。

在先秦时期，豆类主要被用来喂马、牛、狗、猪、鸡、鸭等畜禽。西汉之后，大豆开始向副食品转化。传说西汉淮南王刘安始做豆腐，在河南新县打虎亭东汉墓的画像中发现了包括浸豆、磨豆、过滤、煮浆、点浆、镇压等程序的豆腐生产图，证明汉代确实有豆腐生产。豆腐是豆类食品加工的重大发明。在南北朝时期，豆作物开始在江南地区广泛传播，主要与禾（稻）科轮作，构成我国传统用地养地结合的重要模式。

豆类作物的根茎有改良土壤、恢复土地肥力的作用，所以在宋代就有了麦豆间种、稻豆套种的技术。在不晚于北宋时期，大豆被用于榨油，后来成为重要的油料作物，而豆饼也成为重要的优质食品与肥料。从此，大豆逐渐退出粮食作物行列。大豆主要在不浪费土地或改善土壤的情况下种植，但总体产量还是与稻米相当，正如清初叶梦珠的《阅世编》指出，"豆之为用也，油、腐而外，喂马溉田，耗用之数几与米等"。

第六节 引进作物与粮食供应

在明代之前，我国的粮食结构大致发展历程如下：商周以黍、粟为主，春秋末至西汉以菽、粟为主。西汉之后，大豆转向副食，粟直至唐朝一直主导北方主粮。与此同时，在南北朝时期南方的水稻快速发展，北方小麦也不断推广，在唐后期小麦与粟在北方平分秋色，南方仍以水稻为主。北宋时期水稻跃居第一主粮，到了明代这一格局进一步巩固，才有了"稻居什七"的成就，麦和粟则分占剩下的 3/10。但单就明朝的北方而言，麦占"半壁江山"，余下黍、粟、稻、菽合起来占另一半。

明朝之时，我国的粮食结构悄然变革，由于原产美洲的玉米、甘薯、马铃薯等高产山地作物的引进和推广。

据明代田艺蘅《留青日札》（1572）的说法，玉米出于西番，旧名"番麦"，因曾进贡皇帝享用而称为"御麦"，"御"与"玉"同音，故其他文献中称之为"玉麦"，此外还有苞谷、玉蜀黍等称号。

明万历年间（1573—1620）徐光启创作的《农政全书》中没有关于玉米的记载，而同时期李时珍的《本草纲目》有关于玉米的记载，但却将玉米棒子画在玉米秆顶部，因此可以判断这一时期玉米种植并不普及。

到了清代，人口激增，民食紧张，玉米开始受到重视。由于玉米易于种植，对土地与气候要求不高，且高产、耐瘠薄、收获时间早，没有成熟也可以食用，得以大规模推广，尤其是在山区，取代了原来粟的位置。清末吴其浚的

《植物名实图考》载，"陕、蜀、黔、湖皆曰苞谷，山氓恃以为命"。到了清乾隆至嘉庆年间（1736—1820）平原地区开始种植玉米，并与低秆粮食作物实现了混种或轮种，民间将其描述为"棉花进了关，玉米下了山"。

明万历年间番薯由菲律宾传入福建，同时由越南传入两广，由于明代的海禁，这种传入估计是走私者所为。当时福建因台风灾害，饥寒遍野，甘薯被作为救荒作物种植，救活无数灾民，引起了当地人民的重视。明末徐光启为了解决江南的灾荒，多次由福建借入番薯，研究解决了在地藏中越冬的关键技术[①]，并总结了其优点：产量特高、食用方便、繁殖容易、种植简单、耐旱耐瘠、不怕蝗虫等。同时，番薯在山间种植，不与主粮争地。在清时期番薯快速向北方传播，如陕西巡抚陈宏谋曾明令各州县引种番薯，至此番薯在清朝成为我国主粮拼图的一块。

马铃薯，又名洋芋、土豆或山药蛋等，在我国内地出现时间大约为清朝初年。清朝康熙年间（1662—1722）修纂的《松溪县志》记载，"马铃薯，叶依树生，掘取之，形有大小，略如铃子。色黑而圆，味苦甘"。其传入我国有三条路线：一是由台湾到福建、两广地区。二是在西北的甘陕一带，马铃薯可能为法国或比利时的传教士带入。三是东北地区的马铃薯则可能是俄国人带入。马铃薯生长周期短，适应性强，即使是气候寒冷的西藏地区，高山上的瘠薄土地也能生长，成为我国西北以及苦寒山区人民的重要食粮。

---

① 由于番薯怕寒，所以种子无法在北方留存，长时期在福建地区种植。

第二章
粮田开发与粮食产区演变

　　中国的粮食生产，从粮田角度来说，为避免洪水的侵扰，种植是从刀耕农业开始，主要种植高山作物，直到学会排水技术之后，种植才由高地转向平原。但随着人口的增长，在明清时期，平原土地资源已经不足，种植又以梯田和围田的方式向山上和湖边发展。从粮食的产区来说，粮食的产区是随着政权的迁移而变化的，早期的关中平原既是权力中心又是主要产粮区，但关中平原面积有限，所以后期政权都向东迁移，中原与江淮地区成为粮食主产区，但中原地区战乱频繁，政权更迭，严重影响粮食生产，所以大约在南北朝时期江淮地区的粮食生产得到快速发展，此后都是粮食主要产区。

第一节　烈山氏时期

　　人类从采摘社会向定居社会过渡时，就学会了各种土地开发与种植方式，并在开发的土地上进行各种作物的驯化。目前所知的最早的土地开发方式是新石器时期的刀耕火种。

　　刀耕火种属于迁移农业，属于原始生荒耕作制。先以石斧砍伐地面上的树木，待草木晒干后，用火焚烧。火灰覆盖的土地变得松软，不用翻地即可播种，还可利用草木灰作肥料。这种做法一年后得易地而种。由于经营粗放，靠雨水浇灌，亩产不稳定，而且产量很低，大约只有 50 千克，俗称"种一偏坡，收一萝萝"。在古中国此时属于炎黄时期，书中所载的炎帝"烈山氏"，即指用烈火烧山以便耕种，是这种耕种方法的鼻祖。

　　早在公元前 5000—公元前 3000 年，黄河中游仰韶文化区就采用刀耕火种、土地轮休的方式种植黍和粟。公元前 1260—公元前 1100 年的云南在商朝后期新石器时代用此法种稻。战国时期云南土著民族广泛采用刀耕火种的耕作方式。公元前1世纪以后，随着移民屯田，滇中、滇西地区刀耕火种逐渐减少，但边远山区仍保留此种耕作方式。

第二节 井田制时期

随着由新石器时代向青铜时代的过渡，以及青铜农具的出现，耕作方式也随之由刀耕火种、撂荒发展到轮耕、轮作复种农作制，这一时期的代表是井田制时期的农田水利开发方式。

《孟子·滕文公上》载，"当尧之时，天下犹未平；洪水横流，泛滥于天下；草木畅茂，禽兽繁殖，五谷不登，禽兽逼人，兽蹄鸟迹之道交于中国"。黄河流域的洪水阻止了人们由高地向平地迁徙，于是大禹协同各部落"疏川导滞"，将洪水引导入江海，将黄河流域的平地涸出，这种排水系统纵横交错，形成了最初"井"字形的农田，称为井田。由此之后，古人可以在井田上种植黍、粟等高地粮食作物，由于地处河岸平地，土地滋养充分，产量不仅稳定也较先前有所增加，民众也开始由高地向平原地区迁徙。中国进入夏、商时期，井田制得到大力推广。

西周之后，随着人口的增长，最初在河边区域的井田种植不能满足人们对粮食的需求，人们需要在离水源较远的区域开发农田，于是各诸侯国开始了"破井田，开阡陌"，水利工程的修建使得可耕种良田面积大大增加，这就是所谓"井田废，沟洫①堙，水利所以作也"。代表性的工程有春秋时期楚国孙叔敖所建的期思陂（今河南固始）与芍陂（今安徽寿县）的陂塘灌溉系统，建成后"周围百里无求于天公"；战国时期魏国西门豹所建的漳水十二渠的引漳河水浇灌系统（今河北磁县、临漳一带），北魏时灌区达3 000顷（古制）；战国时期秦国由郑国修建的关中平原灌溉渠道——郑国渠（主要在今陕西泾阳、三原、临潼、富平、蒲城、渭南、白水等县），灌田万余顷（古制），合今约280万亩；战国时期秦国李冰修建的都江堰②（今四川都江堰），扇形灌区面积约3 500千米^2。

---

① 沟洫指井田时期的排水沟渠，按主干支流的层级不同，分畎、浍、沟、洫四级。
② 原名湔堋、湔堰或都安堰，唐代称楗尾堰，宋代改称都江堰。

第三节　秦汉之后粮食主产区演变

秦汉到唐时期，由于定都西北，为了解决京畿粮食供应问题，关中地区、河东地区得以充分开发，使得关中平原成为中国第一个产粮核心区。尤其是在汉武帝时期（前 140—前 87），进行了大规模的水利工程建设。公元前 129 年汉武帝开漕河，西起长安，越渭水，通黄河，不仅是漕粮要道，也使得两边沃野千里。公元前 118—前 117 年开龙首渠①。公元前 111 年汉武帝开凿了六辅渠，进一步完善郑国渠；公元前 95 年又修白渠，也是属于郑国渠的扩建，引泾水向东再向南以通渭水，有效灌溉面积约 4 500 顷（古制），相当于今 30 余万亩。这些工程极大地推动了关中地区的粮田发展。司马迁在《史记·货殖列传》中写道，"关中之地，于天下三分之一，而人众不过什三；然量其富，什居其六"。汉代的水利工程在唐代又得以全面修复与扩建，比如公元 619 年下邽（今陕西渭南）修金氏二陂，引白渠水灌田；公元 714 年在华阴筑敷水渠，与渭河相连；公元 716 年在郑县（今陕西渭南华州）筑利俗、罗文等渠，引水灌田；公元 719 年在今陕西大荔朝邑北筑通灵陂，引洛河水灌田。

河东地区是一望无际的黄河冲积平原，经过春秋战国时期魏国与郑国的水利开发，将黄河两岸的盐碱地改造成了万亩良田。唯一的缺陷就是黄河的泛滥导致其产量不稳定，自汉文帝十二年（前 168）黄河决于酸枣（今河南新乡延津），通泗入淮后，黄河改道频繁，对两岸粮食生产造成重大影响。东汉明帝永平十二年（69）王景治河，《后汉书卷七十六·循吏列传》载，"永平十二年，议修汴渠，乃引见景，问以理水形便。景陈其利害，应对敏给，帝善之……夏，遂发卒数十万，遣景与王吴修渠筑堤，自荥阳东至千乘海口千余里。景乃商度地势，凿山阜，破砥绩（'绩'应作'碛'，砥碛：指河中的沙堆、石头），直截沟涧，防遏冲要，疏决壅积，十里立一水门，令更相洄注，无复溃漏之患……明年夏，渠成"。从此黄河河道得以固定，河汴分流，使得黄河中下游农业生产得到快速发展，直至唐末黄河再次改道，王景治河后的 800 余年史称"黄河

---

① 该渠是引洛水灌重泉，今陕西省渭南市蒲城县东南，但由于工程浩大，耗时十年。因在途中发现恐龙化石，故名龙首渠，汉时的实际作用不大，但在后来北周时期，经过重建，灌溉面积达数千顷。

八百年安流"[1]，黄河流域成为中原粮仓。

此外，南阳盆地和两淮地区[2]的粮田也得到广泛开发。在两汉时期，朝廷非常重视对南阳盆地的开发，曾进行规模庞大的粮田开发与水利工程。在西汉元帝时期（前48—前33），南阳太守召信臣在南阳广筑陂塘沟堰，几年间，灌溉田地 30 000 多顷，其中以邓州的六门陂最为著名，可灌溉穰县、新野、涅阳（今河南省邓州市穰东镇张寨村）5 000 多顷田地。唐宋时期，南阳的水利粮田得到进一步修复与开发，在唐高宗永徽三年（652）和武宗会昌年间（841—846），南阳新增粮田有 40 000 余顷。宋仁宗嘉祐年间（1056—1063）又修复原来的三陂一渠灌溉系统，实现"环唐皆水"。在宋英宗治平年间（1064—1067），高赋继赵尚宽之后续作陂堰 44 处，辟田 33 300 顷[3]。

在两淮地区，西汉初就开始了水利粮田建设，以淮河上游的汝水和间河为水源，兴建鸿隙陂[4]，东汉明帝永平五年（62）汝南太守重修陂池，汉和帝永元二年（90）太守何敞改修铜阳（今安徽省阜阳市临泉县铜城镇）旧渠，增垦田亩 30 000 余顷，并在下坯县（今江苏省徐州市境内）筑浦阳陂，灌田万顷（《后汉书·何敞传》）。后来曹魏时期，邓艾在两淮屯田，"穿渠三百余里，溉田二万顷"（《晋书·食货志》）。唐代进一步细化建设粮田，在江都县（今江苏省扬州市江都区）建有雷塘、勾城塘、爱敬陂；高邮县（今江苏省高邮市）建有富人塘和因本塘；山阳县（今江苏省淮安市楚州区）建有丰堰、宝应县建有白水塘和羡塘；淮阴县（今江苏省淮安市淮阴区）建有棠梨泾；乌江县（今安徽省马鞍山市和县）建有韦游沟；安丰县（今江西省吉安市泰和县）建有永乐渠；光山县建有雨施陂。这些塘堰陂渠，大的灌溉万亩，小的百余顷，使得两淮地区成为中国中部重要的粮食生产区。

两宋之时，政治与经济中心向东南移动。南宋时期太湖平原有"苏常熟，天下足"的美誉。太湖平原的开发形式主要是围田和圩田。所谓围田，就是将河流湖泊纵横交错的低洼地区筑堤围起来，在汛期防止水患，旱时则可利用围

---

① 谭其骧在 1962 年解释为：黄河的洪水主要来自中游，河水中的泥沙主要也来自中游，其中又以晋陕峡谷流域和泾、渭、北洛河上游地区关系最大。这一地区植被保持的良好程度决定了水土流失的严重程度，所以这一地区的土地利用方式，即从事农耕还是畜牧，是决定黄河下游安危的关键。

② "淮南""淮北"之合称，泛指今日苏皖豫三省淮河南北的区域。

③ 郭松义：《水利史话》，社会科学文献出版社，2014 年，第 44 页。

④ 鸿隙陂是位于今淮河干流与南汝河之间的河南省驻马店市正阳县和信阳市息县一带的古代大型蓄水灌溉工程，始建时间不详，约在西汉之初。

堤上的缺口进行灌溉。圩田，是在围田基础上的升级，相比围田的自然灌溉，圩田配套有繁杂的蓄水系统以及灌溉系统。圩田是太湖地区粮田开发的主要技术，始于唐后期，五代时的吴越进一步发展，到南宋趋于成熟。吴越时期加强了对太湖和沿江水道的治理，保证吴淞江、娄江、东江的排水通畅，在节点处设置堰、闸、斗门调节水流，并且专门设置"都水营田使"官职负责维护圩田系统，太湖区域得到大力开发。

宋灭吴越后，圩田范围进一步扩大，除太湖周围地区，还有安徽沿江一带、钱塘江、杭州湾南岸。像宣州宣城县圩田 179 处，太平州 445 处，上元县 203 983 亩，江宁县 187 324 亩，溧阳县 31 776 亩，溧水县 291 109 亩[①]，其中当涂、芜湖、繁昌三县圩田数达全部粮田的十之八九。圩田产量高，且稳定，平均亩产可达 5 石[②]，北宋词人贺铸在《题皖山北濒江田舍》中描述为"一溪春水百家利，二顷夏秧千石收"，太湖地区成为宋代的主要粮源。在明清时期，圩田进一步拓展至巢湖与鄱阳湖区域，至清晚期，南昌县"全境四达，殆无无圩之田"[③]，南康府建昌县沿湖地区，圩田"如蜂房累累，蚁蛭鳞鳞"，鄱阳全县圩田总面积约 190 485 亩，奠定了今天湖区圩田的基本格局[④]。

从明朝开始，江汉平原开始大规模采用堤垸、垸田技术开发粮田。垸田就是筑堤将沿江或沿湖的浅水区隔离，在内部种田。明代初期堤垸的作用主要是挡水、引水。随着明代中期人口的不断增加，江汉平原由于地广人稀，大批移民流入并增加垦辟，垸田成为这一时期的主要辟田方式[⑤]。湖北地区主要是沿江筑堤造田，湖南地区则是围湖（主要是洞庭湖）造田。湖北沿长江与汉江两岸全是垸田，在潜江、沔阳、天门、汉川、江陵、孝感、黄陂、枝江 8 州县，大到几百里[⑥]连成一片，小的也有二三里。在清康熙年间统计垸田有 1 907 处，甚至出现与水争地的局面，危及两岸百姓，朝廷多次下令制止，但效果不大。比如汉川在乾隆时期堤垸 44 处，到咸丰年间达 301 处；天门县由 109 处增加至

①　郭松义：《水利史话》，社会科学文献出版社，2014 年，第 56 页。

②　参考本书第十一章的平均亩产量，古代南方稻亩产平均多为 3～4 石。

③　江召棠修；魏元旷等纂：《中国地方志集成·江西府县志辑·光绪南昌县志》，江苏古籍出版社，1996 年，第 293 页。

④　陈东有、李少南：《明清时期鄱阳湖区的圩田开发与生态环境、洪涝灾害之间的关系》，《江西社会科学》，2007 年第 11 期，第 97－103 页。

⑤　罗薇：《明代江汉平原垸田开发研究》，云南大学硕士学位论文，2018 年。

⑥　1 里＝500 米。——编者注

169 处；江陵县由 150 处增加至 351 处。明代湖南洞庭湖地区垸田有 400 余处，清代增加至 500 余处，益阳由 108 处增加至 137 处。因堤垸与圩田一样，产所种作物量高并且稳定，在清雍正到乾隆年间（1723—1795），两湖米谷沿长江贩至江浙等省，年可达 1 200 万～1 500 万石。虽然在明清时期有了"湖广熟，天下足"的称号，但堤垸影响了正常的自然水系，使得洞庭湖水面由清初的 6 000 多米^2，缩小到清末的 5 400 千米^2，对长江的调节功能减弱，泥沙增加，自然灾害频发。

明清之时，为了加强北方的粮食供应，减少对南方粮食以及漕运系统的依赖，在黄河中下游平原上推广了井灌技术，使得粮食自给能力大幅提升。井灌就是挖井取水灌溉，以解决北方水资源不足的问题。因为黄河泥沙太多，且自三门峡以下经常改道，不能形成稳定的引渠灌溉系统，而井水的来源则较为可靠。明末科学家徐光启作《农政全书》，在水利卷中专门指出在直隶（今河北）、河南一带，因缺乏地面水源，只有依靠打井才能防旱获丰收。在河南，人们仿效古时井田之法，每地 100 亩，凿井 1 口，四面再筑起深阔各 1 丈的长沟，旱则提井水灌田，涝则放田水入沟。清代更加重视井灌，将有井之地称为园地，无井之地称为旱地，园地可种麦、棉花、玉米，旱地只能种粟、高粱等抗旱作物，总计园地收成是旱地的 4 倍之多，同时产量还比较稳定。因此，清代大规模凿井制水车，康熙四十二年（1703），清苑令因浚井 3 000 口被直隶巡抚李光地嘉奖。乾隆朝统计，正定府（今河北省石家庄市正定县）所属藁城县凿井 6 300 余口、晋州县 4 600 余口、栾城县 3 600 余口、无极县 3 000 余口，其余县平均千余口。以每口井灌田 35 亩计，可浇地 56 万亩，直隶的水浇园地居北方诸省之首。清代陕西等省份也在推广井灌技术，仅乾隆十三年（1748），西安、凤翔两府平原地区各有水井 6 750 余口。

除以上各种粮田开发形式之外，梯田也在南方快速发展。宋人杨万里诗云，"翠带千镮束翠峦，青梯万级搭青天。长淮见说田生棘，此地都将岭作田"，说明梯田在宋代已经初具规模。在明清之时梯田得到进一步开发，湖南西南、江西、福建、浙南山区、云贵地区的梯田都大规模发展，因为梯田多用自然山泉浇灌，水源相对稳定，产量较高，也有"田浇峰顶雨，山拥马头云"的说法。

第三章
种粮技术演变

我国历史上一直存在人多地少的问题，因此只能通过不断提升粮田产量来满足人们对粮食的需求。在世界范围内，我国历史上的粮食单产比西欧及中亚地区都要高，对比古罗马时代科卢梅拉《论农业》的记载，收种比例为4～5倍，对比13世纪英国《亨利农书》的记载为3倍。从《齐民要术》来看，我国6世纪粟的产量为播种量的20～24倍，麦类为20～44倍。《补农书》记载明末清初杭嘉湖地区水稻最高亩产达4～5石，比现代美国加利福尼亚州的产量还高。因此，我国的农业一直有精耕细作的传统。

第一节　生荒耕作制

从粮食种植的技术来说，最早的种植还是刀耕农业，在树木的灰烬上直接播种，借用灰烬的松软与肥力获得收成。这个时期人们还没有松土的概念，也没有相应的农具，只有砍伐树木的石斧和在地上挖眼点散种子的木棒，称为"耒"。耒传说由神农氏而作[①]，是用较为老成坚韧的树枝制作而成的一种二分叉形的工具，双齿之上有一横木，表明使用时以脚踏之，以利于耒齿扎入土中，也即古人所说的"跖耒而耕"。这种耕种方式不利于定居，每年需要另觅新地依法砍烧，也叫"生荒耕作制"。

到"耜"这种翻土农具出现后，人们不再需要逐林而耕，可以过上相对安定的生活，种植业成为主导，家畜驯养也得到发展。"耜"即手犁，目前出土的耜头大多属于商代晚期，从材质上看有木耜、骨耜、青铜耜，形制为扁状尖

---

① 《周易·系辞》说神农氏"揉木为耒"。

头，后部有銎①，用以装在厚实的长条木板上。木板肩部连接弯曲且前倾的长柄。柄与耜头连接处有一段短木，末端有横木。使用时，手执横木，脚踩耜头短木，使耜头入土起土。从黄河流域的仰韶文化遗址以及长江流域的河姆渡文化遗址考古中，发现当时人们已经广泛使用骨耜一类翻土工具，粮食生产进入"熟荒耕种制"，也就是在一块刀耕之后的土地上，通过翻土可以连续耕种两年或三年，待土地肥力下降之后，再将其抛荒。

第二节　休耕连种制

大约在商代早期，原始农业已经逐步过渡到传统农业了，人们开始注重土地肥力的恢复，以及土地轮转。《诗经·尔雅》载，"田一岁曰菑，二岁曰新田，三岁曰畬"。在当时井田分配时也考虑轮耕因素，《周礼·地官·大司徒》载，"不易之地家百亩，一易之地家二百亩，再易之地家三百亩"。土地轮转的耕种制度也叫休耕制，是人们对土地认识达到一定阶段后的产物，这种技术在中国古代一直存在，比如在北魏均田时，丁男十五岁以上露田四十亩，所授之田率倍之，三易之田再倍之②。从周代开始，就十分重视粮田的休耕，并设专职掌管。《周礼·秋官司寇》载，"薙氏，下士二人，徒二十人""薙氏掌杀草。春始生而萌之，夏日至而夷之，秋绳而芟之，冬日至而耜之。若欲其化也，则以水火变之。掌凡杀草之政令"。也就是说薙氏的主要工作就是对休闲的粮田进行除草，并将草木晒干烧灰，以达到清除杂草和恢复地力的目的。

战国时期的魏国已经实行"连种制"，目的是"尽地力"，这是李悝在魏国变法的主要主张，其目的就是通过大量的劳动投入（称为勤谨）弥补地力的损失。李悝为魏文侯作《尽地力之教》，他说：100 平方里之内，有土地 9 万顷，除了山泽人居占 1/3 之外，可开田地 6 万顷，"治田勤谨，则亩益（增产）三斗。不勤，则损（减产）亦如之"。这就是说，6 万顷地每年的产量由于勤与不勤，或增产 180 万石，或减产 180 万石。此数字关系重大，因此必须鼓励农民生产。同时，他强调，将所有土地全面利用，田间地头都种上不同的作物，"还（环）庐树桑，菜茹有畦，瓜瓠果蓏殖于疆场"。因此魏国一直重视水利事

---

① 泛指农具上安装手柄的孔。

② 《魏书·食货志》载，"九年，下诏均给天下民田：诸男夫十五以上，受露田四十亩，妇人二十亩，奴婢依良。丁牛一头受田三十亩，限四牛。所授之田率倍之，三易之田再倍之"。

业，改进农业生产，尤其是在迁都大梁（今河南开封）之后。

连种制并不是说在一块土地上连续种植一种粮食作物，而是强调轮倒茬。倒茬是指在一种作物收获后，换种另一种作物，也叫换茬，以避免在一块土地中连续种植同种作物带来的某种元素匮乏，影响地力或滋生病害。我国古代广泛采用禾豆轮作，因为豆科作物有肥地的作用，《齐民要术》对此有较为全面的论述。

第三节　间套耕作与立体农业

间作套种是指在同一块土地上成行或成带状间隔种植两种或两种以上的作物。即在前一季作物收获之前在行间播种下一季作物，前季作物收获后，套种的作物继续生长，这样可以充分利用耕地和作物生长季节。这种技术需要高秆与矮秆、喜阳与喜阴、深根与浅根以及生育期和对肥料要求不同的、互补性的作物间相互配合，以相互促进。在西汉的《氾胜之书》中有关于套种的最早记载，介绍了在瓜地中种薤①或小豆，在瓜熟之前采收薤子或豆叶出卖。北魏的《齐民要术》有桑田种芜菁②、绿豆、小豆，麻间种芜菁，大豆间种谷子③的记载。南宋《农书》也有桑中种麻的案例。到明清之时，套种技术已然十分成熟，有麦豆间种、粮菜间种、稻豆套种、早稻与晚稻的套种、麦棉套种等。

套种可实现多熟种植，也就是可以在一块土地上实现一年两熟、三熟，或是两年三熟。这种多熟种植在战国时期的秦国已经出现，即冬麦后种禾或豆，在汉代之前岭南地区也已经有了两季稻，也就是引入了越南的占城稻④。但这些只是零星的，大规模的复种制度是在宋代。公元 1011 年宋真宗因江淮、两浙地区遇旱少水，遣使到福建取占城稻，多达三万斛，分别在长江、淮河以及两浙地区推广，并命转运使张贴榜文，"稻比中国者，穗长而无芒，粒差小，不择地而生"。除了水稻之外，还形成了水旱轮作的一年两熟，即在稻收获后种植小麦、豆类、油菜等，这些作物春天收获，因为春天正值花期，也称为"春花"或"春稼"。在华北地区从唐代开始就形成了以麦为中心的"两年三

---

① 多年生草本植物，地下有鳞茎，叶子细长，花紫色。鳞茎可做蔬菜，也叫薤头。
② 芜菁，别名地蔓菁，扁萝卜、圆根（云南、西藏），盘菜（浙江），是一种中药材。
③ 这里的谷子指粟。
④ 占城稻是出产于中南半岛的高产、早熟、耐旱的稻种，北宋时引入中国，并在江南地区推广。

熟"制，即秋收后种冬麦，次年麦后种豆，豆成熟后种黍、粟或玉米（清代），依次循环，既考虑到了地力的恢复，也没有让土地闲置。

立体农业是充分利用粮田周边的自然资源与环境，以实现最大产出。在汉代时已经出现了陂塘灌溉水稻的立体农业雏形，即利用陂塘蓄水灌溉水稻、塘内养鱼种莲、堤上植桑，达到对地形的充分利用。南宋《农书》中总结了高田凿池蓄水种稻、堤上植桑系牛的耕种模式。明清时期，这种立体农业的经验已经形成了成熟的陂塘生产方式，比如桑基鱼塘、稻基鱼塘在太湖流域与江苏等地区广泛推广。

由上可知，中国古代的粮食保障分为两个方面：一是尽可能地扩大土地耕种面积，做到"种无闲地"；二是尽可能充分利用分块土地的价值，做到"种无虚日"，将地力和粮食收成发挥到极致。这就是我国自古能够以较少耕地养育更多人民的原因。

分 配 篇

所有制是分配制度的核心，土地所有制决定了土地收益的归属。所有制是产权的概念，在远古的自然形态中并没有产权的概念或类似的意识，人们在大自然中以采摘和狩猎为生，直到定居农业之后才有了土地及土地制度，也就有了与之相应的分配制度。土地制度是初次分配，税赋就是二次分配，因为在明代"一条鞭法"改革之前，田税都是以实物形式收取的，同时官员的俸禄也是以粮食支付的，因此粮食的分配不仅包含田制，还应当有税收、官俸，以及军粮的支出，本书重点研究田制与税收。

第四章
秦汉时期的田制与税赋

秦汉时期田制最大的特征就是土地逐渐私有化。前期私有化的原因是东周天子式微，井田制崩坏，各地诸侯为了自身利益而"废井田，开阡陌"，但总体来说还是农奴社会，土地属于各地诸侯。六国统一之后，直到东汉末年都是土地不断私有化的过程，自耕农和地主数量不断增加，社会贫富差距不断扩大，虽然在新朝时期有过王田制度的改革，但也以失败告终。私有化过程是与田赋密切相关的，私有化的本质就是为了赋税方便。秦为统一六国一直是高税赋，这是秦王朝快速灭亡的原因，西汉初年有短暂的轻徭薄赋，但汉武帝时期与其之后就进入"黄宗羲定律"[①] 时期，不断反复。

第一节　井田制与秦时期的田制与税赋

井田制可以认为是最早的土地制度，是原始形态中氏族公社从事农业生产时的土地制度，最早可以追溯到黄帝时期。汉武梁祠石室黄帝画像旁题字，"黄帝多所改作，造兵，井田"。杜佑《通典·食货典·卷三》载，"昔黄帝始经土设井，以塞争端。立步制亩，以防不足。使八家为井，井开四道而分八宅，凿井于中"。此时的井田形成有两个原因：一是以沟洫为排水系统、以耒耜为农具的耕作方式使得每块土地必须为方形或长方形；二是井田是氏族公社内部平均分配土地的代表性方式，土地归氏族公社共同所有，家庭参与平均分配（为了保证绝对的平均，在周朝要求每三年相互调换田地，保证肥沃程度不同的土地被公平地占有，这一条在秦商鞅时期被废除）。由氏族公社组成部落，

---

① 黄宗羲定律：所谓"黄宗羲定律"是由秦晖先生根据黄宗羲的观点而总结出来的某种历史规律，即历史上的税费改革不止一次，但每次税费改革后，由于当时社会政治环境的局限性，农民负担在下降一段时间后又涨到一个比改革前更高的水平。明清思想家黄宗羲称之为"积累莫返之害"。——编者注

由部落组成部落联盟，这种联盟的形式较为松散，各自解决自身生产问题，联盟主要是军事和应对自然灾害上的联盟，部落首领由成员推举贤能人而居之，其中尧、舜、禹就是典型。各部落以贡的形式上交部分收入，夏朝时期，夏禹治水也就是解决了农田水患而被推举为部落首领。但夏朝农业的发展和自然威胁的消除使得部落首领开始迷恋权力，并开启了"家天下"的先河。与此同时，"家天下"的权力只是部落联盟的领导权，并非全国的土地所有权，土地所有权还是在各部落内部的氏族公社中。

农业种植引起人口增长，历史进入了"马尔萨斯陷阱"。人口的增长要求更多的土地，由于优质土地数量有限，导致氏族间的冲突不断增加，同时由定居农业带来的疾病和自然灾害也不断增加①。由于战争的规模不断扩大，同时也更加频繁，氏族公社中出现了职业军人，同时对疾病的治疗和对自然灾害的预测需要公社中有一位智者或长者。这样最早完全脱离农业劳动的群体开始出现，他们作为提供公共服务的一方需要得到公社全体的供养②，因此，井田制就进一步发展为公田和私田。

公田一般为井田的中间一块，主要是为了方便周边八个家庭在上面劳作，公田产出归氏族公社公共所有和统一支配，主要用于战争、祭祀、备荒和救济等共同事务，同时要供养从事公共事务的武士和长老。私田上的产出归家庭所有，但通常还要拿出一部分作为贡品上交给从事公共事务的管理机构。这种助耕公田的形式称为"助"，民众先要完成公田耕作才能耕种私田。《孟子·滕文公上》载，"方里而井，井九百亩，其中为公田。八家皆私百亩，同养公田，公事毕，然后敢治私事"；同时记道"夏后氏五十而贡，殷人七十而助，周人百亩而彻"，说明"助"主要发生在殷商，"雨我公田，遂及我私。惟助为有公田。由此观之，虽周亦助也"。西汉《大戴礼记·夏小正》载，"初服于公田。古者公田焉者。古者先服公田，而后服其田也"，因此"助"这种形式在夏、商、周三个时期都有存在，但主要是商。

商朝相比夏的疆域有所扩大，同时有一些部落在战争中消失或是沦为奴

---

① 定居农业之后人口的密度增大，家畜和家禽的驯养，以及缺乏厕所和公共排水系统，使得整体卫生状况恶化，容易滋生各种细菌，同时老鼠、蟑螂、跳蚤、蚊子等在人群中传播疾病。人类定居之后对自然灾害的抗击能力减弱，尤其是农业区域的洪水、旱灾，以及周边猛兽的攻击。

② 关于这一社会转变的详细过程与认证可以参阅凡勃伦的《有闲阶级论》。[美]凡勃仑著；蔡受百译：《有闲阶级论》，商务印书馆，2011年。

隶。商王朝对新征服的土地实行分封制，这是与夏时期的很大不同，也由此产生了不同的阶级。商王朝的"王"是土地名义上的所有者，《诗经·小雅·北山之什·北山》载，"普天之下，莫非王土；率土之滨，莫非王臣"。但实际上土地由分封的诸侯享有，由基层的氏族社会实际占有。在中国古代，土地和依附于土地的农民是绑定在一起的，在分封时一并被赐予，所以"授土"和"授民"是连带的，而且这种连带一般以氏族公社为单位①。

王室自己直接拥有一部分土地，称"王畿"，主要供养王室，通常是王城周边之地，其中还有一部分要分给服务王室的卿大夫。王畿之外的土地分封给诸侯，称为"封国"，各封国除了对王室上贡、镇守疆土、随王祭祀与出征外，在封国内部有完全的自主权。封国内部的卿大夫会给予部分"采地"，卿大夫又将采地内的部分土地赐予效忠于自己的士。这就构成了王室—诸侯的上层土地格局以及卿大夫—士的内部分配格局。各自对名下的土地只有享有权，而无处置权，不能自由转让或买卖土地，否则与卖国无异。

分封制导致土地的下层统治者经常变动，可能是归于某个卿，也可以归于某个士，而且每个统治者剥削民众的程度也不尽相同。因为此时的氏族公社成员就是井田的直接劳动者，他们除了正常耕种井田之外，还要负担统治区内的军赋（兵甲车马之费）、兵役（随军打仗）、徭役（修筑宫室、城郭、道路、水利工程等）。他们的劳动在里胥、邻长这些氏族公社管理机构的官吏强制和监督下进行，不得随意迁徙，也就是小民"死徙无出乡"。氏族公社作为基础管理机构对内部家庭的土地分配有一定影响，同时对公田的产量有巨大影响。这导致传统"助"的方式生产力大减，公田产量明显下降。公社农民"不肯尽力于公田"，造成公田之上"无田甫田，维莠骄骄。无思远人，劳心忉忉。无田甫田，维莠桀桀"（《诗经·甫田》），也就是先秦左丘明《单子知陈必亡》所叙的"田在草间，功成而不收，民罢于逸乐"。

商朝王室前期按照"兄终弟及"的方式传位，后期则是长子继承，并在对各方的战争中取得胜利，但后期君主无所作为，井田制中公田产出大幅下降，王朝最终被来自西面的周国（封国）所灭。周王朝是中国奴隶社会分封制度的顶峰，它吸取了商王朝灭亡的教训，大力分封同姓诸侯，周人的分封诸侯虽始

---

① 周康王时的《宜侯矢簋》载，康王封矢为宜侯，有"厥邑州又五"，即封赏三十五个邑，其中的邑即公社单位。

于武王，但大量封国是在成康之治^①才出现的。据《左传·昭公二十八年》，周初分封共七十一国，其中与周王同姓的姬姓就有四十国，兄弟之国有十五国。《荀子·儒效》则说姬姓有五十三国。可见周初的分封是以姬姓为主体，而同时兼顾到异姓。

西周时期对土地的管理更加细致，《周礼·地官·遂人》载，"以岁时稽其人民，而授之田野"，即定期调查户口并分配土地。《周礼·地官·大司徒》载，"不易之地家百亩，一易之地家二百亩，再易之地家三百亩"，"不易之地"为年年可耕的土地，"一易"即一年休耕，"再易"即两年休耕，这时对土地质量也有了明显的区分。另外由于商时期的"助"法已坏，在周时期采用"彻"法，即每年将井田9块土地中每一块的1/10作为赋税。赵岐在《孟子注疏》中写道，"耕百亩者，彻取十亩以为赋"，这标志着由劳役地租向实物地租的转变，同时这种什一税的比例也为后来井田制的解体打下基础。

井田制在春秋时期开始解体，其原因主要有四个方面。

一是周天子式微，各诸侯国相互侵占领地。战争破坏了氏族公社及井田制的稳定性，战争征用大量的军赋、徭役、兵役，使得部分土地开始荒芜，土地与农民的关系开始断裂，大量流民出现。如齐国的崔杼"其众皆逃"，晋国"民闻公命，如逃寇雠"，鲁国"上失其道，民散久矣"，同时梁、沈、蔡、莒、郓等国都发生"民溃"。

二是新兴的诸侯国为了壮大实力不仅重用贤人，更是加紧人口引入政策以增加经济实力，特别是秦国。也有诸侯国内的卿大夫为了壮大实力而引入人口，如齐国的田氏、鲁国的季孙氏及晋国的韩、赵、魏三家，他们收留大批流亡的奴隶和氏族农民作为"隐民"或"私徒属"。《左传·昭公二十五年》载，鲁国季孙氏"隐民多取食焉。为之徒者众矣"；《韩非子·外储说右》载，"齐当大饥，道旁饿死者不可胜数也，父子相牵而趋田成氏者，不闻不生"。

三是这一时期各国间的交流与贸易频繁，产生了一批大商人。商人促使了信息的流通，而信息的流通加快了农业技术的传播，以及人口的迁移。在新旧势力更替的时代，民众可以选择迁入各诸侯国中政策较好的地区，不仅可以改

---

① 西周周成王、周康王在位年间，继承文王、武王的业绩，对内推行周公"明德慎罚"的主张，务从节俭，用以缓和阶级矛盾；对外不断攻伐淮夷，用武力控制东方少数民族地区，并取得了很大胜利。

变自身奴隶身份还可以谋求土地，以寻求更好的生活。人口的大量流动使得传统老子理想中的社会形态"邻国相望，鸡犬之声相闻，民至老死不相往来"的生活状态就此打破。

四是传统"彻"法已经无法供养统治阶级。大量的井田由于战争或饥荒而荒芜，氏族公社组织也无法再组织大规模开垦，而是变成小规模经营，传统的农业徭役由此转成实物地租。公元前685年，齐桓公任用管仲实施改革，"相地而衰征"，即视田地的肥瘠征收有差别的实物地租。公元前594年，鲁国"初税亩"，即不再划分公田、私田，一律征收实物地租。公元前408年，秦国实行"初租禾"，也就是改变传统助耕公田的地租形式，实行了实物地租。

第二节　西汉时期的田制与税赋

三家分晋之后，卿大夫的地位显著上升，传统诸侯国都在寻求变法，以适应新的社会形势。这种变法主要是抛弃周朝旧制，废除井田，废除世卿世禄制度，实行官僚制度，政治的大门向民众敞开，诸子百家争鸣的景象上演。秦国商鞅时期的"开阡陌"标志着井田制度的瓦解①，取而代之的是土地国家所有。郡县制取代分封制，最初郡县制应用在新取得的土地上，比如春秋前期，秦、晋、楚等国将新兼并得来的土地设置为县，《释名》载，"县，悬也，悬系于郡也"，其本意就是指边缘地区，这种敏感的边缘地区通常由国君任命官吏进行直接管理，但随着边缘区域的扩大，就升级为郡。同时，国内战败的旧贵族领地也开始实行郡县制，由此郡县制开始在各诸侯国内流行。在战国时期，郡县制成为主流体制，传统的氏族公社转变为乡、里，成为国家基层的管理机构。

郡县制后所有的土地收归国有，中央留部分土地自用外，其他土地以授田或者以赏赐的形式分配给农民或是有军功者。其中，中央自有土地包括三类：一是为国家直接供应粮食的农田，二是牧场、草场、苑囿及猎场，三是山川河泽。可以参与授田的民众则包括：①农民，无田或少田或新民（外地迁入）均可；②徙民，即政府有组织的批量移民，一般是充实边疆地区；③被释放的奴婢和罪人，并其耕垦成为编户；④军功爵则增加授田，如《商君书·境内》

---

① 不仅是井田布局的泯灭，井田以百步为亩的周朝标准也被废除，春秋末年晋国六卿已经推行自己的标准。韩氏、魏氏以200步为亩，范氏、中行氏以160步为亩，智氏以180步为亩。岳琛：《中国土地制度史》，中国国际广播出版社，1990年，第56页。

载，"能得甲首一者，赏爵一级，益田一顷，益宅九亩"，这里的"益"是额外追加；⑤官吏除享有俸禄外，还可以享有一定数量的田地，但不能世袭，失官或身死后要归还国家。为保证这一制度，秦国还推出"开阡陌，制辕田，盗徙封"等规则，简单来说就是按户授田，废除原有井田边界，百亩给一夫（将周时 100 步的小亩改为 240 步的大亩），授予后长期占有不再三年轮换，同时制止私自移动田界行为，违者剃发并处两年以下刑期。

授田制是居民对某一块土地的长期占有，并伴随着对土地的持续投资，久而久之授田就具备了私田的部分独占性，并向后代传递。同时，秦时期的赋役以户为单位，为了增加户数，商鞅首次颁布《分户令》"民有二男以上不分异者，倍其赋"（《史记·商君列传》），从而促进了家庭形态的分化，而新成立的小家庭也要授予百亩田。随着人口的增加，公田数量不足，便只能私自开垦或将原来百亩之田进一步细分，这样传统的公田边界开始模糊，小农生产成为主流。到了战国后期，最初给官员和功臣的授田其国有性质也已经模糊，《史记·王翦列传》中有王翦"请园池为子孙业"的记载，官员和军功者的后人继续享有原先的田地并成为地主，这也是土地私有的证明。

这种私有化的趋势在秦统一六国后一直存在，小农生产的不稳定性使得土地的兼并时有发生，而大土地拥有者则利用其优势兼并更多的土地，小农逐渐转化为出卖劳动力为生的佃农、雇农，或依附于权贵的长工。

此时的劳动者可根据其出卖劳动力形式的不同分为：①国家佃农，在国家保留的公田上耕种，承担赋税和徭役，对土地并没有处置权，并且严格束缚在土地上不得迁移。②自耕农，占有少量的土地和生产工具，人身相对自由，一部分是原来的士或小军功者，被授予田地后自己耕种，还有一些是自己开田而耕的拓荒者。这类人的地位很不稳定，其土地流转较快。③佃农，通过租种贵族地主或军功官僚的土地而生存，向地主交纳地租，土地登记在地主名下，因此不需要直接承担田租，但会缴纳更为苛刻的地租，同时人身相对自由。④依附农，称之为"庶子"或"弟子"，托身于地主并在地主的驱使下劳动，没有独立的人身自由，不需要承担国家义务，是地主家的奴隶或长工。⑤雇农，也称"庸客""庸夫"，以出卖短期劳动力为生，没有土地，也没有生存依靠。

在秦始皇三十一年（前216）令"使黔首自实田"，即命令人民向政府呈报土地占有数字，一方面是明确征收田赋的对象，另一方面也是对私有产权的一种肯定。

西汉时期，国有公田进一步私有化，国家将大量公田赐给贵族官僚或分配给受灾农民，这些新分配的土地可以直接参与到土地市场的流转当中。因此，西汉土地私有产权进一步明确，土地买卖有了成熟的地契凭证和交易流程，双方订立文字契约，约定土地四至，并履行"报官过户"手续将田赋进行转移，基本上是持有田契者掌握土地所有权，并在承担田赋的情况下产权受法律保护，形成了国家土地、地主土地、自耕农土地的三种所有制形式。

西汉对于新获取的边界土地则实行"假民公田"和屯田的形式，比如为充朔方城，移民七十余万，直接以租种国家土地的形式分配土地，地租为 23%～30%，远低于内部地区 50% 的均值。在河西走廊地区有过军屯，朝廷对每个屯田卒赋田，并配以种子农具，所有产出归国家统一分配。

由于两汉时期田赋基本上是三十税一[①]，所以田赋负担较轻，但地租从战国时起一直为 50% 左右，颜师古《汉书注》载，"租耕富户之田付出收获之半数为地租"。王莽在公元 9 年建立新朝，当年就下诏"而豪民侵陵，分田劫假。厥名三十税一，实什税五也……父子夫妇终年耕耘，所得不足以自存。故富者犬马余菽粟"。这种地租与田赋之间的差价使得地主坐收渔利，持有土地的高收益使得商人和高利贷者也大量购置土地成为新的地主阶级成员。西汉时期，王公、外戚、官员、豪强、商贾巧取豪夺，土地兼并日益严重。这也是后来王莽更名天下田为王田的原因。

虽然土地兼并不影响中央的田赋收入，却壮大了豪强势力，形成地方割据。地方豪强把家丁、徒附、宾客中的青壮年组织起来进行军事训练，"缮五兵、习战射，以备寒冻穷厄之寇"，目的是自身安全与势力扩张，防止贫富差异过大导致的暴民事件。但对国家来说这些人成了政权威胁，同时也不利于重农抑商的基本国策。因此，在汉朝，先后有三次大规模的抑制土地兼并运动暴发。

第一次是汉武帝时期，其措施包括：①禁止市籍占田，凡在户口中登记为市籍者，其本人和家人皆不得有田地。②实行算缗与告缗令，算缗是清算商人财产并征财产税，告缗是对于瞒报财产数目的商人没收田宅收入。③迁徙豪强，豪强多是战国时期的旧贵族或世家与大姓，西汉王朝吸取了秦末六国旧贵

---

① 　夏商周为井田，即十税一，秦数倍于前，汉初刘邦定为十五税一，至文帝时（前 168）三十税一，虽武帝"外事四夷，内兴功利，役费并兴"，但武帝之后时有减税，东汉刘秀复旧制三十税一。

族起兵的教训，多次强迁豪强到边远地区或京师周边以加强控制，没收原有土地。④通过平准、均输、盐铁官营、更换币制等方式堵塞商人财路。汉武帝的措施并没有有效抑制土地兼并，因为王室贵族和官员作为最大的土地拥有者并不受影响，很多商人也并非市籍所以免受打击，大商人通过买官鬻爵而成功得到朝廷的庇护。

第二次是哀帝与王莽时期。武帝抑商之后，西汉末年商人通过与贵族官僚相互勾结形成新的地主势力①，他们并不威胁朝廷政权，但却极度剥削民众，引发多次农民起义。建始四年（前29）僮宗在关中南山（今陕西秦岭终南山）起义，长安戒严。阳朔三年（前22）颍川（今河南禹州市）冶铁刑徒申屠圣暴动，短期内经历九郡。鸿嘉三年（前18）广汉（今四川省境）郑躬起义，数月内发展为万余人，扩大到四县。哀帝即位后（前6—前1）提出限田方案，内容如下："诸王、列侯得名田国中，列侯在长安及公主名田县道，关内侯、吏民名田，皆无得过三十顷。诸侯王奴婢二百人，列侯、公主百人，关内侯、吏民三十人。年六十以上，十岁以下，不在数中。贾人皆不得名田、为吏，犯者以律论。诸名田、畜、奴婢过品，皆没入县官。"（《汉书·哀帝纪》）虽然这一限田方案保护了王室贵族，但仍未得推行。

王莽执政后推行王田制，"今更名天下田曰'王田'，奴婢曰'私属'，皆不得买卖。其男口不盈八，而田过一井者，分余田予九族邻里乡党。故无田，今当受田者，如制度。敢有非井田圣制，无法惑众者，设诸四裔，以御魑魅"（《汉书·食货志上》）。这一政策在三年后就取消了，因为没有实际作用，比如"男口不盈八，而田过一井者"，8个男丁以下都可以有900亩，地主家庭可以按每个男丁900亩另立户口；"皆不得买卖"虽然使土地不再流动，但也使农民在危难时期不能将土地变现以求生存，所以"自诸侯、卿大夫至于庶民，抵罪者不可胜数"。后来爆发绿林、赤眉起义，新朝灭亡。

第三次是在东汉初年，光武帝恢复西汉初年的"无为而治，与民休养"政策，他宣布"吾理天下，亦欲以柔道行之"，本意就是不想改革，并撤销了督察"田宅逾制"的13州刺史，大封王侯超过西汉。为了增加中央税收，并防止再因土地兼并引发农民起义，于建武十五年（39）下令各州、郡清查人们占有田地数量和户口、年纪。这样做有两个目的：一是限制豪强大户兼并土地和

---

① 武帝时期商人在法律上不许为官，而贵族、官僚也不能兼营商业。

奴役民众的规模，二是便于封建国家征收赋税和征发徭役。当时，许多大地主拥有私人武装，号称"大姓兵长"，依附于他们的人口很多，他们隐瞒田地反对清查。地方官吏也惧怕他们，所以双方相互勾结，任凭地主谎报；而对农民，不仅丈量土地，还把其房舍、里落①都作为田地丈量，以上报充数，并以此作为纳税凭据，无形中增加了百姓税负。

刘秀以"度田不实"之罪诛杀了十几个郡太守，下令加紧度田。于是"大姓兵长"们就武装反抗，许多农民不明真相也加入反抗，这就是史称的"度田事件"。刘秀多次发兵镇压，一时间"郡国群盗处处并起，郡县追讨，到则解散，去复屯结，青、徐、幽、冀四州尤甚"（《资治通鉴·汉纪三十五》）。建武十六年（40）叛乱结束后，度田继续执行。《后汉书·五行志六》载，"（建武）十七年二月乙未晦，日有蚀之，在胃九度。胃为廪仓。时诸郡'新坐租'之后，天下忧怖，以谷为言，故示象"，显示了建武十六年度田政策实施有效，诸郡新交租时候的状况。

但东汉后期，朝政为外戚与宦官把持，限田政策彻底荒废，土地兼并达到历史顶峰。其中外戚马防②奴婢千人，资产巨亿；外戚窦宪③夺章帝之女沁水公主田园；外戚梁冀④有西起弘农、东界荥阳、南极鲁阳、北达河淇的千里土地；"宦官侯览前后请夺人宅三百八十一所，田百一十八顷"（《后汉书·宦者列传》）。政治腐败引发土地兼并，导致民生凋敝，终于爆发黄巾起义。

---

① 意指村落、里巷。
② 东汉时期外戚、将领，明德皇后的哥哥，伏波将军马援的次子。
③ 东汉时期名将、外戚，大司空窦融曾孙。
④ 东汉时期外戚、奸臣，大将军梁商之子，两妹梁妠、梁女莹为顺帝、桓帝皇后。

第五章
三国时期至唐前期的田制与税赋

东汉末年到唐代前期，我国的土地政策最大目的就是解决前期土地私有化之后引起的一系列社会问题，比如世族地主势力过大影响政权稳定，朝廷税源减少不能支撑国家行政机器运行。同时，由于这一时期政权更迭频繁，每一个政权初期都会推出均田政策，当土地再次集中时就会实行限田令。所有均田政策配合着租调制度，既削弱了地主势力，维护了稳定，又增加了税收。到了唐代，随着人口的持续增长，原有土地不能再支撑均田制度，与均田相应的租调制度也随之解体。

第一节　三国屯田制

东汉在黄巾起义之后，形成军阀割据的局面，各地的豪强和世族成为主导，这些豪强世族都有自己的"部曲"。"部曲"平时耕作兼习武，战时随主人出征。豪强世族有大量的宾客（食客）为其出谋划策，其中李典"宗族部曲三千余家""徙部曲宗族万三千余口居邺"（《三国志·魏书·李典传》）。这种世族豪强的势力是魏、蜀、吴三国争取的对象，因此从政治上并没有采取限田的举措，但为了增加财政收入应对战争，各国只能实行屯田制。屯田制是三国时期的主要土地形式，其中以曹魏屯田最为成功，孙吴次之，刘蜀最弱。

曹魏将中原地区战时的流民统一收编，同时从西北迁徙农民入内地，最初在许昌实行屯田，取得成功后向其他地区推广，尤其是前线战区。曹魏的屯田分民屯和军屯。民屯以编户为民的百姓为主，实行准军事化管理，设四级建制：大司农（中央）—典农校尉（大郡）—典农都尉（小郡）—屯司马（县），每50人为一屯，设置屯司马。所有收入分两种分配形式，《晋书·慕容皝载记》中载，"持官牛田者，官得六分，百姓得四分，私牛而官田者，与官中分"。这是一种最直接有效的增加财政收入的方法。军屯则以前线军队为主体，国家提供农具与种子，所得全归国家所有。军屯中有一种世家军屯，即军户家庭在前线的屯田，他们的分配形式与民屯一样。军屯中以邓艾屯田最为成功。

与此同时，曹魏还鼓励发展自耕农，招纳流民，兴复县邑，兴修水利，劝课农桑，使陷于崩溃的自耕农经济得以恢复和发展。为配合自耕农的发展，曹魏采用租调制度，田租每亩四升①，户调收绢帛丝麻，户出绢二匹、绵二斤。其特点是定额税，实物征收，税负轻。

曹魏后期，屯田制度被破坏，原因是官僚的贪婪。《晋书·傅玄列传》载，"今一朝减持官牛者，官得八分，士得二分；持私牛及无牛者，官得七分，士得三分，人失其所，必不欢乐。臣愚以为宜佃兵持官牛者与四分，持私牛与官中分，则天下兵作欢然悦乐"。同时，兵役由世家承担，租调由自耕农承担的分工也被破坏。民屯者也增加了兵役和徭役，还要交纳户调。这使得许多屯民放弃屯田，投到世家大族门下成为依附农民。在魏元帝咸熙元年（264），朝廷宣布，"罢屯田官，以均政役，诸典农皆为太守，都尉皆为令长"（《魏志·陈留王本纪》）。晋武帝泰始二年（266）宣布"罢农官为郡县"（《晋书·武帝纪》），屯田制度彻底解体。其实三国魏末司马氏已掌握政权，处于朝代交替之间，虽有此命，但未及施行，故泰始二年再次重申。这与司马氏的执政理念也相同，司马氏认为曹魏败在没有宗室相助，所以司马氏将中央屯田用来大封宗室，以稳固统治。

孙吴政权一直没有中央直属的屯田，而是完全依赖世族地主，世族地主将统兵将领、屯田农官和郡县长官三个系统集中编制，士兵、屯田劳动和私人部曲也是三位一体。孙吴同时实行世袭领兵制，即征兵权与统领权统一，各家族征兵则归各自统领；领兵权世袭制，父亡子代，称"摄父兵"。士兵家族化、部曲化，各自的士兵就是府兵，战时作战，闲时农耕。孙吴的屯田主要分布在与蜀魏的交界处，同时由于长期对山越人作战，因此在山越人的聚居地也有屯田。孙吴制下的屯田民兵比一般自耕农生活还要悲惨艰辛，作战和力役一样不能少，常导致父子分役，耕作无人，民力困穷，最终只能逃走他乡或是起义。

蜀汉屯田规模最小，建兴五年（227）赵子龙在汉中赤崖（今陕西省汉中

---

①　古代一般亩产一石，四升即 4%，与东汉的三十税一接近。

市西北襄城镇北）进行屯田，尽管规模小，时间也不长，但积累了经验。建兴十年，诸葛亮在黄沙屯田，建造木牛流马[1]，训练军队，把粮运至斜谷口（今陕西省宝鸡市眉县西南），这次屯田时间很短。建兴十二年诸葛亮深入渭南关中地区，在五丈原北边的兰坑（今甘肃省陇南市西和县东）等地屯田与魏长期相抗，与当地居民相处颇为融洽，但屯田人数也是不详，当年八月诸葛亮病亡撤军。后来姜维有小规模屯田，但与魏吴相比，相差甚远。

第二节　西晋占田制

司马晋取代曹魏之后，原本已经没落的内地屯田制被全面废止，原来许昌等地区的屯田区军民改为郡县管理下的编户，屯田区土地相应转为军民个体占有，简单来说就是原有国有屯田全部就地私有化。这一举措导致屯田区原本占比一半的中央田赋转换为私人田租，对中央来说收入大幅度下降。为了扩大田赋收入，西晋政权大力推行垦荒政策，责成郡县"省徭务本，并力垦殖，欲令农功益登"。泰始四年（268）正月丁亥，帝亲耕藉田。庚寅，诏曰："使四海之内，弃末反本，竞农务功，能奉宣朕志，令百姓劝事乐业者，其唯郡县长吏乎！先之劳之，在于不倦。每念其经营职事，亦为勤矣。其以中左典牧种草马，赐县令长相及郡国丞各一匹。"是岁，乃立常平仓，丰则籴，俭则粜，以利百姓（《晋书·食货志》）。

在诏令的影响下，"司隶校尉石鉴所上汲郡太守王宏勤恤百姓，导化有方，督劝开荒五千馀顷""十年（274），光禄勋夏侯和上修新渠、富寿、游陂三渠，凡溉田千五百顷"（《晋书·食货志》）。

如此一来，原来快灭绝的自耕农等小土地私有制广泛发展，朝廷对自耕农土地所有权的肯定与保护极大推动了农民的积极性，居民生活与经济实力大幅度提升。同时，为了防止部分自耕农大范围占田，朝廷推出占田上限。《晋书·食货志》载，"男子一人，占田七十亩，女子三十亩"，这是占田上限。

针对新的占田法，相应有课田制与租调制，这是对应的田赋与租调。据《晋书·食货志》记载，"丁男，课田五十亩。丁女，二十亩。次丁男，半之。（次丁）女则不课"，对于田赋则在《初学记》引《晋故事》所载，"凡民丁课

---

[1] 《蜀书·后主传》载，"（建兴）十年，亮休士劝农于黄沙，作流马木牛毕，教兵讲武。十一年冬，亮使诸军运米，集于斜谷口"。

田，夫五十亩收租四斛"①"又制户调之式：丁男之户，岁输绢三匹，绵三斤，女及次丁男为户者半输"。50 亩收租 4 斛（石），即 4/50，不足什一之数，但较原来的亩租 4 升提高了不少。丁男按 50 亩课税，不足 50 亩也是按此标准，但高于 50 不足 70 亩还是此数，所以课田法鼓励农民尽可能多地占田，以改善当时"计今地有余羡，而不农者众"（《晋书·齐王攸传》）的局面。

西晋在统一孙吴之后，为了保证国内稳定，中央"诏罢天下军役"，对原有军队进行整编与复员，原来前线地区的军屯也全面废除，全部转为自耕农土地。为了保障税源，保障新兴的自耕农土地不被世族地主侵占，西晋武帝在太康元年（280）颁布占田法令，对皇族封国的田地以及所有官僚的占田数量均有明确的规定。司马家族认为曹魏灭亡的原因是宗族力量单薄，所以在建国之初对各皇族进行封国，按面积多少有大国、次国、小国，封君在封国内有衣食租税权。国王公侯，京城得有宅一处，并限制"近郊田，大国田十五顷，次国十顷，小国七顷"，这里指的是为了使封国贵族在京城有往来处而占有的京城近郊田。

对于官僚则按九品中正制限定了占田数、衣食客数，以及佃客数。还约定官僚世族地主可以"荫其亲属，多者及九族，少者三世"。如表 5-1 所示，占田法不仅对土地规模做了限制，对所依附的食客（即管家，与东汉和三国时期的宾客、徒附、复客的身份类似）以及佃客的户数均有明确的限制。换句话说，官僚既不能侵占太多的土地，也不能侵占太多的劳动力。

表 5-1　西晋官僚占田限制

官品	占田（顷）	衣食客（人）	佃客（户）
一	50	3	50
二	45	3	50
三	40	3	20
四	35	3	7
五	30	3	5

---

①　曹魏时期田赋为"亩四升"。宋代以前，1 斗＝10 升、1 斛＝10 斗。刘向《说苑》中载"十斗为一石"，1 斛＝1 石。换言之，所谓"石"不过是斛的别称而已。宋代以后，朝廷正式把"石"列为容积单位，并规定 1 石＝10 斗，那么这样一来，单位"石"和"斛"就重复了，宋代又重新调整了"斛"的大小，规定 1 斛＝5 斗。于是这样一来，宋代以后这几个容量单位的关系就变为：1 斗＝10 升、1 斛＝5 斗、1 石＝2 斛。

（续）

官品	占田（顷）	衣食客（人）	佃客（户）
六	25	3	3
七	20	2	2
八	15	2	1
九	10	1	1

占田令在推行期间极大促进了农业生产，出现了繁荣景象。史书称，"是时，天下无事，赋税平均，人咸安其业而乐其事"（《晋书·食货志》）。但对于士族的限制则似乎没有什么作用，西晋中书郎李重在占田令颁布五年后曾说，"王者之法不得制人之私也。人之田宅既无定限，则奴婢不宜偏制其数"（《晋书·李重传》）。这就说明占田、荫客制不过是一纸空文。

在西晋武帝之后，外戚杨骏辅政，统治集团内部矛盾愈演愈烈，最终引发"八王之乱"。在八王之乱中社会经济被严重破坏，诸王为增加战力，将少数民族军队引入中原，为"五胡乱华"埋下祸根。同时，士族战争期间的土地兼并日益严重，社会矛盾突出，社会经济下滑，最后导致西晋灭亡。

第三节　南朝庄园制

东晋时期因为偏安南方，政治和经济上都面临着新的处境，对土地制度有一定的影响。在政治上，中央政权在"八王之乱"和"五胡乱华"的长期战争中受损，更加依赖于南方士族的拥护；另外，北方南迁士族与原先在南方的士族之间存在着微妙的对抗关系，北方南迁士族自认身份尊贵要后来居上并挤占南方资源，南方士族自然不愿接受，士族对抗是南朝政治的基本特征。在经济上，东晋之前的南方，因为少数民族成员复杂且山地丘陵居多，相对北方平原地区开发更加困难，因此一直疏于开发，大片地区还处在原始状态。同时，北方的"五胡乱华"导致中原地区十户九空，大量流民也涌入南方，这些流民既无土地也无其他生活保障，但是具有丰富的农耕经验，为南方的开发提供了充足的劳动力。

东晋司马睿在立国之初的建武元年（317）下令"弛山泽之禁"，即打破原来山泽河流属于中央的传统，允许士族在南方自由占领山泽土地，同时允许他们大量接纳流民，有组织地对山泽土地进行开发，于是大批士族率领其佃客和奴婢"奴僮既众，义故门生数百，凿山浚湖，功役无已。寻山陟岭，必造幽峻，岩嶂千重，莫不备尽"。对原来的荒山原野、川泽湖泊进行开垦，在短时期内极大地发展了南方的农业经济，但也使得士族社会中社会阶层分化明显，形成了中央、士族与佃客的庄园经济形态。

与此同时，为了对抗北方政权的入侵以及朝廷财政的不足，东晋重启屯田制，将临北方边界的土地作为屯田，组织军士开发；将首都附近的土地作为职田或禄田分配给在职官僚，作为他们俸禄的补偿。禄田的所有权在国家，其土地收益就是在职官员的俸禄，官职离任或被罢免后，其收益由新任官员接受。由于官吏只是在有限时间内占禄田，因此他们对承租禄田的农民剥削更为苛刻。

对于偏远荒地，士族难以管理，只能分配给无地居民耕种，这是东晋少有的自耕农，他们只需要承担赋税即可，土地开始归国家所有，后来逐渐转为私有。这样东晋的土地大体分为庄园、禄田、屯田和少量自耕农土地，其中以庄园最为突出，也称田庄，它们大都随山水自然形势布局，内部有精巧的房舍，以及园池、水田、旱地、果园、山岭、川泽，供主人居住或享乐。田庄内部有大量依附于士族的佃客、部曲及奴婢，他们不仅从事农业生产，还进行多种经营，包括农、林、牧、渔、副等多种职业，其经济形态具有传统的封闭性和独立性特征，除自我消费外，多余部分向市场出售。

东晋王室当然知道士族占田过多会导致尾大不掉的问题，因此在东晋成帝咸康二年（336）颁布壬辰诏书，曰："占山护泽，强盗律论，赃一丈以上，皆弃市"，但士族豪门却规避禁令，侵占山泽的行为依然如故。

东晋时期实行度田收租制，中后期改为口税。《晋书·食货志》载，"咸和五年（330），成帝始度百姓田，取十分之一，率亩税米三升。六年，以海贼寇抄，运漕不济，发王公以下余丁，各运米六斛。是后频年水灾旱蝗，田收不至。咸康初（335—336），算度田税米，空悬五十余万斛，尚书褚裒以下免官。穆帝之世（345—361），频有大军，粮运不继，制王公以下十三户共借一人，助度支运。永和八年（352），荀羡为北府都督，镇下邳，起田于东阳之石鳖，公私利之。哀帝即位，乃减田租，亩收二升①"。

东晋士族势力强大，纷纷以各种理由逃税，如灾荒水患等，导致"算度田税米，空悬五十余万斛"。因为土地多在士族名下，度田收税的纳税对象自然也是士族，这引起士族阶层不满。于是在孝武帝太元二年（377）改为口税，

---

① 经多方考证，文中的"三升""二升"应是"三斗""二斗"。

"除度田收租之制，王公以下口税三斛，唯蠲在役之身"。太元八年（383）又增税米，口五石，这特别有利于士族土地多人少的阶级特性，将负担进一步转移到了人多地少的自耕农阶层。

在南朝时期，基本上延续了东晋土地制度，在南朝宋大明年间（457—464）再次颁布了占山法，"凡是山泽，先常熛爔种养竹木杂果为林，及陂湖江海鱼梁鳅蜐场，常加功修作者，听不追夺。官品第一、第二，听占山三顷；第三、第四品，二顷五十亩；第五、第六品，二顷；第七、第八品，一顷五十亩；第九品及百姓，一顷。皆依定格，条上赀簿。若先已占山，不得更占；先占阙少，依限占足。若非前条旧业，一不得禁。有犯者，水土一尺以上，并计赃，依常盗律论。停除咸康二年壬辰之科"（《宋书·羊希传》）。这一法令看似是限占，但又有"依限占足"的鼓励意味，同时凡是对原有占田进行了劳动改造的，也"听不追夺"，所以限田令也没有太多作用。

南朝时的赋税基本上也是采用按丁征收租调、徭役的形式。数量方面，"其课，丁男调布绢各二丈，丝三两，绵八两，禄绢八尺，禄绵三两二分，租米五石，禄米二石。丁女并半之""其男丁，每岁役不过二十日，又率十八人出一运丁役之"（《隋书·食货志》）。米五石与东晋口税一样，但增加了布帛。

与东晋不同之处在于，从南朝宋开始，中央政权为了稳定统治，对传统士族采取打压政策，以削弱士族的政治和经济势力。同时，大力提拔和培育出身寒门的庶族地主。如在南朝宋武帝刘裕时期，通事郎、通事舍人等执掌国家机要事务的官吏大抵为庶族寒门。当然这些寒门并非真的贫困庶人，而是没落士族，或是商人地主，或是自耕农地主。因为在九品中正制的用人制度中，不是地主阶级的庶民没有任何机会。

第四节　北朝均田制与税赋

北魏是在中国北方由鲜卑族拓跋部于公元386年建立的政权，最初定都今内蒙古自治区呼和浩特市和林格尔县境内，登国元年（386）四月，正式定国号为"魏"，史称"北魏"。皇始三年（398）七月，道武帝拓跋珪迁都平城（今山西省大同市），称帝。公元439年，太武帝拓跋焘统一北方。公元493年孝文帝拓跋宏迁都洛阳，并大举改革。

拓跋焘死后，文成帝拓跋濬、献文帝拓跋弘、孝文帝拓跋宏相继登基，持续推进改革，使社会由游牧经济转变为农业经济。孝文帝即位后，为了缓和阶级矛盾，限制地方豪强势力，在冯太后的辅佐下进行了大范围的改革，诸如实行俸禄制、均田制、三长制、迁都、汉化政策等，极大地促进了北魏经济社会的发展，促进了民族大融合，也为隋唐统一全国创造了条件。

天兴元年（398），北魏政权在首都附近实行计口授田，《魏书·太祖纪》载，"徙山东六州民吏及徒何、高丽杂夷三十六万，百工伎巧十万余口，以充京师……诏给内徙新民耕牛，计口授田"。同时也有屯田，在《魏书·昭成子孙列传》载，"命（元仪）督屯田于河北，自五原至棚杨塞外，分农稼，大得人心"。其实行均田政策的原因有三：一是利用"五胡乱华"后中原地区人少地多的情况，将徙民与土地再度结合，促进生产，补充国力；二是减少对地方势力的依赖，当时中原地区地方势力割据，不利于中央统治；三是缓解鲜卑族与中原民族的矛盾，因为北魏于公元 439 年统一北方后，人民受到拓跋部落对土地的侵占，纷纷破产逃亡并进行武装斗争，先后有四十余次起义。

北魏于公元 485 年颁布了均田法令，将土地分为露田、桑田、麻田、居室田，以及地方官吏的职分田。详细安排如下。

露田：为种植谷物的土地，丁男十五岁以上者四十亩，妇人二十亩，奴婢依良。丁牛一头受田三十亩，限四牛。所授之田率倍之，三易之田再倍之，以供耕休（《通典·食货典》）。奴婢与耕牛均为授田对象，有倍田以供土地轮休，三年轮耕的土地则给三倍。

桑田：为种植桑树的土地，因为桑树下面还可以种谷物，所以桑田并入倍田的份额当中。丁男桑田二十亩，种桑五十株，枣五株，榆三株；妇女不另授桑田。

麻田：种麻的土地，在麻布之乡，男十亩，妇女五亩，奴婢从良。在不能种麻的地区，丁男一亩，女各依良，以种榆枣。

居室田：三口给地一亩，以为居室，奴婢五口给一亩。

如上，在桑土之乡，一夫一妻得露田 120 亩，其中倍田 60 亩，含桑田 20 亩。在麻土之乡，一夫一妻得露田 120 亩，其中倍田 60 亩，再加麻田 15 亩，榆枣田 1 亩，共 136 亩。其中露田在老迈及身没后归还国家，桑田皆为世业，身终不还。

地方官吏的职分田的规定是：诸宰民之官，各随地给公田，刺史十五顷，太守十顷，治中别驾各八顷，县令、郡丞六顷。更代相付。卖者坐如律。

在田赋方面，北魏一改原来以户为单位的征税方式，避免了"百室合户，千丁共籍"的情况，而是以授田的一夫一妻为征收租调的对象①。同时奴婢与耕牛因为参与了授田，也需要承担赋税。国家的税基数量扩大，收入增加，同时也使得人口大幅增长。

为了保障均田的执行与租调的征收，北魏设立三长制：党、里、邻。五家为邻，五邻为里，五里为党，每一级都有一个长来管理，他们负责检查户口、催租调、征力役，一般由地方上的大姓氏族来担任，是国家的基层管理者，也起到了稳定地方氏族的作用。

北魏之后的东魏、西魏、北齐、北周大体上还是沿用了均田制，只是略有改动，比如北齐将麻田与桑田等同处理为永业田，可以买卖，这样土地就进一步私有化了；同时，将官员的授田也改为永业田，这样公田的数量进一步减少。

在隋代，关于农民的授田，《隋书·食货志》载，"自诸王已下，至于都督，皆给永业田，各有差。多者至一百顷，少者至四十亩。其丁男、中男永业露田，皆遵后齐之制。并课树以桑榆及枣。其园宅，率三口给一亩，奴婢则五口给一亩……京官又给职分田。一品者给田五顷，每品以五十亩为差，至九品为一顷。外官亦各有职分田，又给公廨田，以供公用"。

隋炀帝即位后，除去妇人、奴婢、部曲之课，按"不授田就不课税"的原则，从此开始，妇人、奴婢就不再授田。此外，隋代官员的授田进一步复杂化，有永业田、职分田和公廨田三种，永业田自然成为官僚私有土地，职分田仍归国有且其收入作为官吏俸禄的一部分，分廨田的收入为官署的办公费用。

第五节　唐初期的均田与租庸调制

唐初经济社会一片凋敝，武德年间（618—626）户数只有200多万户，太宗贞观年间（627—649）户数也不满300万户，还不到隋代强盛时期近900万户的1/3。唐初中原地区的情况如魏征所言，"今有人十年长患，疗治且愈，此人应皮骨仅存，便欲使负米一石，日行百里，必不可得。隋氏之乱，非止十年，陛下为之良医，疾苦虽已乂安，未甚充实。告成天地，臣切有疑。且陛下东封，万国咸萃，要荒之外，莫不奔走。今自伊、洛以东，暨乎海岱，灌莽巨泽，苍茫千里，人烟断绝，鸡犬不闻，道路萧条，进退艰阻"（《旧唐书·魏征

---

①　由于妇女授田只有男丁一半，而已婚男丁的税赋却比单丁多了一倍以上，所以为了逃税，许多男丁不婚，创成户多无妻的现象，因此在隋朝时废除了对妇女的授田，同时也免除了对妇女的税赋。

传》）。隋末战争导致中原地区有大量无主荒地，"田地极宽，百姓太少"，正
如北魏早年一样，唐代试图将劳动力与土地重新结合。

唐代早期的授田制度较为成熟，大体上保留了隋以前的原则。并在高祖武
德七年（624）、玄宗开元七年（719）和开元二十五年（737）均颁布均田令。
其主要内容如表5-2所示。

表5-2 唐前期的均田内容

项目	内容
农田	一般男、中男每人受田一顷（一百亩），其中口分田（耕地）八十亩，永业田（桑麻榆枣等田）二十亩。丁老残疾受田四十亩。寡妻妾授田三十亩，寡妇当户者，则减丁之半，即授田五十亩。道士僧人三十亩，女道士及僧尼二十亩。工商为业者永业田及口分田减半，在狭乡者并不给[①]。奴婢与耕牛不再授田
宅地	良口三人以上给一亩，三口加一亩；贱口五人给一亩，五口加一亩
授田规则	每年十月至十二月农闲时调整，以"先课（税）后不课，先贫后富，先无后少"为原则
宽乡与狭乡	狭乡受田数额可为宽乡之半。荒薄之田，一易者倍授，宽乡三易者不倍授。狭乡受田不足者，听于宽乡遥授
土地买卖	一般口田禁止买卖，但狭乡迁宽乡者其口田亦可出卖。永业田在特定情况下可出售，如家贫无以供葬者；卖田供买庄宅、碾碨、邸店者；自狭乡迁宽乡者；官吏所授永业田及赐田，可以买卖或贴赁
官吏授田	与隋朝一致，分永业田、职分田和公廨田

唐前期，土地的私有成分有所增加，尤其是永业田基本上成为私田，而国
有成分则自然下降，均田制成为私有土地与国有土地混合的土地形式。

与均田制对应的是租庸调制，"有田则有租，有身则有庸，有户则有调"。
其中，租调也是唐前期的主要赋税制度，由于取消对妇女的授田，其收税对象
就是男丁，简称为"丁"，是一种"人丁为本"的税收制度。其中的租即田租，
有田即有租；调为户调，是对永业田所征收的绢布；丁男每年需服力役二十
日，但可以交纳绢布代替力役，称为"以庸代役"，即在农忙时可以不误农时，
租、庸、调三者均可以用力役代替。具体数量如《唐六典·尚书户部》载，
"每丁岁入租粟二石。调则随乡土所产，绫、绢、**绝**各二丈，布加五分之一。

---

① 狭乡就是土地不足的地区，与其对应的是宽乡。

输绫、绢、**纯**者，兼调绵三两；输布者，麻三斤。凡丁，岁役二旬。若不役，则收其庸，每日三尺。有事而加役者，旬有五日免其调，三旬则租调俱免。通正役，并不过五十日。若岭南诸州则税米，上户一石二斗，次户八斗，下户六斗。若夷獠之户，皆从半输。蕃胡内附者，上户丁税钱十文，次户五文，下户免之。附经二年者，上户丁输羊二口，次户一口，下，三户共一口。凡水旱虫霜为灾，十分损四已上免租，损六已上免调，损七已上课役俱免"（《旧唐书·食货志》）。

　　唐前期的均田取得了一定成果，也使得人口由贞观年间（627—649）的200余万户增长到玄宗天宝十四年（755）的819.47万户。但是其均田也有一定的局限性，均田并未覆盖全国范围。因为唐王朝地域广大，为防止叛乱，许多地区实行大规模屯田，同时还将大量荒地赏赐给功臣贵族。唐代的法律规定"官田宅私家借得，令人佃食。或私田宅，有人借得，亦令人佃作"（《唐律疏议·杂律》），这就导致从一开始很多地区的均田就不足，如贞观十八年（644）太宗到灵口（今陕西省西安市临潼区）调查，其当地居民实际授田为三十亩，便下令免除赋税，并把他们迁往宽乡。这种早期对均田不足者免税并迁往宽乡的政策，使得很多地广人稀的边远宽乡的土地得到开发，形成了"开元、天宝之中，耕者益力，四海之内，高山绝壑，耒耜亦满。人家粮储，皆及数岁，太仓委积，陈腐不可校量"（《全唐文·问进士·其三》）的景象，唐《开天传信记》载，当时"不六七年，天下大治，河清海晏，物殷俗阜……左右藏库，财物山积，不可胜较。四方丰稔，百姓殷富。管户一千余万，米一斗三四文。丁壮之人，不识兵器。路不拾遗，行者不囊粮"。

　　但在唐中期之后，由于人口的迅速增长，土地严重不足，原有的均田制无法再继续推行。人均土地减少，而按丁征税的政策并没有改变，导致租庸调的税赋压力增加，很多家庭不得已出卖其永业田，或是游走他乡。土地兼并再起，以三长为机制、以团貌为特征的户籍管理制度随之混乱，以均田为基础的租庸调制也无法执行。"天下编户，贫弱者众，有卖舍、贴田供王役者"（《新唐书·李峤传》）。在玄宗天宝年间（742—756），下课户激增。据马端临统计，天宝十四年（755），总户数为890余万，而下课户达356万，比例高达40％（《文献通考·田赋》）。最终在德宗建中元年（780）改行两税法，标志着均田制度的瓦解。

第六章
唐宋时期的田制与税赋

在唐朝的后期以及两宋期间，由于朝廷都采用"不立田制"与"不抑兼并"的放任政策，因此土地兼并日益严重。与之前不同的是地主阶级发生了变化，在两汉与魏晋时期，主要是士族地主，南朝为庶民地主与士族地主。到了隋唐之后，随着科举取代九品中正制、南朝对世族地主的打压，以及北朝均田和三长制的出现，原来的士族地主阶级在隋时期基本瓦解。新的地主阶级成为官僚地主、庶民地主与寺院地主，并在唐时期达到顶峰。

第一节　唐后期的土地兼并与两税制

在均田制遭到破坏之后，加上"安史之乱"对中原地区的冲击，农民与土地再次分离。唐王朝为了应对各藩镇割据的局面，将战争流民组织起来屯田，既可增加中央力量，同时也可安抚流民维护稳定。与边疆地区的军屯和民屯相比，这种中原地区的屯田称为"营田"，是朝廷招募流民作为营田户来重新耕种无主土地，并将收起来的田租作为财政与军事用途。

在赋税方面，唐早期的租庸调制是以均田为基础、以丁为征税对象的制度，随着每丁的均田越来越少甚至失去土地，就必然逃税而成为流民，导致中央财政收入减少。地方的税制则十分混乱，国家失去了有效控制户口及田亩籍账的能力，土地兼并剧烈。但由于军费急需，各地节度使作为军政长官可以随意摊派名目，无须获得中央批准，于是杂税林立，中央不能检查诸使，诸使不能检查诸州，赋税制度非常混乱。

为了解决这一问题，在唐后期，朝廷并没有强行推行均田制，也不再对土地制度做明确规定，而是改变征税对象，以土地和财产为征税对象，实行两税制。对于流民，一方面是组织营田，另一方面是开放国有荒地让民众开垦，只要正常课税就承认其产权。这一政策使得自耕农数量得以回升，同时国有土地也进一步私有化，提升了国有土地的利用效率。

与国有土地私有化相伴随的就是土地兼并，以及由此带来的贫富两极分化。唐后期在两税法推行30余年之后，"百姓土田为有力者所并，三分逾一其初矣……百姓日蹙而散为商以游，十三四矣"（《李文公集·进士策问二道》），大量农民失去土地，化为地主的佃农，或是卖身为农奴，有的为僧为道，为寺院做无偿劳役，有的投身藩镇当兵或落草为生。国家采取"兼并者不复追正，贫弱者不复田业"的政策，即放弃了对土地的直接干预与调控，原因是调控对象主要是官僚地主与寺院地主，同时在两税制下调控并不能增加财政收入。

与土地兼并相对应的税收政策是两税法，起源于唐朝早期与租庸调并行的户税和地税。户税始于唐高祖武德六年（623），"天下户量其资产，定为三等。至九年三月，诏：'天下户立三等，未尽升降，宜为九等。'"（《钦定四库全书·文献通考·卷十二》）唐后期，代宗大历四年（769），对户税进行修订，定天下百姓王公以下，按户等收纳户税分为九等，各等对应不同的额定税（表6-1）。

表6-1　唐后期户税额度

等级	每年户税（文）
上上户	4 000
上中户	3 500
上下户	3 000
中上户	2 500
中中户	2 000
中下户	1 500
下上户	1 000
下中户	700
下下户	500

注：官员一品准上上户，九品准下下户，余品并准依比户等税。

与前期的租庸调相比，户税的税收性质不同，租庸调是丁税（人口税），户税属于资产税。纳税的主要对象不同，租庸调主要纳税对象是参与均田的农民，官僚和贵族可免，而户税主要来源是官僚和贵族，农民也在纳税之列，但额度较少。纳税方式也有明显差异，户税为钱，租庸调为粮、布和徭役。

地税源于唐太宗贞观二年（628），户部尚书韩仲良奏，"王公以下垦田，亩纳二升。其粟麦粳稻之属，各依土地。贮之州县，以备凶年"。高宗永徽二年（651），地税改为按户等征收，上上户五石，余各有差。玄宗开元年间（713—741），地税又复改为按亩纳粟，每亩二升。随着租庸调的削弱，地税所收粮食占比逐渐增加。

天宝年间（742—756），户税钱达 200 余万贯，地税粟谷达 1 240 余万石，在朝廷收入中的比重已经和租、调大约相等。唐德宗时代的建中元年（780）由宰相杨炎建议推行的两税法，即将征收谷物、布匹、力役为主的租庸调法改为征收金钱、谷物为主。一年两次征税，是为"两税法"。实质上就是以户税和地税来代替租庸调的新税制。两税法的主要原则是"户无主客，以见居为簿；人无丁中，以贫富为差"，即是不再区分主户（本贯户）、客户（外来户）①，只要在当地有资产、土地，就算当地人，上籍征税。

《旧唐书·杨炎传》中记载："凡百役之费，一钱之敛，先度其数而赋于人，量出制入。户无主客，以见居为簿；人无丁中，以贫富为差。不居处而行商者，在所州县税三十之一，度所取与居者均，使无侥利。居人之税，秋夏两入之，俗有不便者三之。其租、庸、杂徭悉省，而丁额不废。其田亩之税，率以大历十四年垦田之数为准，而均收之。夏税尽六月，秋税尽十一月，岁终以户赋增失进退长吏，而尚书度支总焉。"

两税法是依贫富分等征税，触犯了地主的利益，遭到了地主与贵族的强烈反对。但德宗还是下诏实行，到建中末年（783），朝廷就有了 1 300 多万贯的收益，比两税法以前的全部财政收入还要多出百万贯，使全部收入达到了 3 000 余万贯。

第二节　两宋时期的土地私有化与土地兼并

两宋的田制与相应的赋税基本上沿用唐时期的政策，不立田制也不抑兼并，所以在两宋时期，不仅商品经济达到顶峰，土地的兼并也是历史之最。宋代的土地分为国有、地主所有、自耕农自有三种类型，其中以地主所有为主，

---

① 唐中期安史之乱以后，大量农民失去土地，脱离户籍，流入他乡，这种在当地户籍上没有登记的流动人口，统称为客户。客户以租种地主的土地为生，为佃户，或沦为力役雇农。在当地户籍上的为主户，一般主户下面有大量客户。在两税制后，所有农民就是登记户口，并依律纳税。

国有土地的份额较少，且后期均实现了私有化，自耕农在数量上不少，但土地占有量远不及地主阶级。

宋代的国有土地也称官田，包括屯田、营田、职田、学田、户绝没官田和逃田①等，其中户绝没官田和逃田是官田的常规来源。宋代的官田和前代相比较，其数量在全国垦田总面积中所占的比重很小。官田之中，屯田和营田的比重又略高于职田、学田。在《文献通考·田赋考四》中有北宋神宗元丰年间（1078—1085）所述四京十八路田税数目。《中书备对》记述，四京十八路垦田总数 450 余万顷，其中官田数量为 6 万多顷，仅占 1.3%。

南宋时期，由于两淮以及荆襄一带的战争，曾有大量的户绝没官田和逃田转为官田，使得官田数量一度回升，但南宋的土地政策更为宽松，最终这些官田都转为私田，吕祖谦②评价为"今天下无在官之田"。

两宋官田中以屯田数量为大，由国家调拨军队从事耕作。北宋先后于高粱河、瓦桥关、歧沟关为辽军所败之后，在河北沿边设置屯田。太宗淳化四年（993），于河北诸郡"发卒垦田，州长吏按行催督"（《宋会要辑稿·食货四》）。南宋时期在张纲③等人的主持下，德安府（今湖北安陆）、汉阳等地设置屯田与营田，并由州县所属的地方武装力量"弓兵"④ 耕种，产出收归国有。弓兵比其他军兵多领粮食，所需牛具、种子由官钱支用。

官田中也有"召募"百姓做营田，熙宁四年（1071）诏"河北缘边屯田务水陆田，并令民租佃，本务兵士令逐州军收充厢军，监官悉减罢。初，屯田司每岁以丰熟所入不偿所费，屡以为言，至是乃从之"（《宋会要辑稿·食货四》）。这与地主将土地租与佃民耕种一样，只是这种方式在北宋时不普遍，到南宋时才逐渐盛行。耕种官田，名为招募，实际强行差役的现象普遍存在，朝廷虽然主张"自愿请佃"，但实际上得不到贯彻，强行招募带来的问题就是生产积极性低，盘剥严重。

学田是国家拨给或者学校自行购置一定数量的土地，这在两宋文人治国

---

① 田主逃跑而收不到赋税的土地。
② 吕祖谦（1137—1181），字伯恭，婺州（今浙江省金华市）人，祖籍淮南寿州（治今安徽凤台县）。郡望东莱郡，人称"小东莱先生"。南宋理学家、文学家。
③ 张纲，宋代官员，字彦正，号华阳老人，润州丹阳（今江苏金坛薛埠）人。政和六年（1116），任太学博士，改任秘书省校书郎。与蔡京不和，出任主管玉局观。后曾任监察御史。南宋时又因得罪秦桧被罢官。隐居茅山。卒谥文简，祀七贤祠。
④ 弓兵，又称弓箭手，是以弓箭等作为战争装备的兵种。

的朝代比较盛行。学田是学校的固定资产，学校将这些土地租佃给附近的农民耕种，所以它与职田、屯田、营田大体相似。但是两宋的学田以及其他一些官田，还有采用"实封投状"的方式，是宋代实行的一种买扑与出售官田时定价的方法。这里的实封投状，就是一种接近于招投标的方式招募佃农。

以上各种官田，由于压榨严重而产出不大，得不偿失，因此官田的土地就通过各种渠道私有化，其中以屯田和营田的私有化为主。

在五代动荡时期之后两宋时期的自耕农数量有所发展，他们大体上是五等户[①]中的第四、第五以及少量的第三等户。自耕农中有一部分由于自身土地不足供养家庭，而需要再租种部分地主土地，这种称为半自耕农。自耕农与半自耕农之间没有明显的界线，而且人数相当庞大，他们在宋代的户籍中都属于主户，占主户数量的2/3以上[②]。据《太平寰宇记》记载，太宗朝（976—997）、真宗朝（998—1022）时期，苏州有主户27 000余户，客户为7 300余。到元丰年间（1078—1085），苏州主户增加至158 000余户，客户增加至15 000余户，这里的主户就是指拥有土地的自耕农与半自耕农。

自耕农与半自耕农平均所占有的土地数量较少，北宋神宗熙宁年间（1068—1077）陈襄曾说"中产以下多是农民，唯以薄业为生，别无营入，能自足于衣食者盖有数矣"（《古灵先生文集·论役法状》）。其中，少数自耕农能有百亩土地，他们是自耕农中能维持温饱的一部分。在南宋的两淮沿边地区荒闲土地多，每一户可以分到八十多亩土地，也是土地拥有量较多的地区，但土质与江南相比较差，产量也低。更多的自耕农占有土地不过三五十亩，甚至更少。北宋仁宗皇祐二年（1050），"蜀民岁增，旷土尽辟，下户才有田三五十亩，或五七亩；而赡一家十数口，一不熟，即转死沟壑，诚可矜侧"（《续资治通鉴长编·卷一百六十八》）。吕陶《净德集》（四库本）载，"夫有田二十亩之家，中年所收不过二十石，赋税、伏腊之外又令供赡一丁，则力亦难给"。

自耕农或半自耕农的土地多是拓荒而来，因为朝廷曾多次动员农民开荒地并承认地权。这种开荒的土地一般不在平原地区，而是在丘陵或是贫瘠地区，

---

① 唐代由于征收户税将民众分为九等，在五代时期简化为五等，两宋沿用了五等户的分类方式，就是以家庭所占有的资产数量进行划分。

② 郦家驹：《宋代土地制度史》，中国社会科学出版社，2015年，第58页。

且土地面积较小。加上自耕农的经济自给困难，土地经常会被出售以应不时之需，所以自耕农的土地是两宋土地市场中流转的主要成分。

宋代的地主分为官户、形势户、商户。官户就是品官之家，包括宗室、外戚和官僚。品官之家一般都是大地主，虽然有极少数清官不占有或占有少量地产，但绝大多数均属于地主阶级。南宋孝宗时（1163—1189），"虽申严限田之法，而所立官品有崇卑，所限田亩亦有多寡。品官田多，往往假名寄产，卒逃出限之数"（《宋会要辑稿·食货六》）。马端临指出，"贵者有力可以占田"，"贵者"即宗室、外戚以及官僚，他们通过各种强力的手段侵占公田与自耕农土地。宋徽宗时的蔡京仅仅在永丰圩①的圩田就多至 960 顷。南宋著名将帅，绝大多数都广占田产，如张俊每年田租收入达 60 余万斛②。官户的占田主要是皇帝的赐田，还有侵占的公田与民田。

除官户之外，以吏胥③为主体的形势户占田数量也不少。虽然在州县中他们只是小吏，政治地位不高，但在基层政权的运行中却有不可忽视的作用。他们依附官户的权势以及对执行权的掌握而成为地方势力的豪强。叶适评论这种胥吏在地方上"根固窟穴，权势熏灸，滥恩横赐，自占优比"（《水心先生文集·吏胥》）。书手、保正、耆户长④，以及其他小吏小胥，在数量上相当庞大，是乡村地区的实权者，也是宋代两税征收的重要对象，因此设立专门的"形势版簿"进行管理，并且用"朱书"记录⑤，他们决定着朝廷两税的基础。据《建炎以来朝野杂记·甲集卷十二》记载，南宋绍兴末年（1156），"二十六年八

---

① 永丰圩，中国古代江南著名圩田。位于江苏高淳西。始建于北宋政和五年（1115）。在丹阳与固城两湖间淤浅地区筑堤围湖形成。据《宋史·食货志》记载，南宋绍兴三年（1133）时，永丰圩长宽都有五六十里，有田九百五十多顷，缴纳租米三万石。

② 郦家驹：《宋代土地制度史》，中国社会科学出版社，2015 年，第 33 页。

③ 胥：古代掌管文书的小官吏。

④ 书手是古代从事抄写工作的书吏，或者指担任书写、抄写工作的人员。保正，宋代户籍管理制度为保甲制，每一甲设一甲长，每一保设一保正，甲长由甲内各户选举推派，保正由保内各户选举推派，再由地方官认可后出任，任期两年、属无给职，负责地方的治安问题。耆户长，亦作"耆长"，即古代差役名，职司逐捕盗贼。

⑤ 唐五代已出现"形势"一词，宋朝的形势户包括官户和充当州县衙门的公吏、乡里基层政权头目的上户。其中，官户占少数，吏户占多数。与形势相对称的平户，则包括形势户以外的全部人户。形势户是宋朝综治的基础，宋王朝依靠形势户管理国家，统治人民。在法律上，形势户中的吏户没有特定的权利。但是，形势户依仗任官做吏的权势，为非作恶，却是史不绝书。宋朝对形势户在纳税、租佃官田、向官仓出售粮食等方面订有禁约。北宋初，在各州府专设"形势版簿"，南宋时又改为在税租簿上用朱笔标明"形势"两字。规定形势户比平户须早半月纳税，如拒不纳税，要加重刑罚。

月，汤中丞鹏举请省之，以宽民力，事下诸路常平司，时浙东七州吏额四千人，提举官赵公称首奏损其半，他路率如此，然今州县吏额虽减，而私名往往十倍于正数，民甚苦之"。总体而言，形势户的数量较官户多出一倍有余，大体上占总户数的 0.2% 左右。

除去官户与形势户之外的地主为农户地主，在政治上不具有身份地位，主要是地方富豪地主，由大商人或高利贷者转换而成。两宋时期的富商大贾势力有很大的发展，北宋真宗天禧末年（1021），全国商税收入高达 1 204 万贯（《续资治通鉴长编·卷二十一》），相当于当时全年财政收入中货币收入总数的 45.5%，可见当时的商业之发达，以及商人之富庶。

两宋时期的土地买卖有成熟的市场和操作流程，双方签订契约后再过户田税，朝廷对买卖双方的详细信息进行登记，保证产权与税收的统一。土地流转制度的成熟，体现了宋代土地制度的两大特色：一是土地的金融属性增强，不仅有土地的买断，或叫断卖，或断骨卖，还有很多过渡形式，如典卖、卖绝、典质、典当、当、倚当、抵典、质、倚质、质举、质贸等。二是土地产权更加分散，频繁的土地买卖，伴随着对田地不断进行分割，虽然地主持有大量土地，但很少是大片连续的土地，而是分散于各州县。这增加了地主直接管理土地的难度，土地代管制度随之产生，代理人称为"干仆""干办人""干当人""干当掠米人"，代表地主，主要是官户地主与形势户地主管理土地。干人数量在两宋时期非常可观，并成为土地制度中有影响力的群体，他们在地主与佃农之间上下其手，为虎作伥。

第七章
元、明、清的土地制度与赋税

元、明、清三代在政治制度和土地政策上有很大的一致性，所以放在一起研究。三个朝代都是大一统王朝，都定都北京，都是中央集权的绝对统治，都是不立田制，任由兼并，土地绝大部分都由地主阶级控制，是中国封建色彩最为浓厚的三朝。由于绝大部分土地由地主控制，土地税逐渐向财产税转变，明朝时达到高峰。但由于地主可以将税收转嫁给租地农民，所以这三个朝代的农民受尽剥削，这一时期也是中国历史上农民起义较多的时期。

第一节　元代土地制度的倒退

元代是中国继北魏之后第二次由游牧民族建立的政权，游牧民族不从事定居农业，他们的生产活动就是放牧，并将各自放牧的区域叫"营盘"或"经界"。12世纪后蒙古族进入奴隶社会（之前是氏族社会），大规模的对外战争产生的战俘成为奴隶，而原有的氏族自然上升为上层贵族。氏族之间有牧场的划分，氏族下有属民（一部分为征服土地所依附的原有居民，还有收纳的游民）。属民有自己的牲畜和财产，但只有依附于氏族才能生存，负担生产性劳动、劳役，并承担赋税。

忽必烈在吞并了辽和金的土地后，并没有进行大规模的改革，而是沿用统治区域的传统与治理方式，在战胜南宋之后也保留了南宋的土地制度，由此形成了南北不同的土地制度与赋税政策。

元朝的土地分为国有土地、领主土地、寺观土地、地主土地，以及自耕农土地。国有土地是官田和战争后没收的无主荒地，以及金朝旧贵族的土地。这些土地一部分由皇帝私人占有，主要分布在江南一带，这些土地由国家出租给佃农，收取地租以供皇帝私养。还有一部分国有土地归朝廷掌管，分为屯田、职田、学田、草田、牧地等。其中以屯田规模最大，全国屯田为1 837万亩，占全国耕地总面积的5％左右。元代由于各地农民起义众多，因此军队也较为分散，导致为军队供粮的屯田分布范围较广。为了保证军粮供应，甚至大规模圈占土地进行屯田，屯田区内有驻军以镇压起义。屯田分为军屯与民屯，军屯由军事劳役供应劳动力，所有种子、农具、收成归国家所有。另有一大部分是民屯，就是将土地租给农民，由地方屯田单位收租。

职田指的是元代官员的俸禄田，主要分发给路、府、州、县的官员和按察司官员。学田指的是公办学校占有的土地，在元代主要包括国子学、蒙古国子学以及书院等占有的土地。学田的收入只能用于学校之用，如修理学舍和供给师生日常食用等。

其余国家土地则以赏赐的方式分配给贵族、寺院、官僚。元代总计所赐诸王公、百官、寺院的土地达1 855万亩。这些土地最终变成领主土地和私有土地，贵族对其土地有世袭权、征税权和治民权。领地百姓称为领户，在领地内实行奴隶制或农奴制经济，领地内的奴隶劳动者一般称为"驱口"，农奴则称为"投下户"，投下户不在国农编户之内，是领主私属，只向领主提供劳役和钱物，不承担国家赋税。

寺观田是元代重要的土地类型之一，对促进土地所有权的多元化具有重要的作用。在元代，寺观土地在表面上仍然属于朝廷所有，但这仅限于朝廷直接划拨或赏赐的土地，其他所得的土地均属于寺观所有，所以寺观土地一部分属于国家，一部分是私产。同时，自耕农由于赋税而生存最艰难，而寺观则无此压力，有很多自耕农愿意将土地献给寺观，自身也成为寺观的附庸农，这样可以减免赋税，只需要承担比赋税较轻的贡奉。正因如此，寺观所拥有的土地的面积得到逐步的扩张，著名寺观的土地占有量已经非常可观，这既促进了租佃制的进一步发展，同时也在一定程度上加重了贫富悬殊的问题。

当然，寺观土地的面积扩张形式有许多种，可以直接购买，许多寺观凭借雄厚的经济基础大肆兼并土地，在汉代寺观购买土地需要经过朝廷的同意，因此寺观大量兼并土地的现象受到了一定的制约。在元代，朝廷放开了限制，就出现了镇江甘露寺"复增市丹阳吕城膏腴田二十顷"的现象。同时，还存在抢夺和接受施舍两条途径，但占比较小。

元代的地主与之前一样，除了贵族地主、官僚地主以及寺院地主外，元代保留了南宋的形势户地主与平民地主，地主除了将土地租佃之外，也使用驱口、奴婢等形式进行自我生产。

自耕农在元代生存更为艰难，由于赋税太重，很多不得以出卖土地，或是将土地献出以投靠贵族或寺院，或者破产并沦为奴婢。

元代的赋税整体较重，且存在着南北明显的差异。北方基本上沿用金朝税制，南方沿用南宋税制。但除了正常田地赋税外，还有畜牧税、田赋附加税，如鼠耗、分例、和籴[①]、门摊等，额外加征和预征税费以及力役等（表 7 - 1）。

表 7 - 1　元代田赋南北差异

	北方	南方
税粮	丁税[②]：太宗八年（1236）成丁每年纳粟 1 石，驱丁 5 升，老幼免征。匠、僧、道等按户籍纳税 地税：上田税 3 升半，中田 3 升，下田 2 升，水田 5 升 至元十七年（1280）更新全科户、减半科户、协济户规定，并增加输纳办法：税粮入仓，每石带纳鼠耗 3 升、分例（手续费）4 升，纳远仓加每石折纳赍钞 2 两	两税制，夏税收钱，秋税纳粮。夏税可以用木棉、布、绢、丝等折纳，每税粮 1 石，纱 3 贯到 1 贯 700 文不等；秋粮为亩税 3 升，后逐渐增加
科差	按户征收包银、丝料、俸钞 3 项。包银始为每户 6 两；1255 年，改为 4 两；1267 年增 1 两作为官俸，因以钞纳也称俸钞	包银、户钞 2 项。包银与北方一致，户钞于至元二十年（1283）万户田租输钞百锭，每户 5 钱。成宗时（1295—1307）因纸币贬值，增为户 2 贯，万户 2 万贯，折 400 锭

第二节　明代土地制度与赋税

明代全国耕地面积有逐渐增加的趋势，在宋神宗年间（1068—1085）全国耕地为 5.6 亿亩，而明万历六年（1578）已达 7.842 亿亩。其中，民田 7.014 亿亩，官田 0.828 2 亿亩，官田占比为 11%。

明代官田的名目较多，有官田、没官田、断入官田、学田、皇庄、牧马草

---

①　和籴是北魏至明清朝廷强制收购民间粮食的官买制度。北魏至中唐，和籴寓有聚米备荒、赈济灾民之意。中唐以后，强制配购性质日趋浓重。至宋，成为括粮养兵的重要手段。

②　这里的丁主要指蒙古族的 15 岁以上男丁，汉族在战争中大多成了俘虏，所以为驱丁。

场、城壖苜蓿地、牲地、园陵坟地、公占隙地，诸王、公主、勋戚、大臣、内
监、寺观的赐乞庄田，以及百官职田、边臣养廉田、军屯、民屯、商屯等
（《明史·食货志一》）。明代先后被封藩王有 50 个，有 28 个王府持续存在 200
年以上。他们享受税收优惠，名下有"欲赐""奏封""投献"的土地，同时贵
族和官僚通过各种方式强占民田。特别是明代中后期，顺天府曾赐地 32 人次，
共赐田 87 044 顷，其中有 80％是圈占的民田①。这些土地在世代继承后就成为
私田，产生了大量缙绅地主。

　　明代屯田有传统的军屯、民屯，还有商屯。明初洪武二十六年（1393）屯
田 9 033 万余亩，由各卫所的军民耕种。但宣德年间（1426—1435）之后，屯
军将田地转租给他人耕种，收取地租；有的屯军逃亡，只能招民佃田；也有部
分屯田被典卖。到嘉靖四十一年（1562）屯田尚余 6 443 万余亩，几乎全部由
佃农耕种。明代的民屯是由移民、募民和罪犯三种人耕种。商屯是军屯的一种
辅助形式，明代利用食盐的专卖权，令商人运粮到边境，交纳上仓后在近区卫
所收粮的衙门取行"勘合"，凭"勘合"领取盐薪，才能将盐运往规定的地区
贩卖。商人则为了交粮方便，雇佣农民在卫所附近种粮，就地交纳，这就是商
屯。明中叶以后，由于盐法改为"纳银领薪"，商屯渐废。

　　明代也不立田制不抑兼并，"只是任他（农民）自贫自富，自有自无，惟
知有田则有租，有身则有庸而已。田连阡陌由他，无卓锥之地亦由他也"②。土
地的不断流转和兼并形成大量的缙绅地主，这些地主多是明朝早期功臣名将之
后，商人也在明中期进入地主行列，由于没有政治特权而称为庶民地主，这说
明明代中期之后土地的流转主要是市场买卖，而非初期的侵占与赐田。缙绅地
主与庶民地主在明末农民起义时期遭受严重打击，所以到清初的时候，地主势
力大幅削弱。

　　明代地主蓄奴耕地，"课僮奴以耕""率僮仆力田"的记载随处可见，大的
缙绅地主蓄奴过千，如常熟钱海山、长州吴宽等。直到明末的农民起义才将这
些农奴彻底解放。

　　在地租方面，明代发展了唐代开始出现的定额租形式，明中期以后，定额
租成为江南地区的主要租佃形式。北方地区由于受黄河泛滥的影响，收成不稳

---

①　岳琛：《中国土地制度史》，中国国际广播出版社，1990 年，第 183 - 184 页。
②　［明］蔡清：《虚斋集·卷二·寄李宗一书》，文渊阁四库全书，上海古籍出版社，1987 年，第
16 - 17 页。

定，所以多使用分成地租。学者引用顾炎武在《日知录》中的记载，明末时期苏松地区地租，"一岁仅恃秋禾一熟耳。秋禾亩不过收三石，少者止一石有余，而私租竟有一石五斗之额，然此犹虚额，则以八折算之，小歉则再减……于是田主声言减租，以虚额之数，亩减其三斗，故向止一石二斗而无增者"[1]，即实际地租是名义地租的八折，但还是较高，说明整体的地租较高。明代在白银的大规模流通之后，在江南地区也有实物地租向货币地租转换的实例，但主要还是实物地租。

明代的田赋沿用了唐宋的两税制，在明初其税率较元时期有所下调，《明史·食货志》载，"初，太祖定天下官、民田赋，凡官田亩税五升三合五勺，民田减二升，重租田八升五合五勺，没官田一斗二升"。可见民田税亩三升三合，但实际各地田赋差异较大，在江南的苏松嘉湖一带就高达一石有余。

自耕农除承担田赋之外，还有各种徭役，分里甲、均徭、杂泛三种。里甲是基层组织形式，后来转化为三大徭役之一。十户为甲，设甲长；十甲为一里，由附近丁田最多的十户轮流担任里长，所以一里实际有110户。每十年重新编排一次，其任务就是催征赋役、传达官府命令、编排各种差徭。

均徭是供地方衙门使用的差役，因按户等人丁编排，均输徭役，故称"均徭"[2]。如果纳钱代役则为"银差"，亲身服役则为"力差"。均徭的目的是根据农户的"丁粮多寡、产业厚薄"情况来确定差役的轻重，以达到平均分配的目标，但明代中期，因朝政腐败，官吏里胥因缘为奸，均徭遭到破坏。万历九年（1581）行"一条鞭法"，均徭并入田赋征收。

杂泛是指均徭之外的各种非经营性杂役，如造宫殿、筑城墙、治河道、修仓、运料等，开始按"验田出夫"的原则，后来改为一律按户编役。

明代徭役以"黄册""鱼鳞册"为保障，黄册登记户籍，鱼鳞册登记土地。洪武十四年（1381）正式编制黄册，以里为单位，每十年编造一次，其中记载各户的人口、田户和应负担的赋役。一式四份，送户部、布政司、府、县各一份，其中呈户部备案的封面为黄色，故称为"黄册"。洪武二十年（1387）命

---

① 李伯重：《清代中期苏松地区的地租与房租》，《中华文史论丛》，2008年第1期，第243-252页。

② 均徭文法以人丁、税粮（即丁粮）多寡为基准设定户则，均派杂役，丁粮多者为上户，编重差；次者为中户，编中差；少者为下户，编下差；一户或编一差，或编数差，也有数户共编一差的。轮差次序常和里甲同时排定，十年或三五年一次。服役期在里甲正役满后的第五年。在具体实行上，南北方略有差异，南方以丁田为基准，北方以丁粮为基准。

国子生武淳等分行州县，以随粮定区的原则编制。以税粮万石为单位，称一区。每区土地经丈量后，在册中详细记载土地面积、地形、四至、质量、业主名。因所绘的田亩形状像鱼鳞而称为"鱼鳞册"。黄册与鱼鳞册是世界上最早的户籍与田亩统计簿册。

黄册与鱼鳞册在早期保障了明代的赋税，但随着土地流转的频繁化，人口增加以及流动的加剧，两册的更新速度太慢，朝廷控制的财政收入也就逐渐下降。如从洪武二十六年（1393）到弘治十五年（1502）税田面积从 8 577 623 顷下降到 4 208 058 顷。户数方面，从洪武二十六年（1393）到弘治四年（1491），户数减少 150 余万户，人口达 700 余万人。这些数字是由官员的统计错误和徇私舞弊造成的，并非真有人口和土地的大规模减少，但其直接后果就是按黄册或鱼鳞册征收的赋税收入下降。嘉靖末年，太仓存银不到 10 万两，而岁出超 140 万两。税改势在必行，引出"一条鞭法"的赋税改革。

第三节　清代土地制度与赋税

清初由于长期的战乱，农民流亡，在顺治十八年（1661）全国耕地面积为 5.27 亿亩，比明万历六年（1578）的 7.01 亿亩，减少 1.74 亿亩。后康熙采用与民休养、轻徭薄赋、奖励垦荒等恢复生产的政策，到嘉庆十七年（1812），耕地增加为 7.91 亿亩[①]。

清代的土地分为旗地、官田、屯田，名目上较明朝简化。八旗在入关后为了维护原有的生活习惯，曾三次让皇帝下令跑马圈地，对京畿、山东、山西、四川、陕西、宁夏等地民田进行大量圈占。从顺治元年（1644）开始，持续 40 年之久，共圈地 20 万顷，到康熙二十四年（1685）才完全停止。这些由八旗后裔、皇室、王公等占有的土地统称为"旗地"，允许世代继承，不准典卖。但在康熙之后，没落的八旗子弟陆续将旗地典卖。从乾隆七年（1742）到乾隆二十五年（1760），朝廷曾四次动用国库将典出的旗地赎回，但并未能阻止八旗子弟的没落，旗地典当在清末成了普遍现象。光绪后期终于开旗地之禁，承认普通旗地典卖的合法性，而皇庄和王庄的旗地则一直保持到清代灭亡。

清代屯田不及明代，乾隆年间（1736—1795），各类屯田合约 39 万顷。军

---

① 梁方仲：《梁方仲文集：中国历代户口、田地、田赋统计》，中华书局，2008 年，第 14 页。

屯主要在新疆地区，内地有漕运屯田，或称为漕田，主要在京杭运河南端有漕粮的地区。民屯由于压榨过重，出现大量耕后复荒的现象，后来便撤销了"兴屯道厅"[①]的建制，将民屯之地改为民地，"课其租赋，屯田照民田起科"。

清代最大的地主集团是八旗地主，同时为限制明代残余势力，在各地都有限制绅权（明时期的缙绅）的政策，如禁止授献、严禁缙绅豪强在垦荒过程中霸占土地；革除缙绅地主的田赋优惠；限制缙绅优免差徭的范围，特别是在"摊丁入亩""地丁合一"的税改之后，限制了缙绅地主对赋役的规避和转嫁。这些政策使得缙绅的特权减少，农民的地位上升，自耕农的数量有所增加，庶民地主得以成长，与南朝时期略有相似。据清直隶获鹿县（今河北省石家庄市鹿泉区）档案资料记载，获鹿县 10 社 49 甲占地 100 亩以上的地主中，在康熙四十五年（1706），庶民地主占总户数 39.33%；到乾隆十一年（1746），占比为 63.72%，同时期所占土地数量由 22.89% 上升至 48.73%。这是清初大批自耕农在一段时期自由竞争后的自然结果。

清代较明代在奴仆关系上有所进步，清代农奴主要存在于皇庄、王庄、勋戚的庄田之中，在清乾隆年间（1736—1795）达到顶峰，由于数量太多，经济波动之后各地出现农奴逃亡事件。乾隆九年（1744）内务府以壮丁（农奴）妄生事端及庄头名下壮丁过多实属无益为由，奏准：口内、盛京、热河、山海关外等内务府所属官庄，除庄头等亲生子弟及缘罪发遣壮丁毋庸置疑外，其余自盛京随来，并置、投充，以及无罪发遣之壮丁内，如有庄头委用年久有益农务，或鳏寡孤独老幼废疾者，仍令庄头留养，其尚可谋生之壮丁等，令该庄头据实陆续呈报，转交各州县载入民籍，听其各谋生计。嗣后庄头自置人口，不准载入丁册，其售卖之处，听其自便。倘遇歉收，唯准庄头之亲丁，并缘罪发遣壮丁，及鳏寡孤独老幼废疾者，仍照例散给口粮，其余壮丁概不准其散给（《钦定大清会典则例》）。

清代的地租以定额租为主，分成租为辅。中国社会科学院搜集到的康熙到嘉庆期间的有关地租资料共 502 件，其中定额租有 291 件，占比为 58%；分成地租有 64 件，占比为 12.7%[②]。实行定额地租的地区一般生产力发展水平较

---

① 为了恢复战乱破坏的农业经济，顺治十年（1653）采纳范文程等人的建议，设立兴屯道厅，推行屯田。

② 李文治、魏金玉、经君健：《明清时代的农业资本主义萌芽问题》，中国社会科学出版社，1983年，第126页。

高，产量稳定，佃农可以通过精耕细作而提升产量，可以提高农民的积极性，具有一定的先进性。但定额地租并不能取代分成地租，因为在落后地区，尤其是一些水利设施不发达、灾荒较为频繁的地区（如黄河沿岸的平原），由于收成不能得到保证而采用分成地租。

清代货币地租较明代有进一步发展，如上 502 件地租案例中，有 147 件为货币地租，占比为 29.3％[1]，主要是在新垦区、山区、官田、公田较多的地方实行。因为新垦区、山区交实物地租运费太高，而官田和公田在实物地租足够食用的情况下也倾向于以白银方式征收地租。

清代的租佃形式有了进一步发展，出现了押租、预租、永佃制。押租即农民向地主交纳一定货币作为押金，一般要等于或高于一年的地租额，才能承租。最早在明代的福建地区出现，主要是人口增长后佃农对优质土地的竞争所致。其推广主要在乾隆到嘉庆时期（1736—1820），在全国有记录的 26 个省中有 18 个省的 90 多个州县有押租事例，主要集中于南方。预租是订立租约时预先缴纳一年的租钱，也叫"上打租"，一般在年初缴纳，也是流行在地狭人多的南方地区。

永佃制是一个土地产权和使用权分离的租佃形式，在永佃制下，地主承诺将土地永久性地租给某一户佃农，地主对田地拥有田底权（或田骨权），佃农拥有田面权（或田皮权）。佃农的田面权也可以进行典当、买卖或转租，这样就出现了比较复杂的租佃关系。永佃制起源于明，发展于清，在万历年间（1573—1620）的福建盛行一时，江苏与直隶也有永佃制，主要出现在旗地与官庄，他们为了方便管理而将土地使用权一次性永久出租。

清代的田赋基本承袭了明代的体制，田赋分夏、秋两次征收，部分交粮其余纳银钱，以银为主。税率也按户分三等九则，各地税率不尽相同，相差悬殊。但考虑到不重蹈明代的覆辙，在清代早期顺治到康熙时期，朝廷多次颁布大力度减轻税负的法令。顺治元年（1644），朝廷取消了最为扰民的三饷加派[2]。顺治三年（1646），又令"各省前朝宗室禄田钱粮，与民田一体起科，造

---

[1]　李文治、魏金玉、经君健：《明清时代的农业资本主义萌芽问题》，中国社会科学出版社，1983年，第126页。

[2]　上谕："前朝弊政厉民最甚者，莫如加派辽饷，以致民穷盗起，而复加剿饷，再为各边抽练，而后加练饷。惟此三饷，数倍正供，苦累小民，剔脂刮髓……远者二十余年，近者十余年，天下嗷嗷，朝不及夕。"

册报郡；其宗室名色，概行革除，犯法者与小民一体治罪。仍令各安故土，不必散处"（《大清世祖章皇帝实录·卷二十五》）。这里取消了明代宗室及与清代合作乡绅的经济特权与政治特权。同时，"大县设知县、县丞、典史、各一员，小县设知县、典史各一员。一切主簿，尽行裁革。原管职事，大县归并县丞，小县归并典史""将前代乡官监生名色尽行革去，一应地丁钱粮杂泛差役，与民一体均当"。

未经录用的文武官僚及乡宦监生尽行革去，取消一应地丁钱粮、杂泛、差役，以减轻农民负担。同时解决税负不均问题，如"富豪之田，田连阡陌，不应差徭"，而"贫民无地立锥，反多徭役"的现象，实行"丁役银"方法，以银代徭。在康熙五十一年（1712）推出"摊丁入亩"，一举解决中国历史上千年的丁税问题，而以土地为统一征税对象，进一步打击了乡绅地主的土地拥有量。但雍正以后，"火耗"和"平余"①的归公及"漕折"的浮收又迫使大量自耕农出卖土地，清中后期地主势力再度抬头。

在清末和民国时期，地主还是土地的最主要所有者。由于缺乏清代的统计材料，可以从民国时期的数据中窥之一二。据 20 世纪 30 年代陶直夫（钱俊瑞）的调查估计，全国 50% 的土地掌握在只占人数 4% 的地主手中（表 7 - 2）。

表 7 - 2　20 世纪 30 年代陶直夫（钱俊瑞）土地调查②

	户数（万户）	百分比（%）	所有土地面积（百万亩）	百分比（%）
地主	240	4	700	50
富农	360	6	252	18
中农	1 200	20	210	15
贫农及雇农	4 200	70	238	17
合计	6 000	100	1 400	100

①　意为"平色之余"，亦称"余平""随平"，是明、清时各地在征收正项赋税期间，以加派、加征的形式多收以解送给户部的份额。

②　岳探：《中国土地制度史》，中国国际广播出版社，1990 年，第 213 页。

流

通

篇

由于中国地域广袤，地区差异大，粮食产区不断变迁，自然灾害频发，因此粮食的流通和储存具有极为重要的意义。粮食流通可以将粮食从主产区运往销区，在历史上主要是运往京师地区，以供军队、皇宫、百官的用度。越是在大王朝时期，军队、皇宫、百官的数量就越多，运输的压力就越发凸显，因此形成了中国特有的漕运制度。为保障流通的顺利进行，就必须有中转仓、京仓等配套设施。封建王朝为了维护自身的稳定，往往会在县乡地区设立粮仓，以备灾年，这也是流通的重要环节。所以流通篇主要研究历史上的漕运制度与粮仓体系。

第八章

漕粮运输

　　漕运就是指水路运粮，《说文解字》载，"漕，水转谷也"。因为粮食量大体重，水运是最为经济有效的运输方式。截至目前，国际和国内的粮食运输还是以水运为主。漕运与现代粮食航运不同有二：一是漕运主导单位是封建王朝而非民间商贸，它是由封建王朝组织的，为封建王朝服务的庞大的粮食运送体系，包括漕田、漕官、漕工、漕仓等一系列组织与机构；二是漕运运道主要是人工运河，而非自然的江河湖海，有时还辅之以陆路运送。

　　漕运属于粮食大规模、长距离的运输，它形成的本质原因还是粮食生产与粮食消费的分离，所以夏商时期的自然经济中，人们自给自足，没有漕运的必要。在春秋与战国时期，由于各诸侯横霸一方，虽然存在着内部的军粮与税粮的运送，但由于国土较小，距离较近，也不能称之为漕运。因此，真正的漕运起源于秦统一六国之后，这也难怪陈峰将漕运称为"集权政治的产儿"。在秦统一时期，中央集权制度形成，中央官员对俸禄的需求以及禁卫军对军粮的需求突然增加，周边的粮食就得往京师运送，因此形成漕运。陈峰认为，漕运就是大一统时期的产物，因为只有大一统时期才存在漕运的必要，如秦汉、唐、北宋、元、明、清时期；当中原王朝分裂之时，漕运也随之萎缩，如战国、南北朝、南宋、五代时期①。

第一节　秦汉漕运

　　一般认为大规模的粮食运送始于秦，因为秦之前的殷周是分封制，各地诸侯在封地上自给自足，国家战争的军队也是由各诸侯以"勤王"的方式进行，

---

　　① 陈峰：《漕运与古代社会》，陕西人民教育出版社，2000 年，第 6 - 7 页、第 17 页。

中央除了祭祀之外，没有庞大的官僚机构以及禁卫军队，因此也不需要漕运。粮食的运送在战国时期得到初步发展，主要是因为战争需要。《梦溪笔谈》载，"凡师行，因粮于敌，最为急务。运粮不但多费，而势难行远"。粮食运送越远，则消耗越大，导致国内缺粮，因此《管子》也说："粟行于三百里，则国毋一年之积；粟行于四百里，则国毋二年之积；粟行于五百里，则众有饥色。"

为了方便军粮运送，春秋晚期，邗沟开凿于吴王夫差时期，连接了长江和淮河水系，是一条主要的河道。魏国在公元前 361 年东迁大梁（开封）之后，修建了重要水道鸿沟，连接济水和颍水，水流方向为从北往南。由于济水是黄河的一支分流，颍水又是最终流入淮河的，因此鸿沟实际上是沟通黄河与淮河两大河流的一条运河。还有齐国的淄济运河，《史记·河渠书》载，"于齐，则通菑济之间"，在古临淄城东的淄水和城北济水之间开挖一条运河，名淄济运河。船只可由淄水通过运河进入济水，为齐国沟通中原地区的航道。汉代以后，未再记载，或已淤废。这些河渠后来成为秦汉时期漕运的基础。

战国时期，各国相互攻伐，已经有了关于军粮水运的记载，比如秦伐韩时，"秦从渭水漕粮东入河、洛，军击韩上党也"（《史记·赵世家》）；秦伐楚时，从四川沿长江运粮向东，"秦西有巴蜀，大船积粟，起于汶山，浮江已下，至楚三千馀里。舫船载卒，一舫载五十人与三月之食，下水而浮，一日行三百馀里，里数虽多，然而不费牛马之力，不至十日而距扞关。扞关惊，则从境以东尽城守矣，黔中、巫郡非王之有"（《史记·张仪列传》）。

秦统一之后，虽然有天下弭兵之举，但并没有停止对四方的征伐。《史记·秦始皇本纪》载，秦始皇三十二年（前 215），"使将军蒙恬，发兵三十万人，北击胡，略取河南地"；次年，"西北斥逐匈奴，自榆中并河以东，属之阴山，以为三十四县，城河上为塞。又使蒙恬渡河取高阙、陶山、北假中，筑亭障以逐戎人"。西北方面的用兵由于关中粮食不足，只能从河北送粮。《史记·平津侯主父列传》载，"又使天下蜚刍挽粟，起于东腄、琅邪负海之郡，转输北河，率三十钟而致一石"。《汉书·严安传》也载，秦"欲威海外，使蒙恬将兵以北攻强胡，辟地进境，戍于北河[①]，飞刍挽粟以随其后"。此次转运粮食的运输方式可能是海运，从黄、腄、琅琊等沿海地区的港口出发，向西北递运达

---

① 清以前黄河自今内蒙古自治区巴彦淖尔市磴口县以下分为南北二支，北支约当今乌加河，时为黄河正流，对南支而言称北河。

到北河。在对西南作战方面，秦始皇三十三年（前214），"发诸尝逋亡人、赘婿、贾人略取陆梁地，为桂林、象郡、南海，以适遣戍"。《淮南子·人问训》有详细记载，"乃使尉屠睢发卒五十万，为五军：一军塞镡城之领（岭），一军守九嶷之塞，一军处番禺之都，一军守南野之界，一军结余千之水。三军不解甲弛弩。使监禄转饷，又以卒凿渠而通粮道，以与越人战"。这里有明确的记载是"凿渠而通粮道"，可为漕运的凭证。

由上可知，秦代的漕运主要是军事为主，用军事手段强迫民众运送，并没有成熟的漕运管理机构，由九卿之一的治粟内史兼治漕运，属官有太仓等，负责中央粮仓的管理事宜①。

东汉之初，与民休养，朝廷尚简，亦无征战，关中粮食基本可以应付朝廷用度，只需少量征调山东粮食，由渭河行漕。"孝惠、高后时……漕转山东粟，以给中都官，岁不过数十万石"（《史记·平准书》）。后文景节俭，"都鄙廪庾尽满，而府库余货财"。从武帝开始，中央集权加强，官僚系统迅速扩张，同时对西北匈奴用兵不断，关中粮食已然不能支撑，需要关东地区、黄河流域的粮食支援，出现"河渭漕挽天下，西给京师"（《史记·留侯世家》）的局面。

但依托渭水漕运耗时费力，因渭水是季节性河流，水量不定，下游河道弯曲，水浅沙深，为漕运带来很大阻力。汉武帝时，来自山东地区的漕粮沿渭水到达长安，需要六个月时间。"异时关东漕粟从渭中上，度六月而罢，而漕水道九百余里，时有难处"（《史记·河渠书》）。但即使如此，运往长安的粮食主要是粟，由最初的几十万石增加为400万石。但由于渭水行船困难，加上汉武帝元光三年（前132）黄河在瓠子口决口（今河南省濮阳市濮阳县西南），向东南流去，泛滥范围16郡，波及现在的豫东、鲁西南、淮北、苏北等广大地区，连年成灾，黄河流域产粮减少，其中运河也受到影响，更加延长了运粮时间。

为了提高漕运效率，满足京师需要，时任大司农的郑当时②向汉武帝提建议，"引渭穿渠起长安，并南山下，至河三百余里，径，易漕，度可令三月罢"。汉武帝遂"令齐人水工徐伯表，悉发卒数万人穿漕渠，三岁而通"，结果"通，以漕，大便利"（《史记·河渠书》）。漕渠的开凿，缩短了三个月运输时

---

① 沈颂金：《秦代漕运初探》，《中国经济史研究》，2000年第4期，第114-119页。
② 西汉时期大臣，郑桓公二十二世孙。

间，改善了山东漕粮的运输条件，使漕船直达长安。同时，两岸农田得到灌溉，实现了"其后漕稍多，而渠下之民颇得以溉田矣"的理想效果。漕渠与渭水系相连，是一条不同于传统航道的"运输专线"。比之传统的渭河线路，漕渠运程更短，效率更高，但漕渠没有渭水自西向东的水流助力，为提高效率，所以有漕渭互补的运输，自东向西走漕，自西往东走渭，在东西之间往来运输，助力西汉一代的繁荣发展。

为了提升漕运效率，西汉在沿途节点处设有粮仓，分别有敖仓（今河南省荥阳市东北敖山）、京师仓（又称华仓，今陕西省渭南市华阴硙略乡西泉店村南瓦碴梁，漕渠入河口南岸）、潋邑漕仓（今陕西省渭南市蒲城县西头乡西头村，洛水西岸），是"京师至关重要的供食粮仓"，也是"朝廷向西北转运粮食的基地"[①]。《史记·平准书》载，"山东漕益岁六百万石。一岁之中，太仓、甘泉仓满"。甘泉仓（位于咸阳淳化县北铁王乡凉武帝村，甘泉宫遗址附近）积粟可以通过直道，及时输送北边以补充军需、汧河码头仓储（今陕西省宝鸡市凤翔区长青镇孙家南头村西，汧河入渭水东岸），有转运、存储和军需守备多重作用[②]。在京师附近有太仓、霸上仓、大仓、嘉仓、细柳仓等。

在长安至渭水的漕渠开通之后，运往长安的粮食在武帝元封年间（前110—前105）达到600万石，此时设置护漕都尉，负责管理各地漕运事宜。都尉为军队建制，即所有漕运均为军队负责，年用兵卒6万余人，至长安后漕粮交太仓，太仓由大司农管理。西汉的漕运与秦一样，主要为对外军事战争服务，因此由兵卒运送，并由都尉进行管理。

东汉时整个漕运水系发生了变化，尤其是在王景治水之后，原来的鸿沟系统逐渐由新的汴渠代替，汴渠成为东汉到北宋之间800余年的漕粮要道。具体过程如下：在汉武帝时黄河在濮阳发生决堤，古黄河不经过郑州、开封，而是从荥阳向东北过新乡、濮阳最终流入渤海。濮阳决堤之后黄河频繁改道，在汉平帝时（1—5）再次改道入鸿沟、过颍水，最终并入淮河，使鸿沟漕运淤积，同时由于西汉末年及新朝时期起义不断，鸿沟60余年得不到治理。东汉明帝时（58—75）由王景治河，筑渠将黄河改道向东引至东海，与向东南的鸿沟分离，在两者交汇处设置水门，控制黄河水入鸿沟。这次治水使得豫东南地区的

---

① 辛德勇：《论细柳仓与潋邑仓》，《陕西师范大学学报（哲学社会科学版）》，2010年第2期，第118-124页。

② 王子今：《秦汉交通史稿》，中共中央党校出版社，1994年，第328页。

漕运水系得以保全，但原来的鸿沟已淤，而其支流汳水成为主流，汳水又称丹水、汴水，这条水道后来称为汴渠，到隋唐时成为通济渠主干。

在京师漕粮方面，东汉学习西汉傍渭水筑漕渠的经验，东汉建武四年（28）使河南尹王梁引谷水（起源于渑池崤山以东山谷，向东绕洛阳入洛水）建阳渠，但没有成功。建武二十四年（48）再筑阳渠，在洛阳城西开渠引洛水一支绕城而东，纳谷水、瀍水（孟津县的一条河，向东流入洛河）二水，至偃师再注入洛水以通漕，使山东漕船由黄入济，经阳渠直抵都下。所以在东汉时，漕运分南北两线，在北线走济水—黄河（山东段）—荥阳—偃师—阳渠入洛阳，将山东粮食运入中央，在南线则走汴渠至荥阳—偃师—阳渠入洛阳。

因黄河泥沙含量大，所以在汴渠与黄河交汇处要时时疏浚，但东汉末年，群雄四起，战火不断，汴渠得不到疏浚而淤塞。在建安七年（202），曹操基本统一北方，着手修理汴渠北段，即荥阳至商丘部分，并将其改名为睢阳渠（睢阳为今河南省商丘市中心南部）。在曹魏时期，为了漕运需要，在颍水[①]（今河南省许昌市西南部）和洧水[②]（今河南省许昌市北部）之间开凿了贾侯渠、讨虏渠、广漕渠。之后邓艾建议重修汴渠整个水道，使其上下通畅，通行无阻。汴渠南端连接沟通淮河与长江的邗沟，虽经战乱，但因水流量大、泥沙少而没有淤积，这样在曹魏时期，可以利用邗沟—汴渠—沙颍河—颍水或洧水，将南方粮食运往许昌。在北方运河方面，建安八年（203）曹操北渡黄河，攻下黎阳（今河南省鹤壁市浚县附近），下一步就是要进攻袁氏的根据地邺城（今河北省邯郸市临漳县）。因此，建安九年（204）正月，曹操亲率大军从许昌渡河，"遏淇水入白沟，以通粮道"。白沟又名宿胥渎，是黄河南徙、从宿胥口[③]改向东流后，故道上因排水和灌溉上的需要而产生的一条河流，与清河一样，均因水少而不能漕运。白沟由于有淇水[④]加入，水量自然大增，

---

① 颍水即颍河，属淮河的支流。发源于河南省登封市嵩山，经许昌，在周口与沙河、贾鲁河三河汇流成沙颍河，然后过安徽省阜阳市，在寿县正阳关（今颍上县沫河口）注入淮河，为淮河最大的支流。全长 620 千米，是历史上航运、农业灌溉的重要水源，也是洪涝灾害严重的河流。

② 源于河南省登封市阳城山，东南流至新郑市与溱水合，会流后称双洎河，经长葛市后转向东南，从新郑市黄湾出境，在周口市扶沟县曹里乡摆渡口村汇入贾鲁河，至西华县入颍水。

③ 古黄河决口处，在今河南省安阳市滑县西南。

④ 古为黄河支流，发源于山西省晋城市陵川县，现上游已断流。大部位于河南省北部林州市，下游经鹤壁至卫辉市。

同时河道沿着黄河故道向北延伸，至少可以和洹水①（安阳河）相接，如此军粮就可运到邺城以东一带。自此以后，白沟就成为河北地区重要运道。但西晋之后，中原战乱，汉人政权偏居江南，汴渠漕运自然就没落下来，直到隋重新统一天下。

第二节　隋唐大运河与漕粮运输

隋朝重新建都长安，并着手恢复西汉时期的漕运体系，保障长安的粮食供应。开皇四年（584）在渭水南岸重筑连通长安到黄河的漕渠，但与西汉至华阴县再入黄河不同，这次是直接至潼关入黄河，将长安与中原腹地相连，并称为"广通渠"。开皇七年（587）在古邗沟的基础上开凿山阳渎②，自山阳（今江苏省淮安市，京杭大运河与淮河交汇处）至江都（今江苏省扬州市，京杭大运河与长江交汇处），为进攻南陈做准备，并于公元 589 年灭南陈统一中原。

重新统一之后的隋朝，经济重心已经向南方倾斜，江南地区在经过东晋与南朝的建设后，粮食产量与经济实力均超过了由鲜卑族统治的北方。因此，连通江南地区与长安的漕运是当务之急。炀帝即位之后，随即迁都洛阳，同时在大业元年（605）重新疏浚整个汴渠至洛阳漕运系统，称通济渠。通济渠全段包含洛阳通过阳渠至偃师再汇入洛水，出洛水从荥阳上黄河入汴渠，到达大梁（开封）、睢阳（商丘）、夏邑、宿州、盱眙最后汇入淮河。从现在的水系来看，即今黄河（荥阳至开封段）—黄河故道（开封至夏邑）—响河（商丘至夏邑）—沱河（夏邑至盱眙）。

大业四年（608）又开凿连通河北地区的永济渠，"诏发河北诸郡男女百余万，开永济渠，引沁水，南达于河，北通涿郡"（《隋书·炀帝纪》）。永济渠

---

　　①　通称安阳河，卫河第二大支流，属海河水系。源出河南省林州市林虑山，先后流经林州市、安阳县、安阳市区北部，在内黄县范羊口注入卫河。

　　②　现称淮扬运河，古称邗沟、里运河、渠水、韩江、中渎水、山阳渎等，指的是从江苏省淮安市（京杭大运河与古淮河交点）到扬州市（京杭大运河与长江交点）的这段河道，全长 170 余千米，于公元前 486 年开凿，当时吴王夫差为北上与齐争霸，开凿了伯渎河，又称古吴水，伯渎河为古运河的重要组成部分。

南段自沁河①口向北，经过今新乡、淇县、滑县、内黄（以上属河南省）、魏县、大名、馆陶、临西、清河（以上属河北省）、武城、德州（以上属山东省）、吴桥、东光、南皮、沧县、青县（以上属河北省），抵今天津市；北段自今天津折向西北，经天津的武清、河北的安次、到达涿郡（今河北省涿州市及北京市部分区域），全长近1 900里。从现在的地图来看就是四个水系的合成，卫河（新乡市至河北馆陶县，与漳河并入卫运河）—卫运河（河北馆陶县至山东德州，分流为漳卫新河与南运河）—南运河（德州至天津）—北运河（天津到北京）。永济渠的关键工程是在沁水左岸开渠，引沁水东北流合清水至今浚县西入白沟，这是永济渠的南段，是当时新开凿的渠道。隋三征高句丽的军队与军粮，都是通过永济渠运送至涿郡。

大业六年（610）又重新疏浚和拓宽古江南运河，从京口（今镇江）起，过常州、绕太湖东岸达苏州，南至余杭（今浙江省杭州市），全长800余里，将长江与钱塘江连通，称江南河。重新疏浚山阳渎，修正航道。这两项工程后来成为京杭大运河的重要组成部分，至今仍在使用。

隋朝大运河的疏浚首要目标是补充京师粮食供应。《隋书·食货志》载，"开皇三年（583），以京师仓廪尚虚，议为水旱之备，诏于蒲、陕、虢、熊、伊、洛、郑、怀、邵、卫、汴、许、汝等水次十三州，置募运米丁；又于卫州置黎阳仓，洛州置河阳仓，陕州置常平仓，华州置广通仓，转相灌注。漕关东及汾、晋之粟，以给京师"。

卫州黎阳仓在今河南省鹤壁市浚县，西为永济渠，东为黄河，水运便利，主要是收集河北地区的粮食，然后由永济渠运往长安，或作为北方战争的后备粮仓。

洛州河阳仓在今河南省洛阳市偃师区，邙山之上，地势高，不易受潮，是为从洛口仓转运粮食入洛阳城而设。

陕州常平仓在今河南省三门峡市陕州区，是往西运粮由水运转陆运的中转仓，也称太原仓，称"地控两京水陆二运""蓄巨万之仓"。

---

① 沁河，春秋名少水，西汉始名沁水，也称洎水，近代称沁河，上黄河一级支流。发源于山西省晋中市平遥县黑城村（一说山西省长治市沁源县西北太岳山东麓的二郎神沟），自北而南，向南经安泽县、沁水县、阳城县、晋城市郊区，切穿太行山，自晋城市郊区（泽州县）的拴驴泉进入济源市紫柏滩流入河南省，经过济源、沁阳、博爱、温县，于武陟南流入黄河，河长485千米，流域面积13 532千米²，是山西省晋城市境内第一大河。

华州广通仓在渭河与黄河交汇处，是往西粮食陆运再转水运之所，所有运往长安的粮食先在此集中，所以是关中地区最大的漕仓，在炀帝即位的大业元年（605）改名为永丰仓。

隋都东迁之后，先后在黄河、洛水、通济渠交汇处荥阳设虎牢仓，以及洛口仓、河阴仓。在洛水与黄河交汇处设洛口仓，也称兴洛仓，作为所有运往京师粮食的汇总处，因此与广通仓一样是洛阳周边最大的漕仓，甚至是隋朝最大的粮仓。仓围长 20 余里，有地下粮仓 3 000 窖，每窖可储米 8 000 石。沿洛水向洛阳方向，洛口仓之后为回洛仓，回洛仓围长超过 10 里，有 300 个大窖。两仓共储谷 2 600 万石。回洛仓西为洛阳城，城中有太仓，以及供粮食周转的嘉仓。

为了配合东征高句丽，隋在黄河以北到辽河流域沿着永济渠和渤海内运输线建立了几个重要的边仓，包括涿郡仓、望海顿仓、辽东仓、泸河镇仓、怀远镇仓，黎阳仓也承担了类似功能，形成了仅次于中原洛阳地区的漕仓集中数量。

与关陇地区、华北地区相比，作为隋朝粮仓的江南地区反倒没有粮仓设置，主要目的是为了弱化江南地区。在江南地区被统一之后，文帝便解除了江南地区武装，修筑运河是为了便于剥夺钱粮，也便于军事控制[1]。

唐朝重新建都长安，因为唐朝疆域辽阔，国力强盛，京师用度大增，通济渠与永济渠两大运河体系承担漕运重任，漕运进入大规模发展时期。因唐朝国祚 300 余年，周期较长，其间有几次漕运变更，大致可以分为三个阶段。

第一阶段是唐初到盛唐时期，即从高祖武德元年（618）到玄宗开元二十一年（733），这一时期的特点是唐中央政府规模持续扩大，对粮食需求不断增加，唐初沿用西汉、隋的漕运方式已经不能满足需求，不得已于玄宗开元二十一年（733）由裴耀卿[2]提出漕运改革。

在漕粮需求方面，首先是京都人口的增加带动粮食需求增加。现代研究表明，唐前期长安城在籍人口 15 万人，宿卫军 6 万人，宦官 0.3 万人，宫女 3 万～4 万人，官、私奴婢 11 万人，官户等 8 万人，僧尼 2 万人，流动人口 3 万～4 万人，总计 50 万人左右。唐高宗、武则天以后，全国户口数量回升并持续增长，长安由于其独特的地理位置，人口增加更加迅速。唐中期长安城估计

---

① 张晓东：《隋朝的漕运系统与政治经济地理格局》，《中国社会经济史研究》，2012 年第 3 期，第 1-9 页。

② 裴耀卿（681—744），字子焕，绛州闻喜（今山西省运城市闻喜县）人，出自河东裴氏定著五房之一的南来吴裴，玄宗时的政治家和诗人。

在籍人口 48 万人，宿卫军 11 万人，宦官 0.5 万人，宫女 3 万人，官、私奴婢 11 万人，官户、工户、乐户等 8 万人，僧尼 4 万人，再加上流动人口 3 万～4 万人，总计约 90 万人①。据冻国栋的研究，从高宗、武后时（650—704）的一些史料上看，当时长安实际人口可能已经超过 100 万人②。

由于唐初长安城人口较少，且军队多为府兵，即自带粮草无须朝廷供应，所以《新唐书·食货志》载，"高祖、太宗之时，用物有节而易赡，水陆漕运，岁不过二十万石，故漕事简"。《通典》也载，"往者，贞观、永徽之际，禄禀数少，每年转运不过一二十万石，所用便足"。但高宗与武周之时，人口日增，宫廷用度日费，远远超出关中地区供应量，因此对漕粮的需求激增，这里引用王朝中③的研究成果，将唐武德元年（618）至大中元年（847）的漕运数据统计如表 8-1 所示。

表 8-1　唐朝历代长安漕运史料

年代	漕运年运量	出处
武德至永徽	一二十万石	《通典·卷十》《旧唐书·卷四十九》《新唐书·卷五十三》
开元初	八十至一百万石	《通典·卷十》
开元二十二至二十四年（734—736）	二百数十万石	《通典·卷十》《旧唐书·卷四十九》《新唐书·卷五十三》《资治通鉴·卷二百一十四》《唐会要·卷八十七》
开元末	一百数十万石	《新唐书·卷五十三》
天宝三年（744）	二百四十万石	《旧唐书·卷四十九》《新唐书·卷五十三》
天宝七年（748）	二百五十万石	《通典·卷十》
天宝中	二百五十万石	《通典·卷十》《元和郡县图志·卷二》
广德二年（764）至建中元年（780）	四十万石	《旧唐书·卷四十九》《唐会要·卷八十七》
贞元初	四十万石	《资治通鉴·卷二百三十四》
贞元十五年（799）	四十万石	《旧唐书·卷十三》《册府元龟·卷四百九十八》
元和初	四十万石	《旧唐书·卷四十九》《新唐书·卷五十三》《唐会要·卷八十七》

---

① 徐宏件：《论唐都长安的粮食供应》，陕西师范大学博士学位论文，2007 年。

② 冻国栋：《中国人口史·第二卷·隋唐五代时期》，复旦大学出版社，2002 年，第 219 页。

③ 王朝中：《唐代安史乱后漕粮年运量骤降原因初探》，《中国社会经济史研究》，1984 年第 3 期，第 67-76 页。

（续）

年代	漕运年运量	出处
元和中	二十万石	《新唐书·卷五十三》
大和至大中	十余万石	《旧唐书·卷四十九》《唐会要·卷八十七》《资治通鉴·卷二百四十九》
大中	四十万石	《旧唐书·卷四十九》《新唐书·卷五十三》《唐会要·卷八十七》
大中中期以后	失载	

　　唐朝的漕运在玄宗开元年间（713—741）有大幅度增长，并在玄宗天宝年间（742—756）达到顶峰，天宝之后则大幅下降。在初唐时期，由于漕运量不大，沿用隋朝旧道，粮食主要来源于华北地区，品种为粟、谷。史载"咸亨三年（672），关中饥，监察御史王师顺奏请运晋、绛州仓粟以赡之。上委以漕运"（《唐会要·漕运》）。晋、绛指今汾河流域的临汾县和新绛县。景龙三年（709），"关中饥，米斗百钱。运山东、江、淮谷输京师，牛死什八九"（《资治通鉴·卷二百零九》）。从华北地区运粟至长安，其基本线路是沿永济渠至荥阳黄河并存入含嘉仓，然后转陆路运往潼关，在潼关再转水运沿广通渠到长安。

　　初唐长安城漕运效率最低区间是从荥阳至潼关这300里陆运。原因是黄河在这一段处在中条山与崤山的峡谷之间，河道狭窄，水流湍急，尤其是在三门峡地区，河道被河中的两块巨石①为分三股，周围暗礁密布，不能行舟。300里陆运也只能走崤山山路，蜿蜒曲折，重峦叠嶂，行动艰难，有"用斗钱运斗米"的说法，严重影响运粮效率。在高宗显庆年间（656—661）尝试进行治理，657年由苑西监②褚朗调发6 000余人，在砥柱东侧凿石开山，以通牛车，但未能成功。后来将作大匠③杨务廉在三门山的黄河峭壁上凿栈道，

---

　　① 也称为砥柱、砥柱山，或三门山，在三门峡东，成语"中流砥柱"即来源于此。

　　② 官署名，唐高宗显庆二年（657）改食贷监置，置监、副监各一员，丞二员，掌本苑完葺苑面、宫馆、园池与种莳、蕃养六畜之事。

　　③ 将作大匠，古代官名，掌管宫室修建之官。战国始置，历代沿革，名称不一但职掌大致相同。秦代称将作少府，汉景帝中元六年（前144）改称将作大匠，职掌宫室、宗庙、陵寝等的土木营建，秩二千石。东汉、魏、晋同，南朝梁称大匠卿，北齐称将作寺大匠，隋至辽多称将作监大匠。唐复大匠、少匠之名。宋、辽南面官均为将作监，设监及少监，金不设。元代设将作院院使，掌金、玉、织造、刺绣等手工艺品的制造。明初曾设将作司卿，未久废，并其职于工部。清代不设此官。

在栈道上用纤夫挽漕船，但由于逆水行舟，纤夫多因绳断，落水而亡，人以为苦①；漕船时有触礁倾覆，损失惨重。更为劳民伤财的是，当时的漕运没有成立专职主管②，如上所述，三门河道的修理由宫中大监官或工匠担任，而漕粮的运送由所在州县的民众以徭役形式承担，因此在农忙时节，农民因漕运而耽误农事，一旦船翻粮溺还需要向官府赔偿损失，漕运成了黄河周边百姓沉重的负担。

此外，江淮地区的漕米北运，由于长江、邗沟、淮河、汴渠水位深浅不同，南北汛期不同，导致困难重重。高宗以后，洛阳以东改为"直运"，即船只由江淮出发直接抵达洛阳地区，或是洛水与黄河接口的洛口仓，中间没有中转仓。据《旧唐书·食货志》中裴耀卿描述，"窃见每州所送租及庸调等，本州正月二月上道，至扬州入斗门，即逢水浅，已有阻碍，须停留一月以上。三月四月以后，始渡淮入汴，多属汴河干浅，又船运停留。至六月七月后，始至河口，即逢黄河水涨，不得入河。又须停一两月，待河水小，始得上河。入洛，即漕路干浅，船艘隘闹，般载停滞，备极艰辛。计从江南至东都，停滞日多，得行日少，粮食既皆不足，折欠因此而生。又江南百姓，不习河水，皆转雇河师水手，更为损费"。

以上过程中还得解决汴渠与黄河交汇时的泥沙问题，因为黄河沙多，交汇处的"梁公堰"极易淤塞。初唐时期，每至初春黄河的枯水期，官府会组织附近州县力役进行清理。唐中宗时（705—710），因修理不及时，至堰破，汴渠粮食无法直达河口，只能用牛转运，以致"牛死十七八"，直到开元二年（714），玄宗令河南尹李杰调发汴、郑男丁重新凿堰。但开元十五年（727），再次淤塞，将作大匠范安及又调拨河南汴、郑、滑、卫 30 000 人疏通，旬日功成。同样，在唐朝初年，连接江淮的山阳渎，以及连接两江（长江与钱塘江）的江南运河也有淤塞，长江以南河道不能行船，漕船绕道瓜州（今江苏省仪征市东），不但多走 60 里，且风急浪高，十分危险。

唐初期 100 年左右，漕运没有专门机构，而是由中央户部下属度支司统一

---

① 《朝野佥载·卷二》载，"苟纤绳一断，栈梁一绝，则扑杀数十人""落栈着石，百无一存""人多逃亡""因系其父母妻子，人以为苦"，三门之间"满路悲号，声动山谷，皆称杨务廉为人妖。天生此妖，以破残百姓"。

② 贞观六年（632）设过舟楫署管理漕政，但随后罢免，只有在灾荒和军事行动时才由相关官员临时担任，加上"知水运""运职"等头衔，事毕则回到原职。平时漕运由尚书省户部下的度支和水部郎中负责。

调度，所有力役与运夫（或挽工）并入地方庸调，地方政府组织实施。其成本大致如《唐六典》载，地方征敛的租庸调物，无论是送到京师"供御"，还是送到边地"供军"，都由各州差纲运输。其转运速度和脚钱都有明文规定，"凡陆行之程：马日七十里，步及驴五十里，车三十里。水行之程：舟之重者，溯河日三十里，江四十里，馀水四十五里，空舟溯阿四十里，江五十里，馀水六十里。沿流之舟则轻重同制，河日一百五十里，江一百里，馀水七十里。（其三硖、砥柱之类，不拘此限。若遇风、水浅不得行者，即于随近官司申牒验记，听折半功）"（《唐六典·尚书户部·度支郎中》）。脚钱则根据货物轻重贵贱的不同和道路平易险阻的差异来规定。"河南、河北、河东、关内等四道诸州运租、庸、杂物等脚，每驮一百斤，一百里一百文，山阪处一百二十文；车载一千斤九百文。黄河及洛水河，并从幽州运至平州，上水，十六文，下，六文。馀水，上，十五文；下，五文。从澧、荆等州至扬州，四文。其山阪险难、驴少虚，不得过一百五十文；平易处，不得下八十文。其有人负处，两人分一驮。其用小舡处，并运向播、黔等州及涉海，各任本州量定"（《唐六典·尚书户部·度支郎中》）。可见，初唐的漕运确有"斗钱斗米"的成本。随着长安城人口的增加，这一问题必须得到解决。

第二阶段是自唐玄宗开元二十一年（733）至天宝十四年（755）安史之乱前，以裴耀卿的漕运改革为代表。《新唐书·食货志》载，"开元二十一年，拜封裴耀卿为黄门侍郎、同中书门下平章事，兼江淮都转运使，以郑州刺史崔希逸、河南少尹肖炅为副使"。这说明玄宗开历史先河，将漕运设为一个专门职位。如上所述，自秦汉以后，始有漕运和管理漕运的官吏，如汉代有护漕都尉，晋朝曾设督运御史，隋置募运米丁，但隋代以前，漕官还不是一种常设的制度。裴耀卿成为中国历史上第一个转运使，也意味着唐朝打破了传统三省六部二十四司的官僚结构，新设中央转运使专司漕运，取代了原来由户部度支司代管的局面[1]。

其实，早在开元十八年（730），裴耀卿就上书唐玄宗论述漕运之重要意义，被认为是我国历史上第一篇关于漕运的专门论述，揭示了政治中心与经济中心分离时的应对策略，但没有受到重视。直到开元二十一年（733），关中

---

[1] 何汝泉：《唐代转运使的设置与裴耀卿》，《西南大学学报（社会科学版）》，1986年第1期，第72-79页。

"霖雨害稼，京城谷贵"，玄宗不得不东往洛阳就食，才想起裴耀卿的奏论，于是"独召耀卿问救人之术"，裴耀卿提出三条方案：一是"今既大驾东巡，百司扈从"，皇帝领百官东就洛阳，以减轻关中压力；二是将京师储粮用于赈灾，"太仓及三辅先所积贮，且随见在发重臣分道赈给，计可支一二年"；三是"从东都更广漕运，以实关辅。待稍充实，车驾西还，即事无不济"（《旧唐书·裴耀卿传》）。于是才有了后来裴耀卿对于漕运的系列改革。

裴耀卿对漕运的改革主要体现在三个方面。

一是打破传统漕船由江淮直入东都洛阳的做法，提出在节点处设转运仓。江南船不入黄河，将粮食存入河口武牢仓；黄河船不入洛水，漕粮存入洛口仓。《旧唐书·食货下》载，"河口元置武牢仓，江南船不入黄河，即于仓内便贮；巩县置洛口仓，从黄河不入漕洛，即于仓内安置。爰及河阳仓、柏崖仓、太原仓、永丰仓、渭南仓，节级取便，例皆如此。水通则随近转运，不通则且纳在仓，不滞远船，不忧欠耗，比于旷年长运，利便一倍有余"。

二是提高漕船运行效率。在适宜通航的季节，江南船到河口卸下粮食即可返航再运，因为江南地湿，不利于储粮，这样可将江南粮食更多储于北方。《旧唐书·食货下》载，"今若且置武牢、洛口等仓，江南船至河口，即却还本州，更得其船充运，并取所减脚钱，更运江淮变造义仓，每年剩得一二百万石。即望数年之外，仓廪转加。其江淮义仓，多为下湿，不堪久贮，若无船可运，三两年色变，即给贷费散，公私无益"。

三是在三门峡左右各置一仓，将原来为避三门险的 300 里陆运，变为十数里，极大提高了运转效率。《唐会要·卷八十七》载，"河运者至三门之东，置一仓。既属水险，即于河岸傍山车运十数里；至三门之西，又置一仓。每运至仓，即般下贮纳。水通即运，水细便止。渐至太原仓，溯河入渭，更无停留，所省巨万""自此始也。耀卿主之三年。凡运六七百石。省陆运之佣三千万"。

以上三项改革实施之后，长安粮食危机解除，年漕粮 200 万石以上，三年时间漕粮 700 万石。《新唐书·食货志》载，"益漕晋、绛、魏、濮、邢、贝、济、博之租输诸仓，转而入渭。凡三岁，漕七百万石"。

但裴耀卿在三门峡处为避三门水险的十数里山路只用了三年，便因山洪所毁。三年后又起用陆运。开元二十九年（741），陕郡太守李齐物从砥柱东侧开石凿沟，形成"长五里余，阔四五丈，深二三丈至五六丈"的支渠，又在渠旁开一挽道，以供拉纤，绕过三门险，因渠开凿年份是开元末并于天宝初开通，因此被称为"开元新河"或"天宝河"。唐郑棨《开天传信录》载，"天宝中，上以三门河道险束，漕运艰难，乃旁北山凿石为月河，以避湍急，名曰天宝河"。但因黄河泥沙含量太大，不久就被淤塞弃用。

第三阶段是安史之乱以后的漕运重振，以唐德宗建中元年（780）刘晏的漕运改革为代表。自唐玄宗天宝十四年（755）开始，整个肃宗时期（756—761）都是安史之乱，历时八年，天宝十五年（756）长安沦陷，宝应元年（762）史朝义占宋城（今河南商丘，当时为汴渠咽喉），使得漕运停止，汴渠八年不能修整，导致"京师米斛万钱，宫厨无兼时之食"。

安史之乱使得北方大乱，人口锐减，唐朝也因此由盛转衰，对漕运来说引起两点变化：一是长安城漕粮之前所倚重的河北地区长期战乱，粟米锐减，加上北面永济渠在战乱中废弃，转而更加依赖南方的稻米，即"天宝之后，中原释耒，辇越而衣，漕吴而食，一隅重困，五纪于兹"（《故太子少保赠尚书左仆射京兆韦府君神道碑》）。二是南方由于免受战乱影响，彻底确立了唐朝经济与粮食中心的地位，稻米成为长安的主要粮食，但漕运路途过于遥远，成为后期唐王朝的隐患。

在安史之乱期间，由于"汴水堙废"，江淮租米只能改由汉水[①]运往洋州（今陕西洋县），再向北陆运，翻秦岭到长安。《资治通鉴》载，"漕运者自江汉抵梁洋，迂险劳费"（《资治通鉴·卷二百二十三》），且"襄州裨将康楚元、张嘉延聚众为叛，凶党万余人，自称东楚义王。襄州刺史王政弃城遁走。嘉延又南袭破江陵，汉、沔馈运阻绝，朝廷旰食"（《旧唐书·韦伦传》）。

宝应元年（762）六月二十七，唐代宗李豫任命通州刺史刘晏为户部侍郎兼京兆尹，担任度支使、转运使、盐铁使、铸钱使等职。刘晏深知漕粮对唐王朝的重要性，考虑到汴渠淤塞，遂与第五琦"议开汴水"，并"驱马陕郊""到河阴、巩、洛""涉荥郊、浚泽，遥瞻淮甸，步步探讨""出入农里，止舍乡亭。先访便安，以之均节，事积而不乱，理简而易从"（《旧唐书·刘晏传》）。到达江淮后，他在给宰相元载的信中说：通济渠线路，"浮于淮、泗，达于汴，入于河，西循底柱、碛石、少华，楚帆越客，直抵建章、长

---

① 汉水起源于秦岭南麓陕西宁强县，经汉中、安康、十堰、襄阳、荆门，在武汉汉口龙王庙汇入长江。

乐，此安社稷之奇策也"，力主恢复原有漕运线路。广德二年（764），汴渠疏通，恢复了唐朝前期的传统航道。唐朝诗人岑参在《送张秘书充刘相公通汴河判官，便赴江外觐省》中写道："刘公领舟楫，汴水扬波澜。万里江海通，九州天地宽。"

刘晏的漕运改革主要体现在如下几个方面。

一是贯彻裴耀卿的分段运输政策。提出"江船不入汴，汴船不入河，河船不入渭"，因为江、汴、河、渭水深水性均不相同，各河段漕船在体量与设计上也有差异，不能等同视之，只需在各水道的节点处置转运仓，节节转运，提高散粮的转运效率。刘晏创"囊米"运输，就是将散粮装入麻袋中运输，不仅大大减少了中途耗失，阻止了对漕粮的徇私舞弊行为，还提高了搬运效率，"岁转粟百一十万石，无升斗溺者"。轻货自扬子至汴州，每驮费钱二千二百，减九百，岁省十余万缗。润州（今镇江市，与扬州隔江相望）到扬州段的运费由原来的斗米十九钱减为斗米四钱，扬州到河阴段（河阴泛指黄河岸，唐时为荥阳）由原来的斗米一百二十钱减为斗米三十钱。

二是改民运为官运。唐初，各州府上交的租赋，多由纳税民户出脚钱，州郡差纲部送到洛阳、长安或其他储积租赋的地方。"州县取富人督漕挽，谓之'船头'"，这些富户船头，往往苛待船工，克扣脚钱，侵吞漕粮，乘机获取暴利。民运为庸调力役，多为农民，年年更换，既不是水手，也不熟悉河道，效率低下；而官运则为专门漕夫，深知水性、船性、河道、气候。安史之乱刚被平定，各地军人"屯戍相望"，飞扬跋扈，"每云食半菽，又云无挟纩，挽漕所至，船到便留，即非单车使折简书所能制矣"（《唐会要·卷八十七》）。在这种情况下，刘晏将漕船编成组，称之为"纲"，10船为一纲，每纲篙工50人，官兵300人，保护漕运不被沿途藩镇所制，确保漕粮安全。

三是改民船为官船。唐初所征用的民船大小不一，简陋残破，载重量小，容易覆没。刘晏在扬州置10个船厂，专造坚固耐用的漕船。"晏以为江、汴、河、渭水力不同，各随便宜，造运船，教漕卒，江船达扬州"。比如汴水船，谓"歇艎支江船"，体型胖短，平底浅舱，每船一千石；黄河船（"上门填阙船"）是专为适应黄河三门峡急流险滩而设计的，以坚牢著称，适用于水流湍急、礁多滩险的三门峡河道。为保证漕船质量，每船拨钱百万，虽然"所用实不及半，虚费太多"，但刘晏深知各级官吏的贪财苛剥本性，提出"不然，论大计者固不可惜小费，凡事必为永久之虑。今始置船场，执事者至多，当先使之私用无窘，则官物坚牢矣。若遽与之屑屑校计锱铢，安能久行乎"（《资治通鉴·卷二百二十六》）。50年后，懿宗咸通年间（860—874）漕船日坏，"及咸通中，有司计费而给之，无复羡余，船益脆薄易坏，漕运遂废矣"（《资治通鉴·卷二百二十六》）。

此外在三门峡运送方面，刘晏从巴、蜀、襄、汉等地调来大批麻枲竹筱，编成坚实的纤索挽舟，保证了挽夫的生命安全①。在保证汴渠水源方面，刘晏特意派出官吏管理丹阳湖，禁止引湖水溉田，以使丹阳湖②四周的各条河流保持充足的水量，迅速聚拢江南租米，转由长江运到扬州。经过刘晏的一番精心筹谋，"自是河漕不涸"，始得"漕引潇湘、洞庭，万里几日，沧波挂席，西指长安"（《旧唐书·刘晏传》）。

刘晏之后，漕运法已经形成漕运独立岗位（常职）、运送时间规范（常时）、漕粮数量要求③（常额），以及核心的制度体系（常制）。《旧唐书·食货志》载，"自此每岁运米数十万石……凡所制置，皆自晏始"。刘晏之后到唐宪宗元和时期（806—820），漕法完好，开始整顿江淮财政，使运河连接经济重心和政治重心的功能重新密切起来，实现了元和中兴。《旧唐书·刘晏传》载，"晏没后二十余年，韩洄、元琇、裴腆、包佶、卢征、李衡继掌财赋，皆晏故吏。其部吏居数千里之外，奉教令如在目前"。

即便如此，刘晏之后，唐的漕运数量每年40万石与之前200余万石相比也出现大规模下降，主要原因是：一是安史之乱之后，唐朝以均田制为基础的租庸调制税收体系瓦解，土地兼并严重，中央所能收到的税粮减少。二是为了与中央宦官集团的削藩对抗，唐各藩镇权力上升，一些藩镇"遂擅署吏，以赋税自私，不朝献于廷……以土地传子孙"（《新唐书·藩镇传》），实现财政独立，使得中央财政收入大大减少。三是与第二个原因相联系的节度使制度在中

---

① 付志方：《刘晏与唐代漕运》，《学术月刊》，1982年第6期，第51-56页。

② 丹阳湖古称"巨浸"，旧名"南湖"，又称"西莲湖"，简称丹湖。因秦置丹阳县而得名。两汉时湖泊才逐渐定型，最大湖面积3 000千米²，形成皖南山洪的汇集之区，长江西水东流入震泽的通道。因屡经围垦，使古丹阳湖形成丹阳、石臼、固城、南漪四湖。新中国成立初，丹阳湖区面积达184千米²。1966年12月10日，中国人民解放军某部报安徽省批准，围垦丹阳湖20千米²，称为丹阳湖军垦农场。围垦后的丹阳湖，只剩下运粮河等水面，丹阳湖已不存在。

③ 唐代漕运出现定额，应该是从代宗时以刘晏领转运使开始的，其定额为每岁运至渭仓40万斛。汉制，"石"为重量单位，自汉至唐，"石""斛"混用，以"石"为容量单位则成为常态。官方量制之法制用"斛"，民间通行则用"石"。见吴承洛：《中国度量衡史》，商务印书馆，1937年，第110、239页。

原地区的推广，朝廷为了维护边远地区的稳定，在东北与西北地区设节度使，在安史之乱之后，这一制度向中原地区普及，使得有些地方成为独立王国，渐成尾大不掉之势。

对于唐朝漕运与国运的联系，全汉昇所著的《唐宋帝国与运河》中写道，到了第二次大一统帝国出现的时候，军事政治重心虽然仍在北方，但经济重心却已迁移到南方去了，而运河就是将政治重心与经济重心相联系的形势需要[①]。同时，唐代兵制由兵农合一变为兵农分离，从而军队的给养亦改由国家负担，漕运量因此上升，洛阳成为国家南北漕运中心。当江南经济重心与西北军事政治重心连接密切时，唐朝的国运昌盛。但后来由藩镇引起的战乱切断运河线，藩镇的相互攻击甚至发展到相互破坏水路。当战乱对漕运起到阻挠和破坏作用时，唐朝就会衰微和走向灭亡。

第三节　汴渠的漕粮运输

北宋建国之初，为了避免重蹈唐朝覆辙，采取了"强干弱枝"的策略，即将权力都集中于京都，并在京都附近驻有百万禁军。同时为了削弱官员与军官的权力，对文官采取"一职多岗，相互制约"，对武官采取"将无常兵，兵无常将"的政策。这使得中央机构冗员、冗兵增加，带来严重的财政负担。同时由于安史之乱以及五代时期对中原地区的冲击，中原经济已经远远落后于南方，但首都又需要定在北方，所以最后选定漕运便利的开封作为京城，避开了三门之险，也避开了黄河与汴水在梁公堰地区的淤塞。宋代对漕运的依赖可总结为"国依兵而立，兵以食为命，食以漕运为本，漕运以河渠为主"，《乐全集·论汴河利害事》中有更为全面的论述，"今仰食于官廪者，不惟三军，至于京师士庶以亿万计，大半待饱于军稍之余，故国家于漕事至急至重……京大也，师众也，大众所聚，故谓之京师。有食则京师可立，汴河废则大众不可聚。汴河之于京城，乃是建国之本，非可与区区沟洫水利同言也"。

北宋京都有四条漕渠，为"汴、黄、蔡（惠民河）、五丈河（广济河）"，而最重要的是汴河。在宋初时期，基本上沿用唐朝的分段运输方式，将漕粮集

---

① 全汉昇：《唐宋帝国与运河》，商务印书馆，1944 年，第 125 页。

中于淮河洪泽湖东岸的楚州（今江苏省淮安市淮安区）与西岸的泗州（今安徽省宿州市泗县、江苏省宿迁市泗洪县及淮安市盱眙县一带），然后通过汴河过宿州（今安徽省宿州市）、永城，沿蕲水故道再换睢水至宋城（今河南省商丘市）、宁陵县，最后到开封。

北宋初在灭南平（963年，今湖北地区）、南汉（971年，今两广地区）后，开宝五年（972），江淮运米只有数十万石，灭南唐（975年，今江西、安徽、江苏、福建和湖南等）后，南方经济中心与北方政治中心实现统一，漕运得到快速恢复，并且数量迅速提升。太平兴国初（976），两浙运米即达400万石，在太平兴国六年（981）四渠漕运增加到550万石，汴河就占400万石，远高于唐时期的最高水平。至道元年（995），汴河运米达到了580万石①（《宋史·食货上三》）。

淳化五年（994）杨允恭任发运使，赴淮南主持漕运。据《宋会要辑稿》载，杨允恭让六路②的漕粮，分别运至真、扬、楚、泗这四州，由转般仓受纳，而后分调舟船，沿用纲法，10船为一纲，沿汴河运往汴京。四州的转般仓共七所，其中真、泗两州三所，楚、扬两州四所。这样宋代的漕运基本上分为两段：一是将漕粮收集并运至真、扬、楚、泗四州转般仓，二是由四州往京都的漕运。

宋朝廷于至道元年（995）正式成立了江淮发运司，主管江、淮和两浙四路漕运，后又将荆湖地区的漕运纳入发运司的管辖之下，东南六路发运司正式确立。

转般仓的粮食主要来源是两税中的田赋，但为了保证粮食供给、应对农业丰歉波动，宋沿用了唐代的"和籴法"，在田赋不足时以籴米填补缺额，每年大约在江浙等地区籴米200万石，而籴米所用的银钱则来源于歉收州县以钱代粮的田赋，这样就保证了转般仓的充盈，也间接保证了京师的粮食供应，从此唐代单线条的节级运输法被转般法所替代。

为了进一步保证漕粮的供应，北宋将盐政与粮食进行捆绑，与"入中"

---

① 原文为"至道初，汴河运米五百八十万石。大中祥符初，至七百万石"。
② 北宋时期，我国古代经济重心南移逐渐完成，江淮六路成为北宋时期国家财富的倚重之地，指江南东、江南西、淮南、两浙、荆湖南、荆湖北六路。

"折中"① 制度相结合，准许由江南六路转运司控制淮南盐的运销，实行官运官销方式，即江南各州县漕船将粮食运到淮南转般仓后，即可利用返程空船运销本州县之盐，盐利激励了各路州县缴纳漕粮的积极性。相当于朝廷让出了盐利给予东南六路转运司，条件是让转运司保证粮食的供应，其结果是"故漕不乏，民力亦宽"。

　　至道三年（997），宋真宗即位，以"务从简易"的名义撤销了发运司，发运使一职也由淮南转运使兼任②。发运司取消后，东南漕运的管理便出现了不良反应，"盖发运使废，则其本司职事，必令淮南转运使领之。淮南转运所总州军已多，地里已远，而发运司据六路之会，以应接转输及他制置，事亦不少。但以淮南转运使领发运，则发运一司事多壅废。此盖其所以废而复置也"（王安石《看详杂议》）。于是，在景德三年（1006）又恢复了发运司。东南发运的治所③有两处：一处设在长江与淮南运河交汇的真州，以催督江浙等路粮运；另一处则设在淮河与汴河交汇的泗州，以催督真州至汴京粮运。在真宗景德四年（1007），东南漕粮运量达 600 万石，真宗时期（998—1022）曾达到破纪录的 800 万石。为解决"漕舟旧以使臣若军大将，人掌一纲，多侵盗"的问题，真宗大中祥符九年（1016），朝廷采纳发运使李溥的建议，将三纲并为一纲（三十条船为一纲），并增加两名监主，由内奉职和部将一起管押，"自溥并三纲为一，以三人共主之，使更相伺察。是年初，运米一百二十五万石，才

---

　　① 戴裔煊《宋代钞盐制度研究》载，所谓入中，即商人以刍粟等物输纳于官府之义，所以亦称为"中纳"或"入纳"。不论入纳刍粟或实钱或其他，又不论入纳于塞下或其他州军，也不论入纳在京榷货务或折中仓，凡此种入纳之事，俱得谓之"入中"。至于"折中"则谓将商人所入中货物，优其值以缗钱或茶盐香矾等物折合而偿还商人之谓，故亦谓之"折博"。宋初在京师置折中仓，其名即由此而来。折中仓在淳化中又改称折博仓，"折中"与"折博"所以同义。"入中"与"折中"为一件事之两面，彼此有联系而不可分割。"入中"指商人对官府的入纳关系而言，"折中"指官府对商人的支付关系而言。这种买卖关系有两个特点：第一，商人入纳得到的酬偿，不同于市场上的现钱现货交易，而是期权交易，异地兑付，由入纳地官府发给有价凭证——钞引，到京师或其他州军兑付。第二，对商人入纳物货的支偿，并不完全按当地市价，而是根据入纳地的远近等因素，高其值进行折算。"入中"是以入纳钱斛换取指定地点的相对应物货（或钱），"折中"则有以支偿物货折算所入钱斛的含义。

　　② 北宋初年于京畿东西水陆发运使，"其所领六路七十六州之广，凡赋敛之多少，山川之远近，舟楫之往来，均节转徙，视江湖数千里之外如诸其掌"。日后又于江、淮、两浙等路设发运使，专管茶、盐之事，又置茶盐兼都大发运使。淳化四年（993），发运使从兼领，变为固定官署。发运司屡罢复置，"发运一司，其制始于淳化，而备于皇祐之后"。至道三年（997）五月，罢江淮发运使，"务从简易也"；景祐元年（1034）十月诏罢江淮发运使，"其公事令淮南转运司兼领"。宝元元年（1038）八月又置淮南江浙荆湖制置发运使。南宋初年，发运使只管购粮之事，乾道六年（1170）废除发运使。

　　③ 古代指地方政权的驻地所在。包括省治、府治、州治、县治等。

失二百石云"（《宋史·李溥传》）。此后，三十条船为一纲便成定制。

但真宗之后，漕运量开始下降，到仁宗年间（1023—1063）早期，下降至年550万石，造成京师缺乏军粮储备。其原因是籴本不足与漕运管理混乱，漕粮损耗严重。在籴本方面，因为某些歉收州县的税钱不能及时收齐并用于购买丰收地区的余粮，使得转般仓库存量不稳定，同时丰收州县谷贱伤农，歉收州县则负担沉重。为解决此问题，在仁宗庆历年间（1041—1048）由许元主持漕运，任江淮制置发运判官，并由中央专门拨付一笔籴本，许元每年定期在东南各路籴米储于仓，使各转般仓储粮有定额。当某州县因灾缺粮时，不影响转般仓储粮的上缴，或称为"代发"，但缺粮州县需在代发后补齐粮款，并加上脚钱，以保证原始的籴本充沛。这样，中央的籴本就像蓄水池一样，既保证了京都漕粮的供应，又保证了丰歉州县之间的粮价稳定。

与此同时，许元调整了原有的漕粮管理结构，使得整体漕船运转体系配合更有效率，原来漕运的管理工作由三司、发运司与转运司、催纲司配合完成。三司主要负责向发运司下达漕运量、漕运物资种类等指令，不参与漕运的具体组织[1]。发运司在接到三司下达的各项漕运要求后，将它传达给各地的转运司、催纲司，各地转运司、催纲司则根据要求进行组织征收，并将征集到的粮食和各种物资运送到指定的转般仓，然后再由发运司统一组织运往京师。这样发运司成了领导和监督东南各路的最高执行机构，可以直接指挥各路州县的漕运，集中使用漕船，结果是发运司工作量巨大，事务繁重，管理混乱，而各转运司则相对清闲，且各自为政，互不配合，整体效率不高。许元改革的内容就是明确发运司统一管理东南各路转运司，各转运司充分发挥转运职能，归发运司统一领导。将发运司从具体事务中抽离出来，成为协调各转运司的领导部门。对于许元的改革，欧阳修赞道，"许君为江浙、荆淮制置发运使，其所领六路七十六州之广，凡赋敛之多少，山川之远近，舟楫之往来，均节转徙，视江湖数千里之外如运诸掌，能使人乐为而事集。当国家用兵之后，修前人久废之职，补京师匮乏之供，为之六年，厥绩大著"（欧阳修《海陵许氏南园记》）。

---

[1] 神宗元丰（1078—1085）改制之后，三司职事尽归户部，户部下设度支、金部、仓部，其仓部掌管国家的仓廪储积、各地的上供请受，以及运河的漕运。除此之外，北宋在中央还设有一些漕运辅助性机构，如都水监，掌管漕运河渠的疏凿浚治事务；下卸司，隶属司农寺，掌管漕粮到京的下卸入仓事务。

但许元改革的副作用也开始出现，即三司和转运司权力上升带来漕粮浪费严重。三司作为计划的制定者，没有按中央需求来定制漕运数量，比如有人利用漕船之便，安排运送南方特产贿赂朝廷大员。彭乘《墨客挥犀》描述道，"李溥为江淮发运使，每岁奏计，则以大船载东南美货，结纳当途，莫知纪极。章献太后垂帘时，溥因奏事，盛称浙茶之美。云：'自来进御，唯建州饼茶，而浙茶未尝修贡，本司以羡馀钱买到数千斤，乞进入内。'自国门挽船而入，称'进奉茶纲'，有司不敢问，所贡馀者，悉入私室。溥晚年以贿败，窜谪海州。然自此遂为发运司岁例，每发运使入奏，舳舻蔽川，自泗州七日至京。予出使淮南时，见有重载入汴者，求得其籍，言'两浙笺纸三暖船'，他物称是"。

李溥以后，继任的发运使无不效仿，利用职务之便，营私取利。"然自此遂为发运司岁例，每发运使入奏，舳舻蔽川，自泗州七日至京"。如钟离瑾任发运使时，"多致东南物以赂权贵"，而遭御史鞠泳弹劾（《宋史·鞠泳传》）；仁宗时，著名的理财家许元，虽对北宋漕运的发展有所贡献，但他在任主漕官时，也"以聚敛刻剥为能，急于进取，多聚珍奇，以赂遗京师权贵"（《宋史·许元传》）；徽宗崇宁（1102—1106）初，权臣蔡京指派亲信胡师文担任东南发运使，胡氏为了讨好蔡京，居然将发运司的数百万缗本，以"羡余"之名献给朝廷（《宋史·食货上三·漕运》）。以上种种致使发运使"有名无实"，漕运陷入了混乱。粮食之外的其他物资数量太多，占用了漕运资源。

各路转运司则伙同漕工或附近盗匪窃取漕粮。北宋初期，沿袭唐代旧制，差民户服役运送官物，"初，荆湖、江、浙、淮南诸州，择部民高赀者部送上供物，民多质鲁，不能检御舟人，舟人侵盗官物，民破产不能偿"（《钦定古今图书集成·经济汇编·食货典》）。于是建隆三年（962）三月太祖下诏，"三司起今戍军，衣丘以官脚般送，不得差编户民"（《宋会要辑稿·食货》）。太平兴国七年（982）二月太宗又下诏，"先是剑南、西川、岭南、荆湖、陕西诸州每岁上供钱帛，悉发民负担，颇为扰，宜罢之。自今并以传置卒充其役"（《宋会要辑稿·食货》）。由此建立了以漕卒为主的运输队伍。漕卒属于厢军[①]中的下等兵，报酬是军队中最低的。他们的年收入主要有：粮二十四石、钱一

---

① 厢军为宋代驻州之镇兵。名为常备军，实是各州府和某些中央机构的杂兵。主要来自招募，受州府和某些中央机关统管，总隶于三衙，即殿前司、侍卫亲军步军司、侍卫亲军马军司。

千文、绢布五匹和绵十二两①。由于漕卒是募兵，军俸便成为维持其全家生活所需的唯一来源。但事实上，漕卒在出运前，一般要带走一半左右的军俸，以应付"铺衬""荷叶"等行装、口粮以及其他需要。漕卒在运输过程中，同样会受到贪官污吏的勒索和盘剥，致使漕卒的实际收入进一步下降，以至于不能维持生计。雍熙二年（985）十月，帝闻"汴河漕运军人至京城，颇有寒饿者，令中官访求，累得百余人有饥冻之色，诘其故，乃主粮吏夺其口食而自取之"（《宋会要辑稿·食货》）。

漕卒迫于生计，不得不在漕粮之外另谋出路，比如利用漕船的免检和优先航行优势，贩运私货。朝廷更是公开承认了这种贩私活动，并明确规定了漕船可带私货的数量。仁宗天圣三年（1025）十二月十二日诏，"自今装载扬、楚、通、泰、真、滁、海、濠州、高邮、涟水军等处税仓和籴斛斗，并依装转般仓斛斗空重力胜例，并以船力胜五十石为准，是装细色斛斗四十石与破牵驾兵士一名，其空船亦依差转般仓例"。二十四日又诏，"自今应请般小河运粮盐人员坐船，许令只装一半官物，余一半即令乘载家计物色，所贵人员易为部辖，免致兵稍论诉"（《宋会要辑稿·食货》）。

神宗为解决仁宗时期的漕运问题，在熙宁变法（熙宁二年，1069）中实行了均输法，责令三司根据京师需要而调整东南六路的漕运，如"三司有余粟，则从粟转为钱，为银绢，以充上供之数，他物亦然，故有无相资"，实行"徙贵就贱，用近易远"的原则，籴米和其他物资，以节省费用和减轻运输负担。时任发运使的薛向得到王安石的大力支持，他从两个方面改变了当时的漕运现状：一是增加了转般仓的储粮能力，中央拨款 500 万缗籴本、米 300 万石作为转般储备供应，缓和了漕粮供需紧张的局面；二是为解决漕运过程中的贪腐及粮食损耗，薛向雇用部分商船参加漕运，减少官船运量的同时，与官船的损耗进行对比，对贪腐与损耗有监督作用。神宗元丰五年（1082），广济河也因"河浅废运"，原来四河漕运时期形成的漕运网逐渐消失，慢慢地由"网"变成了"线"。此时，"惠民河所运，止给太康、咸平、尉氏等县军粮而已"（《乐全集·论汴河利害事》），所以张方平说"然则汴河乃建国之本，非可与区区沟洫水利同言也。近岁已罢广济河，而惠民河斛斗不入大仓，大众之命，惟汴河是赖"（《钦定古今图书集成·方舆汇编·山

---

① 陈峰：《漕运与古代社会》，陕西人民教育出版社，2000 年，第 126－127 页。

川典》）。

神宗之后，哲宗继位，高后听政，新法革除，进入"元祐更化"的政治清算，漕运又回到了原先效率低下、损失严重的状况。高后去世之后，哲宗虽有心恢复，无奈早逝，由徽宗主政（1101—1125）。

徽宗时有两个事件对漕运有毁灭性的打击：一是崇宁二年（1103），蔡京为增加中央财政收入，将东南六路盐政由官卖改为通商法，即改官运官销为商运商销，盐商向中央榷务局交纳盐钞，这样六路转运司的运盐销盐之利转向中央，断了漕运财路，高达数十万贯，直接影响了各路转运司的财政收入，间接影响了漕船及运河的维护经费及官员工作积极性；二是减少了转般仓的籴本，蔡京亲信胡师文在崇宁元年（1102）任发运使，因中央财政紧张，胡师文将籴本以羡余名义上交中央，这样转般仓失去了"蓄水池"功能，为漕粮的稳定供应埋下巨大隐患。

除制度上的变革之外，徽宗时期的漕粮运道也开始淤塞。最初因汴河缺水，为保证汴河各段的通行，在节点处一般会造堰拦水。从淮水入汴河的位置，由于水位不同，会有好几处堰。但这却给漕船的通行带来极大不便，通过堰的时候需要将漕粮卸下，然后将漕船用纤绳拉过堰台或是更换漕船，如果卸下的粮食较多还要存入转般仓中，在这一卸一装的过程中，不仅降低了漕粮运送的效率，也给漕工与漕卒窃取漕粮提供了时机。因此在天禧年间（1017—1021），北宋逐步以闸代堰，真宗天禧二年（1018），江淮发运使贾宗言"诸路岁漕，自真、扬入淮、汴，历堰者五，粮载烦于剥卸，民力罢于牵挽，官私船舰，由此速坏。议开扬州古河，缭城南接运渠，毁龙舟、新兴、茱萸三堰，凿近堰漕路，以均水势……明年，役既成，而水注新河，与三堰平，漕船无阻，公私大便"（《宋史·河渠六·东南诸水上》）。

但这种便利没有持续多久，以闸代堰之后，水闸频繁开合失去了对水位的控制作用，淤沙通过水闸致使全河段运河浅涩，增加了疏浚的难度，影响船只通行。同时，各路转运司失去了盐利，经费困难，国家也因为战争和"三冗"问题而财政短缺，无力组织人力疏浚。此外，宋代为了增加收入，只能加重赋税征收，致使社会不稳定，流民重生，在运河的个别地区有流民拦截漕船事件发生。同时，漕卒因为生活窘迫，在转运司经费不足的情况下，只能盗粮度日，或是毁舟盗卖，或是干脆转为匪盗，漕运就遭到了彻底的破坏。对于北宋这种以兵立国、以漕养兵的朝代，漕运中断，则禁军无法常驻京师，是后来

"靖康之耻"（1127）的间接原因。

靖康之变后，金军南下，高宗一路南遁，渡淮水长江，并一度入海。两淮地区原有运河与船只一并俱毁，不使资敌，"绍兴初，以金兵蹂践淮南，犹未退师，四年，诏烧毁扬州湾头港口闸、泰州姜堰、通州白莆堰，其余诸堰，并令守臣开决焚毁，务要不通敌船；又诏宣抚司毁拆真、扬堰闸及真州陈公塘，无令走入运河，以资敌用"（《宋史·河渠七》）。

漕运路线在两宋之交显得非常混乱，直到绍兴和议后，宋金以淮水为界，方才大致稳定下来。南宋建立后，"高宗建炎元年，诏诸路纲米以三分之一输送行在，余输京师。二年，诏二广、湖南北、江东西纲运输送平江府，京畿、淮南、京东西、河北、陕西及三纲输送行在。又诏二广、湖南北纲运如过两浙，许输送平江府；福建纲运过江东、西，亦许输送江宁府。三年，又诏诸路纲运见钱并粮输送建康府户部，其金银、绢帛并输送行在。绍兴初，因地之宜，以两浙之粟供行在，以江东之粟饷淮东，以江西之粟饷淮西，荆湖之粟饷鄂、岳、荆南。量所用之数，责漕臣将输，而归其余于行在，钱帛亦然。雇舟差夫，不胜其弊，民间有自毁其舟、自废其田者"（《宋史·食货》）。

南宋建都临安（今浙江杭州），处于原东南六路之中，同时军队驻守在两淮与长江沿岸，这种漕运的格局与北宋时期截然不同，总体上布局是两湖地区粮食输送于湖北以襄阳为代表的驻军，江东、江西的粮食则输送于两淮地区驻军，浙东、浙西的粮食物资则供应临安[1]，南宋的漕运以这种相对分散的形式开展。

第四节　漕粮海运时代

元代定都大都（今北京），依然没有改变政治军事中心与南方经济中心分离的问题。北方在金辽时期农业饱受摧残，在元代又被蒙古大量掠夺人力与物资以攻南宋，因此北方的人口与经济在短时期难以恢复，导致大都的粮食物资供应就更加依赖南方。在元初忽必烈时期就开始着手漕粮工作，但由于北段的运河在金朝时期已经长期废置，淤塞不通，因此进度缓慢。

在恢复南粮北运方面，淮河以南的运河没有受战争影响，问题主要是在淮

---

[1]　张勇：《两宋东南漕运格局与淮南地区水利开发》，《暨南史学》，2015 年第 1 期，第 115 - 126 页。

河向北到达大都的这段距离。在元代早期的路线是：漕粮通过江南运河从太湖区域到达长江边的扬州，再经过淮南运河到达淮安，因为当时的黄河向东南夺淮入海，所以可以逆黄河而上到达黄河北岸的封丘县。然后有 180 里陆运由封丘至卫河入口淇门（今河南省鹤壁市浚县），由淇门入御河（今卫河）向东北方向经过今山东省临清市，到卫河与古运河交汇处，再沿古运河北上至直沽（今天津市），换白漕河渠到达通州（今北京市通州区）。这条路线水陆兼运，且河道水浅难行，效率低下。

　　为提升内陆运河的通航能力，元代对北方运河进行了多次大规模的修整。至元十七年（1280）开济宁河，连山东济南与东平（今山东省泰安市东平县）。至元十九年（1282）开济州河，代替原来淇门（今河南省鹤壁市浚县）到御河的水陆运，代之以河海联运，漕船由淮入黄后，沿泗水到济州（今山东省济宁市），再由清河到利津出海（今山东省东营市利津县），走渤海到达直沽（今天津市），后航线因出海口淤塞而废弃。

　　至元二十六年（1289）开会通河，南起须城县（今山东省泰安市东平县）经东昌县（今山东省聊城市）至临清（今山东省临清市），这条航线将原本向西弯曲的南北运河拉直了。这条运河全长 290 余里，6 个月开通，但加工堤岸与闸坝陆陆续续用时 36 年，直到泰定二年（1325）年才完工，使汶河与御河相连。

　　至元二十八年（1291）修通惠河，连通了通州到大都城区的最后一段距离，将长 50 里的陆运变成水运，漕船在通州无须卸载，可直入大都。至元三十年（1293）以后，大运河全线贯通，连通南北的京杭大运河雏形已经形成，彻底取代了原先以洛阳为中心的运河系统，将南北漕运距离减少 900 千米。整体线路是从杭州起入江南渠到扬州，扬州走淮南渠到淮安，通过泗水河（当时的黄河河道）到中滦（今河南省新乡市封丘县），走陆运到济宁，入会通河到临清，由御河（今卫河）到直沽（今天津市），转入大沽河到直沽西北，转通州运粮河到通州，最后由通惠河直入大都。但由于"河道初开，岸狭水浅，不能负重，内河漕运每岁之运不过数十万石，非若海运之多也，是故终元之世海运不罢"（《大学衍义补·卷三十四）》，漕粮北运以海运为主，河漕为辅，河海两运长期并存。

　　由于大运河线路分南北两段，因此元朝廷于至元十九年（1282）十二月设江淮都漕运司、京畿都漕运司，其中江淮都漕运司负责瓜州（今江苏省扬州市）至中滦（今河南省新乡市封丘县黄河北岸）的漕运，京畿都漕运司负责中滦至河西务（今天津市武清区）的漕运，中滦至淇门（今河南省鹤壁市浚县）以及河西务（今天津市武清区）至大都（今北京市）的陆运另设提举司管辖。但效果仍不理想，该线路最初每年运送漕粮 200 万石，至元二十六年（1289）以后，由于海运的发展，仅承担运送 30 万石的任务。

内陆运河的开凿耗时费力，比如运河主干会通河的修筑前后经历了 36 年时间，加上北方水少，水浅难行，不能满足大都对粮食需要的日益增加，因此从至元十九年（1282）开始了海上航线的运输。丞相伯颜最初提出海上运输的设想，并由海上总管朱清、张瑄造平底海船 60 艘，载粮 4.6 万石，从长江口沿海岸一路向北，绕过山东半岛到达直沽（今天津市），再经运河至大都。全程 13 350 里，历时半年，这代表着海上运粮的成功，开启海上漕运的新时代。

但元代海上运粮的最初路线存在一些问题。运粮时间长达六个月主要是因为沿海岸线向北航行，水浅滩多，且逆由北向南的洋流行驶，颇费气力。经过探索，于至元二十九年（1292）新辟航道，由长江出海后向东北方向进入青水洋[①]，再进入黑水洋，向北直入渤海，这条航线由于是远离海岸线航行，避开了近海的沙滩与礁石，安全性有所提高，但还是没有充分利用洋流的推进作用。于是在至元三十年（1293）由长江口入海直接向东，进入黑水洋，再向北入渤海，这样可以充分利用黑水洋洋流和信风的推力，最快十天即可到达直沽（今天津市），大大提升了漕粮效率。《海道经》载，"当舟行风信有时，自浙西至京师，不过旬日而已"。但由于当时对海洋气候的把握不准，海难频发，粮食损失严重，"然风涛不测，粮船漂溺者，无岁无之。间亦有船坏而弃其米者"（《元史·食货志》）。

海运与内陆河运相比的劣势是风险大，但因海船大、运量多，"大约海舟一载千石，则可当河舟所载之三，河舟用卒十人，海舟加五或倍之，则漕卒亦比旧省矣"（丘濬《海运论》），且没有千里纤夫之苦，所以成本较低，"河漕视陆运之费省什三四，海运视陆运之费省什七八"（《大学衍义补》），因此元代海运粮食的数量是巨大的（表 8-2）。

---

① 宋元以来对黄海不同方位分别称为黄水洋、青水洋、黑水洋，长江口附近因为海水泥沙较多称为黄水洋；再远一点的黄海中部海水为蓝色，称为青水洋；再远一点的黄海东部因水位较深，称为黑水洋。

表 8 - 2　元代海运粮食数量①

单位：石

年号	年份	运出粮食	运到粮食
至元二十年	1283	46 050	42 172
至元二十一年	1284	290 500	275 610
至元二十二年	1285	100 000	90 771
至元二十三年	1286	578 520	433 950
至元二十四年	1287	300 000	297 546
至元二十五年	1288	400 000	397 655
至元二十六年	1289	935 000	919 943
至元二十七年	1290	1 595 000	1 513 856
至元二十八年	1291	1 527 250	1 281 615
至元二十九年	1292	1 407 400	1 361 513
至元三十年	1293	1 407 000	—
元贞元年	1295	340 500	340 500
元贞二年	1296	340 500	337 026
大德元年	1297	658 300	648 136
大德二年	1298	742 751	705 954
大德三年	1299	794 500	794 500
大德四年	1300	795 500	788 918
大德五年	1301	796 528	769 650
大德六年	1302	1 380 883	1 329 148
大德七年	1303	1 658 491	1 628 508
大德八年	1304	1 672 909	1 663 313
大德九年	1305	1 843 003	1 795 347
大德十年	1306	1 808 199	1 797 078
大德十一年	1307	1 665 422	1 644 679
至大元年	1308	1 240 148	1 202 503
至大二年	1309	2 464 204	2 386 300
至大三年	1310	2 926 532	2 716 913

---

① 潘锦全：《元代海运综述》，《北华大学学报》（社会科学版），2004 年第 12 期，第 78 - 83 页。

（续）

年号	年份	运出粮食	运到粮食
至大四年	1311	2 873 212	2 773 266
皇庆元年	1312	2 083 505	2 067 672
皇庆二年	1313	2 317 228	2 158 685
延祐元年	1314	2 403 264	2 356 606
延祐二年	1315	2 435 685	2 422 505
天历元年	1328	3 522 000	—

元代海运漕粮的发展对我国的海运产生了深远的影响，首先是提高了我国的海船制造技术，并培养了大批的水手，为明代的海上拓展打下基础；其次是将我国黄海与渤海地区纳入对外贸易的版图，因为唐宋时期的航海只局限于江南地区的广州、泉州、宁波、杭州等地，北方只有密州的板桥镇（今山东省青岛市）参与，且并不发达。元代之后，北方城市密州、登州（今山东省烟台市蓬莱区）随之成为常规海港，打开了北方城市的贸易窗口。

第五节　京杭大运河

明代初年，由于定都南京，不存在南北漕运问题，只是在明太祖北伐与统一时期（1367—1388），为供辽东军饷，曾仿元代从海上运粮北上。至洪武三十年（1397），辽东军饷已能自给，海运停止。但"靖难之役"后，燕王朱棣夺权，朱棣在永乐时期总想迁都北平。永乐四年（1406）仿南京故宫兴建北平皇宫，永乐七年（1409）以北平为基地进行北伐，永乐八年（1410）开会通河打通南北漕运并于永乐十三年（1415）完工，永乐十四年（1416）决意迁都并兴建北平紫禁城，永乐十八年（1420）正式迁都北京，从此南北漕运又提上日程，成为国之大计。《明史·食货志》载，"转输者，国之大计"。

明代的漕运从运输方式上大体上可以分为三阶段：海运为主—专行陆运—河海之争。在明太祖洪武元年（1368）到永乐十三年（1415）是海运为主时期，其主要是延续元代的运输方式，为辽东地区的统一战争输送军粮，是平定北元政权、经营辽东的重要支撑。据《明太祖实录》洪武三年（1370）正月甲午条记，"中书省符下山东行省，募水工发莱州洋海仓饷永平卫。其后海运饷北平、辽东为定制"。其主要路径是经由江南苏州府的太仓，沿海岸线经山东半岛过渤海，最终抵达辽东半岛，每年往返两次，可运送六七十万石粮食以及大量的布匹、棉花等军需物资。所以海运是以军事为目的的运输，出发地为太湖附近产区，目的地是辽东地区，对华北地区的供应则需辅以陆运，充分利用江淮运河与黄河间的联系，将粮食由淮南地区运到黄河阳武县（今河南省新乡市原阳县东南），再陆运至卫辉，由卫河入白河至通州。

这一阶段由于倭寇猖獗，导致海运经常损失惨重。据《明史》及《明实录》记载，仅1368—1374年，倭寇对中国沿岸的侵扰次数就多达二十三次。此时正值日本的南北朝内战，流离失所的日本浪人为逃避战乱，纷纷流亡海上。明洪武二十五年（1392），日本北朝的足利氏①吞并南朝②，不少南朝遗臣相继逃亡出海，与日本浪人组成武装，形成倭寇，侵扰中国沿海地区。另一方面，曾割据江南沿海州县的张士诚和方国珍，自被朱元璋击败后，其部下亡命海上，勾结日本浪人，侵扰山东、浙江、福建等沿海地区。

不仅海运风险大，漕粮陆运成本也相当高昂，常用民工需24 000人，运粮车1 600辆，劳民伤财，加上黄河泛滥改道、运河淤积与枯水期等多种困难，漕粮不能如期到达。

海运与陆运都存在问题，同时京师对粮食的需求不减，重新开通内河航运是当务之急。永乐八年（1410）朝廷商议重开会通河，永乐九年（1411）济宁州同知潘叔正建议疏浚会通河故道，成祖接纳并派工部尚书宋礼③负责该项目工程。宋礼由济宁到临清，历时百天，共疏浚385里。同年七月，宋礼又召集10万民工，整治黄河故道，堵住黄河从封丘向东北流的决口，约束河水流出金龙口（今河南省新乡市封丘县荆宫乡），向东南流经元代贾鲁河故道，用来接济昭阳湖的水源，这样徐州一段漕运可以利用黄河水源。

永乐十三年（1415）五月，平江伯陈瑄④开凿清江浦河道的工程竣工，于淮河口筑新闸，疏浚运河，修筑湖堤，并于淮安、临清等地修水次仓转输漕粮，不仅保障了会通河的充足水源，也标志着大运河的全线贯通，于是"遂罢

---

① 足利氏是日本历史上活跃于平安时代至室町幕府时代的武家，出自清河源氏义家流，家祖为源义家之孙、源义国之子源义康（亦即足利义康）。

② 南朝就是日本的南北朝时代大觉寺统的吉野朝廷。

③ 宋礼（？—1422），明代大臣，河南永宁（今洛宁县）人，官至工部尚书。隆庆六年（1572），追赠太子太保。主要成就为治理会通河，便利漕运。

④ 陈瑄（1365—1433），字彦纯，合肥（今属安徽）人，明代军事将领、水利专家，明清漕运制度的确立者。

海运""由是海陆二运皆罢，惟存遮洋船，每岁于河南、山东、小滩等水次，兑粮三十万石，十二输天津，十八由直沽入海输蓟州而已。不数年，官军多所调遣，遂复民运，道远数愆期"（《明史·食货三》）。明初延续了五十余年的海运自此宣告终结，从此进入第二阶段——专行漕运。起初年运量 200 万石，高峰时达到 500 万石，保证了京师每年 400 万石漕粮的基本需求。

但好景不长，因为在徐州一段借用黄河水，而黄河经常决口导致水流不足；同时为了维持大运河的漕运，尽力避免黄河向北溃决。明宣德至弘治年间（1426—1505）黄河在今山东曹县至江苏徐州间向北频繁决口。一旦北决，黄河洪水多从张秋①冲决会通河，当年的漕运便会因此受阻。明弘治四年（1491），黄河在曹州（今山东省菏泽市曹县）黄陵岗、金龙口等 7 处决口，洪水北行在张秋进入会通河，北上的漕船、货船都被堵在张秋。孝宗紧急任命副都御史刘大夏②堵口。刘大夏制定并实施"北堤南分"的策略。在他的主持下，兴建了曹州至徐州长 250 多千米的黄河北大堤——太行堤。黄河北岸大堤形成后，阻止了黄河的北泛，保障了会通河的畅通。但是黄河向南分流给广大南方地区造成了经年不断的严重洪水灾害，导致黄河下游南向分支越来越多。分支越多，河流的挟沙能力越低，黄河河道状况更加恶化。弘治年间（1488—1505），下游分成三支，至嘉靖末年，今山东、安徽和江苏境内黄河多达 13 股分支，黄河已经没有主流河道。

黄河向南改道，大量的泥沙让南方的江淮运河难以承受，黄河夺淮入海后（1194—1855），淮水不能畅流，蓄于洪泽湖等湖泊之中③，湖面积不断扩大，水面过高，随之又得筑堤、避风、防洪。弘治二年（1489）户部侍郎白昂④开康济河，长 40 里，避高邮湖之险。万历十三年（1585），总漕御史李世达⑤开宝应月河，长 1 700 余丈，以避泛光湖之险。万历二十八年（1600），河道总督

---

① 山东省聊城市阳谷县东南张秋镇，曾有"南有苏杭，北有临张"的说法，"临"是临清，"张"是阳谷县张秋镇。

② 刘大夏（1437—1516），幼名瑞昌保，字时雍，号东山。湖广华容（今属湖南）人。明朝中期名臣、诗人。

③ 现在这些湖泊尚存，由北向南依次有独山湖、微山湖（徐州北）、骆马湖（宿迁）、洪泽湖（淮安西南）、高邮湖（扬州北）。

④ 白昂（1435—1503），字廷仪，谥康敏。江苏常州武进人，明代弘治年间黄河治水名臣。

⑤ 李世达（1534—1600），字子成，号渐庵，晚号廓庵，陕西泾阳人，嘉靖三十五年（1556）进士。官至南京吏部尚书、南京兵部尚书、刑部尚书、左都御史、太子少保，卒赠太子太保，谥敏肃。

刘东星又凿邵伯月河 18 里，界首月河 1 800 丈，这样江淮漕船才摆脱了沿途湖泊的风涛之险。

　　由于黄河向南入海，频繁泛滥，并使得整个江淮运河时常处于淤塞之中，给沿岸百姓带来沉重灾难。虽明代重视疏浚，但成本浩大，始终没能彻底解决。嘉靖时期，弊端显现，当时的有识之士再次提出海运主张，如丘浚提出"寻元人海运之故道，别通海运一路，与河漕并行，江西、湖广、江东之粟照旧河运，而以浙西东濒海一带，浙江布政司及常州、苏州、松江三府，由海通运，使人习知海道。一旦漕渠少有滞塞，此不来而彼来，是亦思患预防之先计也"（《钦定四库全书·名臣经济录卷二十二》）。但被当时身为漕运总兵的万表否定，认为"在昔海运，岁溺不止十万"。

　　隆庆年间（1567—1572）黄河河道变迁频繁，多股支流夺淮入海，黄河水患尤甚。河漕运输屡受其苦，治河名臣翁大立、潘季驯①等人不断努力疏浚，收效甚微。与此同时，在首辅高拱的积极推动下，胶莱河②海运工程声势日高，但遭到了时任山东巡抚梁梦龙、布政使王宗沐的强烈反对，并在内阁辅臣张居正的巧妙筹划下不了了之。

　　在随后的政治博弈中，海运议案又一次提上日程。朝廷根据梁梦龙等人的建议，弃长江口出海而选择于淮安开船，自隆庆五年（1571）六月十七日至八月初三，历时一月有余成功到达天津卫，所用海船五艘，载粮二千石。这次成功的海运试行也得到了高拱的认可，并在王宗沐擢升总漕之后正式启动了明中期的又一次由官府支持的大规模海运活动。隆庆六年（1572）三月十八日至五月二十九日，千户鲁矿等人于淮安出海，成功运粮 12 万石至天津，共耗用工部银两 1.5 万，海船 300 余只，岛人、水手 300 名。然而这次

---

　　① 潘季驯（1521—1595），字时良，号印川，浙江湖州市人，明代著名水利学家，历任工部尚书、总理河道都御史等职。总结并提出了"筑堤束水，以水攻沙"的治黄方略和"蓄清（淮河）刷浑（黄河）"以保漕运的治运方略，发明"束水冲沙法"。其治黄通运的方略和"筑近堤（缕堤）以束河流，筑遥堤以防溃决"的治河工程思路及其相应的堤防体系和严格的修守制度，成为其后直至清末治河的主导思想，为中国古代的治河事业作出了重大贡献。

　　② 胶莱河属人工运河，开于元至元十七年（1280）。当时海运行漕，为避成山角之险，历经三年开凿成此河。因急于求成，河窄水浅，行船困难。明嘉靖十九年（1540），又在原河向西 22.2 米（明七丈）处开挖新河，并建 9 座闸控制水位。除分水岭段长约 14.7 千米（明 30 里）未能彻底整治，船舶需拖沙而行外，其他区段都可扬帆通海。后明、清两代多次实行"海禁"，胶莱运河逐渐荒废。民国期间，曾几次试图恢复胶莱河航运，均未实现。新中国成立后，胶莱河作为排洪和灌溉河道治理，未曾通航。

成功的海运旋即遭到南京户科给事中张焕等人借口传言弹劾，"比闻人言啧啧，咸谓海运八舟，米三千二百石，忽遭风漂没，渺无影响。宗沐盖预计有此，令人赍银三万两籴补"。不仅如此，还质疑王宗沐个人的诚信和声誉"臣思宗沐受国家财赋之托，锐意此事，意非不良，粮船有失，据实陈乞，未为不可，何至粉饰观听？大臣实心任事之体当不若是"（《明神宗实录·卷六》）。

这项毫无凭据的指摘竟得到万历帝的认可，并将海运限额定为12万石。隆庆六年（1572）试行了第二次海运，但由于错过了最佳航期，导致七艘粮船、三艘哨船损毁，并再次遭到了言路官员的非议，认为海运"风涛险阻，终属可虞"。

明崇祯十二年（1639），清兵攻破山东，临清、济宁、博平一带的漕河随即不保。在漕运面临危机的形势下，内阁中书沈廷扬上书，"极言其便，且辑《海运书》五卷以呈，帝喜，即命造海舟试之"。据《明史·河渠志四》所载，"廷扬乘二舟，载米数百石，十三年六月朔，由淮安出海，望日抵天津。守风者五日，行仅一旬。帝大喜，加廷扬户部郎中，命往登州与巡抚徐人龙计度。山东副总兵黄荫恩亦上海运九议，帝即令督海运"。但此时的海运已经无法挽回明王朝的命运。

在漕运制度方面，明朝也经历了三次大的变更。在永乐十三年（1415），漕运全部转为内陆漕运，为了充分发挥运河的优势，采用了支运法，将南北运线分为两段：淮安到济宁为南段，济宁至北京为北段。淮安仓的粮食每年定量支出运往济宁，济宁仓粮食则每年定数运往北京。支运方法本质上是分段运输，类似于唐代的转运法，以运军运送提升了运输的效率，在这两个主干道之外的漕粮是民运。

陈瑄①从永乐元年（1403）起担任漕运总兵官，任期内将漕运制度改革为支运法，修治京杭运河。《明史·陈瑄传》载，"初运二百万石，浸至五百万石，国用以饶"。但支运法的问题是南方农民需要自己将粮食送到淮安，永乐十六年（1418）规定浙江、湖广、江西三省以及直隶的苏、松、镇等府250万石漕粮由各省自备船只，运往通州河西务入仓。这增加了浙江、湖广、江西三

---

① 陈瑄（1365—1433），字彦纯，合肥（今属安徽）人，明代军事将领、水利专家，明清漕运制度的确立者。

省的运送距离，由于运费由各省自理，费用自然加征到农民身上。农民不堪承受只能逃亡致使田地荒芜，同时大量的农民参加运送又耽误农时。因此在宣德四年（1429）明宣宗对运输路线作出调整，浙江、湖广、江西三省民运 150 万石至淮安，苏、松、宋、池州、泸州、安庆、广德民运 274 万石至徐州仓，而后由运军支运；山东、河南、北直隶府州县粮，则直接输往北京。但只执行了两年。

宣德六年（1431），明宣宗在江南巡抚周忱的建议下采取了兑运法。兑运法就是增加运军的运送范围，同时缩短民运的距离，但农民需要支付运军的"脚耗"。简单来说，兑运法就是农民不再需要将粮食运送到四大粮仓（从南到北为淮安、徐州、济宁、德州），而只转送到就近的小港口即可，运军在小港口接运，再运至北京，但运军的费用由农民承担。

在瓜州港的粮食每石收"脚耗"五斗五升，淮安的为五斗，未过江的如南京地区则加过江费二斗。宣德十年（1435）对"脚耗"做了调整，湖广、江西、浙江每石为六斗，南直隶为五斗，江北直隶为四斗，徐州为三斗五升，山东、河南为二斗五升。兑运之后由于农民从运粮的徭役中解除出来，促进了农业生产，而运军从事专业运输效率提升还增加了收入，因此整体上成本下降，效率提升。在正统二年（1437）漕粮 450 万石中，兑运 280 余万石，余下为民运；天顺四年（1460）漕粮 435 万石中，兑运 363 万石，余下为民运。随着兑运的比例逐年增加，在成化年间（1465—1487）朝廷规定所有支运均改为兑运。

后来明代的改兑法是对兑运法的又一次改革升级，即原来的运军只覆盖到长江流域，这一次升级将其延长至江南地区，因为路途加长，也称为长运法。成化七年（1471），应天巡抚滕昭奏罢瓜、淮兑运，提议江北运军赴江南水次兑运，为运军增加"耗米"过江费，同年九月户部批准这一建议，确定过江米再加脚耗六升，并根据远近增加耗米。到成化十一年（1475），淮、徐、临、德四仓 70 万石支运米全部改为官军赴水次兑运。长运法进一步免除了农民运粮之苦，对维持农业生产十分有利，同时增加运军收入。除有耗米收入之外，还有轻赍银①，更为可观的是，运军返程在不耽误漕粮的情况下可以附载他物，直至明末，这种运输方式再未更改（表 8-3）。

---

　① 元、明以来，税粮、漕粮、马草等折收银两的部分，叫"轻赍银"。

表 8－3　明代漕运制度

时间	制度	描述
永乐十三年 （1415）	支运法	南北运输分为北京到济宁、济宁到淮安两段，淮安以北为军运，以南为民运。各府州征收粮米，由民间负责运送到沿线重要口岸（淮、徐、临、德四大粮仓），然后再由运军负责运送到北京、通州二仓
宣德六年 （1431）	兑运法	江南各州县将粮米运至淮安、瓜州等小港口处，然后运军领运，民运路途缩短，减轻了负担。但各州县支付"脚耗"给运军作月粮，江南地区比例为五斗每石，但民间有愿自运者也可
成化七年 （1471）	改兑法（长运法）	运军直接往江南州县水次仓领兑漕粮，各州县只需将漕粮运到本县内的水次仓，但除了支付传统"脚耗"之外，还需支付"过江之费"二斗

　　明代在漕粮征收与运送方面还有一个制度上的创新——粮长制，始创于洪武四年（1371）。每州县按征收粮额分为若干粮区，区设粮长。南直隶和浙江、江西，有漕的省曰漕运粮长，其他各省曰赋役粮长。苏、松等府兼征白粮的州县专设白粮[①]粮长。最初粮长由纳粮大户公推，后为政府指派，目的在于便于民户就地缴纳，以保证税收，杜绝官吏中饱私囊。

　　关于粮区的划定，有漕州县以纳粮数千石至一万石为准，但也有少至数百石者。每一粮区所辖里数则因地区而不同。浙江萧山县宣德年间（1426—1435）平均每区管辖 16 里；安徽怀宁县嘉靖年间（1522—1566）平均每区仅辖 6 里，江苏上元县则平均每区管辖 21 里。辖区面积大，粮额自多，征收税粮任务繁重，粮长以下里甲分层负责制，由里甲催征，粮长收解，州县监收。

　　明初，粮长除征解税粮外，还兼有基层政治首领的职权，率同里甲丈量土地、编造鱼鳞图册和黄册、劝导农民耕种生产、检举逃避税粮人户、呈报灾荒和蠲免事宜、揭发不法官吏和地方顽民等。有的地区粮长还兼掌听讼理狱之权。后粮长职权逐渐缩小，仅限于税粮的征解。宪宗成化年间（1465—1487）以后，漕粮改行兑运，解运由卫所军担任，漕粮长只负责税粮的催征，而江浙兼征白粮州县仍由粮长征收解运。后来粮长权力再次缩小，富户觉得无利可

---

　　① 　白粮指明清时在江南五府所征供宫廷和京师官员用的漕粮。

图，遂由中小粮户担任，权力仅限于催收。

明代漕运的另一个创新是漕粮改折为银或钞。明代嘉靖年间（1522—1566）以后，商品经济的不断发展，赋役货币化倾向不断深入。万历元年（1573）实行"一条鞭法"顺应了这种历史趋势，税赋折银被纳入常态。漕粮由于特殊作用仍然维持着征收本色的形式，但是不代表一成不变（表8-4）。

表8-4　明代漕折数额①

单位：石

年份	改折	实运	资料来源
嘉靖元年（1522）	440 000	3 560 000	《明世宗实录·卷二十一》
嘉靖十一年（1532）	2 100 000	1 900 000	《明世宗实录·卷一百四十五》
嘉靖二十一年（1542）	1 383 884＋	2 614 115＋	《明世宗实录·卷二百六十九》
嘉靖三十一年（1552）	1 667 163	2 332 337	《明世宗实录·卷三百九十二》
嘉靖四十一年（1562）	1 367 389＋	2 632 610＋	《明世宗实录·卷五百一十六》
隆庆四年（1570）	1 231 901＋	2 768 098＋	《明穆宗实录·卷五十二》
隆庆五年（1571）	292 934＋	3 707 265＋	《明世宗实录·卷六十四》

最早的漕粮永折是万历二十一年（1593）苏州府嘉定县，其后漕粮永折范围逐渐扩大，应天府高淳县、嘉定县及扬州府兴化县等都实行了漕粮永折。

第六节　漕政败坏与漕粮终结

清代的漕运基本上沿用明代旧制，并在此基础上更加完善，达到了我国漕运历史的最高峰。与明代一样，清代承担漕粮任务的主要是八个省：山东、河南、江苏、浙江四省在运河沿线，安徽、江西、湖北、湖南四省在长江沿线。四川、南阳等粮食主产区由于离运道太远，所以不在重点之列。

在漕粮运量方面，清朝自定都北京之日起就着手恢复漕运，顺治二年（1645），规定漕粮总额400万石，基本与明时期持平，但运至北京的漕粮实为

---

① 徐鹏：《明代江南漕粮改折与地方社会》，复旦大学硕士学位论文，2012年。

90万石，顺治四年（1647）则达到245万石[1]，顺治八年（1651）改设漕运总督[2]，随后撤销庐凤巡抚[3]，专司漕运。漕运的主管官职有巡漕御史、督粮道，漕运执行者有监兑官、押运官、领运官、催趱官[4]等，这种完备的机制一直保持到清代末年（表8-5）。

表8-5　清代各省漕粮征收额明细[5]

单位：石

省份	正兑米额数	改兑米额数
江南	1 500 000	294 400
浙江	600 000	30 000
江西	400 000	170 000
湖广	250 000	——
山东	280 000	95 600
河南	270 000	110 000
总计	3 300 000	700 000

在漕粮运道上，清代从入关起就开始修整明末荒废的河道。康熙帝将河道治理与漕运放在了首要位置，以保证北京的粮食供应。但清代面临着与明代一样的困境，即黄河夺淮入海带来的一系列问题。据不完全统计，从清入关

---

① 李文治、江太新：《清代漕运》，社会科学文献出版社，2008年，第44-45页。

② 官名，始设于明景泰二年（1451），驻节于南直隶淮安府城（今江苏省淮安市楚州区），全称为"总督漕运兼提督军务巡抚凤阳等处兼管河道"，不仅管理跨数省长达3 000多里的运河沿线，还管理地方行政事务。在明末清初（1649—1659）兼庐凤巡抚，管理凤阳府、淮安府、扬州府、庐州府及徐州、和州、滁州。自清末的咸丰十年（1860）起节制江苏长江以北诸镇、诸道。各省的督粮道都隶属于漕运总督。1860年，裁撤南河总督，将漕运总督从淮安府城移驻原南河总督署15千米外的清江浦。1901年，清代颁布停漕改折的命令，保留每年从上海海运漕粮一百万石至天津，再改由铁路火车运到北京。1905年初，由于漕运已停，裁撤漕运总督及各省粮道等官，改置江淮巡抚，驻扎清江浦，同年也被裁撤。

③ 官名，顺治元年（1644）置于江南之安徽境内，驻淮安府，以操江管巡抚事领之。顺治六年（1649）裁凤庐巡抚，由漕运总督管巡抚事。顺治十六年（1659）复置，后改称凤阳巡抚，于康熙三年（1664）裁撤。

④ 清代漕运，沿途地方官皆有督同催运责任，谓之趱重催空，省称催趱。

⑤ "曰正兑，米入北京，储藏于京师仓廪，以北八旗三营兵食之用……；曰改兑，米入通州仓，以待王公百官俸廪之用……；曰白粮，分入京、通仓，供内务府、光禄寺，以备皇室及王公百官与各国贡使廪饩之用……；粳麦，入京仓，供内府之用……；曰黑豆，入京仓，待八旗官军及宾客馆牧马之用……""各省正兑米，每石二斗五升加耗。改兑米，一斗七升加耗。"见［清］阮葵生撰；李保民校点：《茶余客话》上册，上海古籍出版社，2012年，第86-88页。

（1644）至康熙十五年（1676）的 33 年中，黄河大小决口多达 32 次，几乎每年都有决口发生，严重影响到漕船的正常运行，因此在清代前期就对河道进行修整：一是在黄河两岸加固堤防，减少黄河泛滥的频率；二是将运河与黄河分离，避免黄河泥沙壅塞河道；三是利用洪泽湖水位较高的特点束水治沙，减少河道泥沙存量。康熙时期的靳辅①提出黄河与运河相分离的基本方针，即开凿中河，让 180 里运河彻底避开了黄河的泥沙；同时在清口地区（淮安西北）导洪泽湖水冲沙，并加固高家堰（洪泽湖大堤）增加洪泽湖束水量，以提高洪泽湖水位与黄河水位的差异，提升冲沙效果。

康熙晚期与雍正初期的齐苏勒②基本上沿用了靳辅的治河方略，同时加强了武阳、祥符、商丘三省交界处黄河的堤防。雍正时期的嵇曾筠③再次大修黄河两岸堤防，并因势利导利用水流、弯道、坡度设计不同的顺水坝与挑水坝，使得黄河在清代前期基本稳定，有效维持了漕运的进行。

清代的漕运河道在成熟时期可以分为五个部分：第一段是浙江漕河，主要运送杭州、嘉兴、湖州三府漕粮，从最南端的杭州府出发向北，"出临安、余杭，经德清、海宁、石门、桐乡、嘉兴以达于江南吴江县"（《大清会典·卷二百零二》）。然后进入第二段江苏段，江苏是江南六省的漕运枢纽，以黄淮交汇的清口为界，分为清口以南的里运河、江南运河，以及清口以北的运河，浙江漕船从两省交界的吴江县进入丹徒水道，并与苏、松、常三府漕船汇合，北上扬州。第三段为上江运河，主要是以长江为主的四省（湖北、湖南、江西、安徽）漕粮交汇处，所有漕船编队后从运河与长江交汇北上至黄河。第四段为河南境内运河，以卫河为基础，卫河源于新乡辉县，向东经汲县、浚县、滑县、汤阴、内黄、大名、元城等 800 余里至山东馆陶县，合漳河之水出山东临清板闸。第五段为山东段，所有漕粮最后全部通过这一段到达通州，具体路线是从山东临清板闸再入卫河，北上至德州，入吴桥县安陵镇，经东光县，南皮县北行 200 里至沧州，再经青县、静海县北行百余里至天津府，转向西北由三岔河行 200 余里至通州④。大部分漕运到通州就停止了，少部分漕米由通州搬

---

① 靳辅（1633—1692），字紫垣，辽阳州（今辽宁辽阳）人，隶汉军镶黄旗，清代官员，水利专家。

② 齐苏勒（？—1729），纳喇氏，字笃之，满洲正白旗人，清代官员、水利专家。

③ 嵇曾筠（1670—1738），字松友，号礼斋，江南长洲（今江苏省苏州市）人，清代官员、水利专家。

④ 李文治、江太新：《清代漕运》，社会科学文献出版社，2008 年，第 249 页。

运入通惠河，再行 30 里至大通桥，转车户运至京仓①。

与明代相比，清代的漕运表现出两点不同。

一是官运的范围更广，明代由民众运送的白粮也可由运军负责。明宪宗之后，除部分白粮运送仍由民户负责外，绝大部分漕运任务由运军承担。清初沿袭明制，漕粮交兑时，因军强民弱，纳粮户多受勒索。顺治二年（1645），山西巡抚黄辉允上奏称"江南额赋较他省独重，百姓久称苦累。漕白二粮与岁供绢布其尤甚者也。漕运归官兑则需索可省，白粮归官解则民困可苏。应悉如御史言。其库贮绢布见存无多。应解本色一年。嗣后再议。从之"（《清实录顺治朝实录》）。这样白粮也由民运转为官运。

二是运输的主体由运军变为水手。明代漕粮运输由卫所军队负责，称之为运军，不再参与军事及屯田，而是专业的运输队伍。明代运军在八大漕省有 110 个卫所，合计约 12 万人，每个卫所下分为若干帮（船帮），每个帮下有 50～60 只船。清代沿用了这一机制，只做了局部调整，全国共计 118 帮，船只计 6 283 只，每船配运卫所军 10～12 名，并将运军称之为运丁。但机制成熟之后，漕政腐败，各处漕运官吏皆对运丁进行勒索，运丁的经济入不敷出，出现大量逃亡。康熙三十五年（1696），为了维持漕运的正常运行，在旧有运丁制度难以维持的情况下，规定"漕船出运，每船金军一名，其余水手九名，雇觅有身家并谙练撑驾之人充役"（《清高宗纯皇帝实录·卷一千四百五十三》）。从此，运丁人数减少，其职责转变为承担各船的监督工作，招募的水手则成为漕运主力。

清代漕运的转折出现在乾隆后期。乾隆前期虽也一度进行了整治，但乾隆中后期的政治危机愈演愈烈，官员腐败日益严重，漕运成为"肥缺"。朝廷对于日益严重的河漕之患并没有重视，导致了漕运问题没有及时解决，河道没有按时疏浚，漕运日益艰难。在嘉庆年间（1796—1820）达到顶峰之后，清代漕运就如同其国运一般迅速衰落。

有多种原因导致了清代漕运的衰落。首先是黄河本身的河患。到嘉庆时期，黄河河患激增，出现了"黄河无事，岁修数百万，有时塞决千百万，无一岁不虞河患，无一岁不愁河费"（《魏源全集·第十二册》）的局面。根据《清史稿·河渠志一》记载，嘉庆帝在位的 25 年间（1796—1820），黄河大决口 15

① ［日］松浦章；董科译：《清代内河水运史研究》，江苏人民出版社，2010 年，第 213 页。

次之多。

其次是官员腐败。嘉庆十五年（1810），据漕运总督许兆椿①奏报，直接负责征收的各州县官员，为了避免被弹劾，"对上面派来的漕粮监兑、催漕官，对本省巡抚布政各衙门，对诸上司有关管理书役家人等都必须打点行贿"（《议漕折钞·卷二》）。嘉庆二十五年（1820），御史王家相上奏，"各州县官员所送漕规银，自数百两至一二千两不等"（《艺斋奏稿》道光十九年王氏刻本）。总管一省之漕粮政务的官员克扣押运、运丁的行粮；运河由南往北沿途设有繁杂的漕船官吏，他们都以催漕等名义勒索。漕船拨浅过闸，总有漕运总督衙门派遣的官员监督，泊船多少，吃水深浅，都由他们来决定。运丁们为了能够顺利挽渡，必须行贿疏通，以免"恣意责打，逼至深处，船碎人溺，米须重赔"。《清史稿·食货三·漕运》有详描述，"承平日久，漕弊日滋。东南办漕之民，苦于运弁旗丁，肌髓已尽，控告无门，而运弁旗丁亦有所迫而然。如漕船到通，仓院、粮厅、户部云南司等处投文，每船需费十金，由保家包送，保家另索三金。又有走部，代之聚敛。至于过坝，则有委员旧规，伍长常例，上斛下荡等费，每船又须十馀金。交仓，则有仓官常例，并收粮衙署官办书吏种种需索，又费数十金。此抵通之苦也。逮漕船过淮，又有积歇摊派吏书陋规、投文过堂种种费用。总计每帮漕须费五六百金或千金不等。此过淮之苦也。从前运道深通，督漕诸臣只求重运如期抵通，一切不加苛察。各丁于开运时多带南物，至通售卖，藉博微利。乾隆五十年后，黄河屡经开灌，运道日淤，漕臣虑船重难行，严禁运丁多带货物，于是各丁谋生之计绌矣。运道既浅，反增添夫拨浅之费，每过紧要闸坝，牵挽动须数百人，道路既长，限期复迫，丁力之敝，实由于此。虽经督抚大吏悉心调剂，无如积弊已深，迄未能收实效也"。

再次是束水冲沙失败，南方河道淤积严重。由于乾隆末年疏于治理，嘉庆十五年（1810），洪泽湖因湖底过高，泄水过多，导致运道水浅不畅。道光元年（1821），黄河淤淀严重，水位高于洪泽湖，黄河之水倒灌湖中。其后由于黄河淤垫日趋严重，黄河水高于洪泽湖水变成正常状态，洪泽湖已丧失了束水冲沙的功能。黄河水倒灌洪泽湖，湖底不断被淤高。清政府为了防止湖水溢出冲毁运道，在湖东岸高筑湖堤，就形成了著名的高家堰。道光四年（1824），黄河水骤涨，淮河高家堰决堤，自高邮、宝应至清江浦一带河道浅阻，挽运困

① 许兆椿（1748－1814），字茂堂，号秋岩，湖北云梦人，清代官员。

难，京师粮食供应面临严重危机。

最后，黄河改道也严重影响漕运。咸丰五年（1855）黄河北徙后[①]，山东北部运道遭到破坏，南方运道又因失去水源而浅阻难行。同治年间（1862—1874），山东部分河段恢复漕运，但因河水微弱，漕粮需驳船起驳，运输多靠人工牵挽。同治九年（1870）之后，因运河部分河段河水干涸，则需陆运代替，效率低下，费用提高。

嘉庆中期之后，愈演愈烈的漕弊严重威胁京师粮食供应，嘉庆帝之后的清王朝开始重新思考漕粮海运的可能性。早在嘉庆八年（1803）十一月，黄河在河南封丘再次决口，嘉庆帝即着令江浙地方官考虑将漕粮改海运是否具有可行性。但当时浙江巡抚阮元等人经过一番认真地考虑后认为，"以海运易河运，不特数百年旧章不可骤改，且数万丁伍水手失业无赖，亦为克虑。然近年河运，屡屡梗塞，且天庾无多储。万一南船不达，则嗌而不食，克为寒心者也"（《皇朝经世文编·卷四十八》）。

嘉庆十六年（1811）三月，漕运再次耽搁延迟，嘉庆帝重提漕粮海运一事。在皇帝下令筹办海运后不久，即接到新任两江总督勒保的奏报，勒保详细地列举了海运不可行的十二个原因，"海运既兴，河运仍不能废，徒增海运之费。且大洋中沙礁丛杂，险阻难行，天庾正供，非可尝试于不测之地。旗丁不谙海道，船户又皆散漫无稽，设有延误，关系匪细"。意思是改行海运并不能废弃漕运，凡漕运官弁不能少减，白增海运之费。海上运道极不安全，皇家的供品非可尝试于不测之地。海运如果以旗丁领运，则旗丁不习海路，如责成船户领运，则散漫无稽难以约束，而且海运不同于河运，不能多设官吏出海巡视，必有偷盗私卖捏报甚至通盗济匪等情弊。海上风信靡常，凡商贾市舶往往漂至外洋，经年累月而后返，并有竟不能返者。又无法及时督催，准时运达北方没有保障。运费高昂，全漕而论需船一千七八百艘，即需银一千七八百万两。若雇商船，照民间贩运给值则需费不计其数，实难为继。海运有漂失的危险，现在人口一天天多起来，常担心不敷民人食用，更不堪此损失。议雇商

---

① 清咸丰五年六月十九日（1855年8月1日），黄河在河南兰考北岸的铜瓦厢决口。河水先流向西北，后改东北走向，在山东境内借济水（又名大清河）入渤海。在咸丰黄河大改道之前，黄河下游流经路线，按照现时中国行政区域划分，大体上经过河南的荥阳、郑州、原阳、延津、封丘、中牟、开封、兰考，山东的曹县、单县，安徽的砀山、萧县，江苏的丰县、沛县、徐州、邳州、睢宁、宿迁、泗阳、淮安、涟水、阜宁、滨海，最后入黄海。

船，亦难以雇觅。海运即需添设水师防护，若令现有水师分段护送，兵船少而漕船多，鞭长莫及。若每船配兵一二十名，需设兵三四万名，所需粮饷更加不计其数。占用商船运漕，必然影响京师商货供应。若改海运，则常年运漕之八九万人一旦失业，难保不流而为盗，亦非安抚之道。

无奈之下，嘉庆帝只能承认"海运既多窒碍，惟有谨守前人成法，将河道尽心修治，万一赢绌不齐，惟有起剥盘坝，或酌量截留，为暂时权宜之计，断不可轻议更张，所谓利不百不变法也"。自是终仁宗之世，无敢言海运者（《清史稿·食货三·漕运》）。

到了道光年间（1821—1850）终于有了海运尝试。道光六年（1826）二月，第一批约1 000只漕船离开上海北上，当时正值春季，海上起东南风，因此漕船可一路借助风力行驶，畅行无阻，海运行程四千余里，三月便陆续到达天津。将漕粮卸船后，再返回至上海续运，至五月，两运皆竣。这两次海运共计运粮米一百六十余万石，而所耗费用仅仅只有一百四十余万两白银，与河运所耗费用相比，远远减少。道光帝认为海运相比于河运有"四利、六便"的优势，"四利"即"利国、利民、利官、利商"，"六便"即"国便、民便、商便、官便、河便、漕便"（《皇朝经世文编·卷四十八》）。

但这次试行海运只能是昙花一现，它无法持久地推行，更挽救不了愈演愈烈的漕运危机。在琦善等人的努力下，道光六年（1826）运河情况渐有起色。十月，大运河疏浚完毕，各河湖均皆安澜，河运漕粮似乎又可以恢复旧制。故这一年仅是维持已有的成绩，并没有商议来年是否仍行海运。

道光七年（1827），陶澍与两江总督蒋攸铦一起上奏"海运章程八条"，请将新漕仍行海运，并要求将江苏一省的漕粮"永归海运"。道光帝则"以近年河湖渐臻顺轨，军船可以畅行，不许"《清史稿·食货三·漕运》，下令暂停了海运。海运漕粮的主张没有被重新得到重视和实施。

道光二十八年（1848），全国征运的漕粮合计才282万石余，与规定的400万石正额漕粮的数量相差甚远。以京、通两仓的积储而言，道光二十八年（1848）储粮的总额才348万石余，不足乾隆时期800万～900万石储粮数额的一半。京师出现严重的粮食供应危机，海运漕粮又不得不再一次被提及。

道光二十八年（1848）的第二次漕粮海运，外有鸦片战争，内有太平天国，内忧外患之下京杭运道已然不能使用，早在道光二十七年（1847）十一月的上谕中下令再次筹办海运，但次年二月初四，英国传教士在青浦县与看护漕船的水手们发生争执，随后英国领事阿礼国（Rutherford Alcock）以此为借口派兵封锁黄浦江，甚至动用武力阻止漕船北上。道光帝对此指示"迅速查办，及早完结，总期持平妥协，日久相安"。于是两江总督迅速采取措施，青浦县令被革职，十几名水手被逮捕，并被以"抢劫"的罪名从重惩处。英军的这次封锁长达 14 天之久，因此事件影响，运送漕粮的沙船出发时间被推迟，直接导致了这次漕粮海运效果大打折扣。反对派再提原有漕丁的安置问题，从此道光年间再无海运。

咸丰元年（1851）苏、松、常、太四府州将道光三十年（1850）的白粮数万石改行海运，咸丰二年（1852）两江总督陆建瀛等奏请再次海运，咸丰三年（1853）清政府宣布全面实行海运。此后运河漕运基本废止，运河水手已不再承担运送漕粮的任务，一部分被政府招用，其余大部分开始贩卖私盐，沦为土匪、船帮。

第九章
粮食储藏

粮食储藏在历史上具有重要的意义，可以保障粮食供应，满足基本生活需要。但随着政权的形成，粮食储藏具有了更多的社会意义。粮食储藏可以稳定市场，维护社会稳定，如历史上的常平仓；可以应对自然灾害，如社仓；一些地区的粮食储藏还可以发挥现代银行业的作用，为农民提供赈贷，如义仓。同时，粮食储藏在维护国家安全、应对战争方面有重要意义。正因如此，不论历史如何变迁，各王朝对粮食储藏的追求是丝毫不变的，形成了世界上最完备的"官—仓—法"三位一体的仓储体系。

第一节　粮食仓储的探索

人类从采摘社会向定居社会过渡之后就学会了粮食的储存。我国的粮食仓储历史悠久，起源于夏商时期，到春秋战国时期已经发展成熟，同时也产生了仓储思想与管理体系。

考古发现的远古文明当中，很多出土的遗址中均有粮食仓储设施和谷物残留。研究发现，远古存储大约存在三种方式：一是露天存放。在浙江余姚河姆渡文化遗址中发现的稻谷堆积有 7 000 余年的历史，高 40～50 厘米，占地 500 米²，这种大规模的存放显然是有意为之。二是器具存储。西安半坡遗址是新石器时代仰韶文化聚落遗址，曾出土盛着菜籽的陶罐，距今有 6 500～6 700 年的历史。三是大规模的窖藏。河北磁山文化及半坡遗址都发现了众多的窖穴，半坡遗址的窖穴有 200 多个，深度在 2 米左右，口径为 1 米左右，壁和底均经过加工处理，顶部有覆盖物。窖穴主要用以贮藏粮食，窖藏有更好的防鼠、防虫、防霉变的效果，其规模较陶器更大，适合于大量存储。作为部落与家庭用度，一般是窖藏与陶器的结合使用，这种方式目前在很多地区仍在使用。

远古时期有关仓储的历史记录也较为丰富。《史纪·殷本纪》记录了商纣王时期"厚赋税以实鹿台之钱，而盈巨桥之粟"，这里的"巨桥"应为仓库名。这是文献中关于仓储的最早记载。春秋时期的记录更为丰富，《周颂·丰年》载，"丰年多黍多稌，亦有高廪，万亿及秭"。《周颂·良耜》载，"获之挃挃，积之栗栗。其崇如墉，其比如栉。以开百室，百室盈止，妇子宁止"。《周颂·载芟》载，"载获济济，有实其积，万亿及秭"。《诗经·小雅·楚茨》载，"我仓既盈，我庾维亿"。《诗经·小雅·甫田》载，"曾孙之庾，如坻如京。乃求千斯仓，乃求万斯箱。黍稷稻粱，农夫之庆"。

从国家角度来说，远古农业受自然灾害影响较重，仓储的重要性较今日更加为重。《墨子·七患》载，"故备者，国之重也"。《孙子·军事篇》载，"军无辎重则亡，无粮食则亡"。《孟子·梁惠王下》载，"故居者有积仓，行者有裹粮也，然后可以爰方启行"。《汉书·食货志》载，"夫积贮者，天下之大命也"。

一些政治家开始思考储备量的问题，如《管子·国蓄》载，"使万室之都必有万钟之藏，藏镪千万；使千室之都必有千钟之藏，藏镪百万"。《礼记·王制》载，"国无九年之蓄曰不足，无六年之蓄曰急，无三年之蓄曰国非其国也"。

在春秋战国时期，各诸侯国争相储备，《战国策·魏策一》记载魏国在凿通鸿沟运河后"粟粮漕庾，不下十万"。各国在增加储备时又引发另一种思考，是储备于国还是储备于民，强国秦、魏都是藏粮于国，而《管子·权修》则提出了"府不积货，藏于民也"的藏富于民的先进思想。

第二节 "仓—官—法"体系成形

秦王朝在商鞅时期就特别重视农业生产与粮食储备，《商君书·农战》载，"善为国者，仓廪虽满，不偷于农"。这为统一战争打下物质基础。在秦统一诸国之后，以郡县统治天下，强大的中央集权体系就需要更为完善的粮食储备，同时形成相对完善的仓储管理系统。

由于秦王朝的统治思想是"竭天下之资财以奉其政"（《汉书·食货志》），削弱地方，加强中央，因此秦王朝尽可能地将粮食物资集中在咸阳附近。但在枯水期山东粮食漕运无法直达咸阳，故在黄河荥阳建下敖仓，以藏天下之粮。山东地区的漕粮经过古鸿沟和济水，在敖仓汇合，然后再择机经黄河、渭水到达咸阳。另外在其他偏远粮食产地也将粮食集中管理，如蜀郡成都仓、南阳郡宛仓、河内郡仓、河东郡湿仓、丹阳郡宛仓、琅琊郡仓、代郡仓、酒泉郡仓（表9-1）。①

表9-1 秦时期主要粮仓

仓名	记载
郫城仓	"仪与若城成都，周回十二里，高七丈；郫城周回七里，高六丈；临邛城周回六里，高五丈。造作下仓，上皆有屋，而置观楼射兰。"（《华阳国志·蜀志》）
成都仓	"成都郭外有秦时旧仓，述改名白帝仓。"（《后汉书·卷十三》）
督道仓	"宣曲任氏之先，为督道仓吏。秦之败也，豪杰皆争取金玉，而任氏独窖仓粟。"韦昭注曰："督道，秦时边县也。"（《史记·卷一百二十九》）
栎阳仓、咸阳仓	"栎阳二万石一积，咸阳十万石一积。"（《睡虎地秦墓竹简》）
霸上仓	"元年冬十月，五星聚于东井。沛公至霸上……秦民大喜，争持牛、羊、酒食献享军士。沛公让不受，曰：'仓粟多，不欲费民'。"（《汉书·卷一上》）
陈留仓	"夫陈留，天下之冲，四通五达之郊也，今其城中又多积粟。"（《通鉴纪事本末·豪杰灭秦》）

秦代使用窖藏，且规模已大大超越了前人。咸阳秦宫殿遗址发现了贮存食品的窖穴，深度都在10米以上，有的窖内还镶嵌了陶圈，底部置放陶盆。值得注意的是在窖口发现了三脚架的痕迹，表明使用了辘护、滑车之类的吊装具②。

---

① 成都仓，见常璩、刘琳《华阳国志校注》（巴蜀书社，1984年，第196页）载，"惠王二十七年，仪与若城成都……造作下仓，上皆有屋，而置观楼射兰"。又据《后汉书·卷十三·公孙述列传》载，"成都郭外有秦时旧仓，述改名白帝仓，自莽以来常空"（第541页）。与之互证。河内郡仓，见《汉书·卷五十·汲黯传》，第2316页。湿仓，见《汉书·卷二十八上·地理志上》，第1550页。宛仓，见李昉《太平御览·卷一百九十·居处部十八会》载"建康宫城内有仓名曰宛仓"，第920页。琅琊郡仓，见《汉书·卷六十四上·主父偃传》，第2800页。代郡仓，见李宇峰《辽宁汉晋时期农业考古综述》，《农业考古》，1989年第1期，第104-110页。酒泉郡仓，见谢桂华、李均明、朱国炤《居延汉简释文合校》，文物出版社，1987年，第529页。
② 吴忠起：《中国古代仓储史概要（二）中国古代仓储事业的第一个重要发展时期——秦、两汉的仓储》，《中国储运》，1992年第1期，第50-51页。

秦统一之前，内史主管全国储粮和上计工作。内史下设有太仓和大内，分别管理县和都官的粮食和财货。秦统一之后，内史职能发生了变化，负责管理京籍京畿地区，太仓和大内则分离出来，形成治粟内史，掌管全国粮食及其调度。县仓的专职官吏有仓啬夫、丞、佐和史。湖北云梦睡虎地出土的《秦律十八种》中有《仓律》，专门记载了粮食的存储、保存和发放。因此，在秦代已经具备了系统性仓储、仓储管理、仓储律令三个体系。

汉代的仓储可分为西汉与东汉，其区别在于西汉还是中央集权，而东汉则为地方士族豪强主导，这种区别也在粮仓中有所反映（表9-2）。西汉时期中央建设了大量粮仓，包含供京师用度的以太仓为中心的京仓体系、边疆的军仓体系、服务百姓的常平仓体系以及服务漕运的中转仓体系。

表9-2　两汉主要粮仓

仓名	记载
太仓	"萧丞相营作未央宫，立东阙、北阙、前殿、武库、太仓。"（《史记·高祖本纪》）
细柳仓、嘉仓	"河内太守周亚夫为将军，军细柳。"（《汉书·文帝纪》）"细柳仓、嘉仓，在长安西、渭水北。古徼西有细柳仓，城东有嘉仓。"（《三辅黄图》）
甘泉仓	"敞本以乡有秩补太守卒史，查廉为甘泉仓长，稍迁太仆丞，杜延年甚奇之。"（《汉书·赵尹韩张两王传》）
敖仓	"夫敖仓，天下转输久矣，臣闻其下乃有藏粟甚多……此乃天所以资汉。"（《史记·郦生陆贾列传》）
根仓、湿仓	"河东郡，秦置。莽曰兆阳。有根仓、湿仓。"（《汉书·地理志》）
京师仓	可以确定华仓遗址即《汉书·王莽传》中所说京师仓的遗址[①]
常平仓	"大司农中丞耿寿昌奏设'常平仓，以给北边，省转漕'。"（《汉书·宣帝纪》）
郡国诸仓	"又郡国诸仓农监、都水六十五官长丞皆属焉。"（《汉书·百官公卿表》）
东汉羊肠仓	"永平中，理虖沱、石臼河，从都虑至羊肠仓，欲令通漕。"（《后汉书·邓训传》）

东汉之后，中央集权减弱，服务于地方士族的小型化、区域化的仓储开始出现。已出土的东汉墓中的壁画、画像石（砖）和陪葬明器表明东汉时期的粮仓形态多样，其中以筒仓为多，有12种，顶部有覆盖物，可有效地防雨、防

---

① 吉敬斌：《西汉华仓遗址》，《陕西史志》，2005年第1期，第33-34页。

日晒、防风和防鸟雀啄食。底盘的加固措施，增强了地表的负荷能力并可防潮。东汉粮仓的构造对后世产生了深远影响，直至现在我国基层粮食储备中的粮仓仍保留着东汉的基本形制。仓房有 6 种，有的一面完全敞开，近似现代的棚库；有的大门紧闭；还有的内设横竖隔层，和林格尔汉墓壁画中就展示了多开间长列式仓房。仓楼可分为 4 种：有二层独楼的，有二层三开间的，有顶部敞开或饰以网状物的，还有多层形制较复杂的。东汉仓楼同 20 世纪初我国沿海港口城市出现的楼库①有异曲同工之妙。

西汉的仓库管理设有治粟内史，如高帝元年（前 206）"执盾襄为治粟内史"，景帝后元元年（前 143）更名"大农令"，武帝太初元年（前 104）更名"大司农"，王莽改大司农曰"羲和"，后更为"纳言"，东汉又更名为"大司农"（《汉书·官公卿表下》）。大司农属官有太仓、均输、平准、都内、籍田、郡国诸仓农监、部丞等（《汉书·官公卿表下》）。太仓令、丞职掌太仓。到东汉时期，据《后汉书·百官三》载，"郡国四时上月旦见钱谷簿，其逋未毕，各具别之。边郡诸官请调度者，皆为报给，损多益寡，取相给足"。太仓"主受郡国漕谷"。大司农丞主要负责屯田和常平仓，平准令、平准丞则是平抑天下所输敛之物价（《通典·职官八》）。郡国诸仓农监主管中央在地方的粮仓，地方粮仓主要是由地方政府监管，并设有专门的仓官进行管理。县级官吏更是要直接参与粮食的管理，分为郡仓职官、县仓职官、边郡仓职官②。

汉代仓储在理论与实践层面均有突破。理论层面表现在贾谊、晁错的储备理论，实践层面表现在桑弘羊、耿寿昌的常平仓制度。贾谊对粮食储备的理论主要体现在其《论积贮疏》一文中，他在文中指出，"夫积贮者，天下之大命也。苟粟多而财有余，何为而不成？以攻则取，以守则固，以战则胜。怀敌附远，何招而不至"。管子曰："仓廪实而知礼节""民不足而可治者，自古及今，未之尝闻"。晁错在其《论贵粟疏》中也对粮食储备有所论述，提出"粟者，王者大用，政之本务""方今之务，莫若使民务农而已矣。欲民务农，在于贵粟；贵粟之道，在于使民以粟为赏罚。今募天下入粟县官，得以拜爵，得以除罪。如此，富人有爵，农民有钱，粟有所渫"。在晁错的影响下，"至武帝之初七十年间，国家亡事，非遇水旱，则民人给家足，都鄙廪庾尽满，而府库馀

---

① 相比平库、高台库、坡道库、立体库等平层仓库，楼库的区别在于楼库是多层设计，可减少土地占用面积，进出库作业可采用机械化或半机械化。

② 吕晓红：《秦汉仓储粮食的管理》，南京师范大学硕士学位论文，2012 年。

财"（《汉书·食货志上》）。

常平仓制度，源于战国时李悝的"平籴"，核心是"取有余而补不足"，即政府在丰年粮价低时购进粮食储存，歉年卖出粮食以稳定粮价。范蠡和管子也有类似的思想。汉武帝时，桑弘羊发展了上述思想，创立"平准法"，依靠政府掌握的大量钱帛物资，在京师"贱收贵卖"以平抑物价，同时也有利于中央财政。

宣帝元康年间（前65—前62）连年丰收，谷价最低一石五钱，"农人少利"。大约就在这以后，大司农中丞耿寿昌①把平准法着重施之于粮食的收贮，在一些地区设立了粮仓，收购价格过低的粮食入官，以"利百姓"。这种粮仓已有常平仓之实。

当时边疆金城（今甘肃永靖西北）、湟水（今青海湟水两岸）一带，谷每石八钱，耿寿昌曾在这一地区收购谷物四十万斛。五凤元年到五凤二年（前57—前56），耿寿昌鉴于过去每年从关东向京师漕粮四百万斛，用漕卒六万人，费用过大，建议从近处的三辅（今陕西中部地区）、弘农（今河南西部和陕西东南部地区）、河东（今山西沁水以西、霍山以南地区）、上党（今山西和顺、榆社以南、沁水流域以东地区）、太原等地籴谷以供京师，可省关东漕卒过半。这一措施收到成效后，耿寿昌又于五凤四年（前54）奏请在边郡普遍设置粮仓，"以谷贱时增其贾而籴，以利农，谷贵时减贾而粜，名曰常平仓。民便之"（《汉书·食货志》）。常平仓已经作为一项制度推行。

元帝初元五年（前44），在位儒臣借口关东连年灾荒，常平仓与民争利，遂与盐铁官、北假（今内蒙古河套以北、阴山以南地区）田官等一同废罢。事实上，常平仓虽为利民而设，但施行既久，也确有"外有利民之名，而内实侵刻百姓，豪右因缘为奸，小民不能得其平"的弊病。东汉明帝永平年间（58—75）又拟设置常平仓，刘般以上述理由反对，因而作罢（《文献通考·市籴考二》）。

第三节　隋唐大发展

继秦汉之后，中国又陷入分裂，两晋与南北朝时期的粮食仓储显然与大一统的王朝无法相比。加上朝代更替频繁，很多政权来不及构建储备设施。加上

---

①　耿寿昌，生卒年不详。西汉时期天文学家、理财家。精通数学，修订《九章算术》，又用铜铸造浑天仪观天象，著有《月行帛图》等。汉宣帝时任大司农中丞，在西北设置"常平仓"，用来稳定粮价兼作为国家储备粮库。

很多少数民族政权缺乏粮食储备意识，因此在隋唐之前，仓储事业没有大的发展，只是在局部相对稳定的政权中有短暂的恢复。

比较突出的是曹操、司马懿、邓艾等人的屯田建储，恢复了北方的仓储。诸葛亮治蜀，使蜀仓一度丰饶。冯熙出使魏国，描述孙吴"带甲百万，谷帛如山，稻田沃野，民无饥岁，所谓金城汤池，强富之国也"，此虽是外交辞令，但也反映出孙权时吴国的富强。

西晋统一全国，"纳百万而罄三吴之资，接千年而总西蜀之用，韬干戈于府库"（《晋书·食货志》）。后赵石虎曾建立"中仓"和"水次仓"，规定"令中仓岁入百万斛，余皆储之水次"（《晋书·石季龙载记上》）。前秦苻坚曾大行新政，通过开垦耕地，令前秦仓库充实。北魏大力经营都城平城（今山西大同）的仓储，粮食储备"太官八十余窖，窖四千斛，半谷半米"（《南齐书·魏虏传》）。公元485年孝文帝改革，迁都洛阳，北魏仓储出现了高潮，洛阳再度成为仓储中心，当时"国家殷富，库藏盈溢，钱绢露积于廊者，不可较数"（《洛阳伽蓝记·卷四》）。

以上时期的粮食储备中，窖藏仍是储粮的主要手段。北魏时期平城的窖穴，窖深达数丈，每窖可贮藏4 000斛粮食，当时属于大型窖藏。历史上仓储设施还被称作"邸"或"阁"，二者又时常合称为"邸阁"。邸阁可储粮，还可贮存商品，比如诸葛亮在斜谷建邸阁，并发明木牛流马，运输北伐的粮草辎重。

我国仓储的高峰出现在隋代，隋在转运仓、储备仓、义仓等方面都有重大突破。在转运仓方面，隋政府建立了以洛阳为中心的仓储体系，将河南、山西的粮食运往京师。《隋书·食货志》载，"开皇三年，朝廷以京师仓廪尚虚，议为水旱之备，于是诏于蒲、陕、虢、熊、伊、洛、郑、怀、邵、卫、汴、许、汝等水次十三州，置募运米丁。又于卫州（今河南省卫辉市）置黎阳仓，洛州（今陕西省商洛市）置河阳仓，陕州（今河南省三门峡市陕州区）置常平仓，华州（今陕西省渭南市华州区）置广通仓，转相灌注。漕关东及汾、晋之粟，以给京师"。

在储备仓方面，《通典·食货七》记载了隋代仓储之丰富，"隋氏西京太仓，东京含嘉仓、洛口仓，华州永丰仓，陕州太原仓，储米粟多者千万石，少者不减数百万石。天下义仓又皆充满。京都及并州库布帛各数千万，而锡赉勋庸，并出丰厚，亦魏晋以降之未有"。其中，以洛口仓规模最大，"置洛口仓于巩东南原上，筑仓城，周回二十余里，穿三千窖，窖容八千石以还，置监管并镇兵千人。十二月，置回洛仓于洛阳北七里，仓城周回十里，穿三百窖"（《资治通鉴·炀帝大业二年纪》）。这一切还是在隋文帝轻徭薄赋的基础上实现的，实属历史之最。在1971年发现筑于大业元年的含嘉仓遗址中，探出400余个粮窖，大的可储一万数千石，小的也可储几千石①。

"义仓"起源于北齐时期的富人仓，义仓制度创立于隋代。由于隋开皇二年（582）久晴不雨，开皇三年（583）时，度支尚书长孙平上书隋文帝，"臣闻国以民为本，民以食为命，劝农重谷，先王令轨。古者三年耕而馀一年之积，九年作而有三年之储，虽水旱为灾，而民无菜色，皆由劝导有方，蓄积先备者也。去年亢阳，关右饥馑，陛下运山东之粟，置常平之官，开发仓廪，普加赈赐，大德鸿恩，可谓至矣。然经国之道，义资远算，请勒诸州刺史、县令，以劝农积谷为务"（《隋书·长孙平传》）。文帝深为嘉纳，于是有了义仓或社仓之说。史载，"平见天下州县多罹水旱，百姓不给，奏令民间每秋家出粟麦一石已下，贫富差等，储之间巷，以备凶年，名曰义仓"（《隋书·长孙平传》）。开皇五年（585），全国义仓基本建成，这是我国历史上第一批公益性质的民办、民管、民用的粮食储备。

义仓的储粮是一种自愿储备，"随其所得，劝课出粟及麦"，储备数量也没有特别的规定。由于隋初时有均田政策，同时轻徭薄赋，所以每户粮食较多，各地义仓储备充足。开皇五年（585），关中大旱，义仓发挥重要作用，有效弥补了官仓的不足，同时也不需要政府长途调运粮食赈灾。在青州、兖州、汴州、许昌、曹州、亳州、陈州地区发生水灾时，隋文帝命苏威等人分道开仓赈给，也解决了部分地区的救灾问题。

但由于这一时期水旱灾情不断，义仓的储备开始入不敷出。到开皇十四年（594）大旱，义仓已经无粮可取，文帝深为自责。史载，"关中大旱，民饥，上遣左右视民食，得豆屑杂糠以献。上流涕以示群臣，深自咎责，为之不御酒肉者，殆将一期"（《资治通鉴·隋纪二》）。为加强义仓管理，开皇十五年（595），义仓储粮由自愿捐赠变为强制征收，二月下诏，"本置义仓，止防水旱，百姓之徒，不思久计，轻尔费损，于后乏绝。又北境诸州，异于余处，

---

① 2014年6月22日在卡塔尔多哈召开的联合国教科文组织第38届世界遗产委员会会议上，中国大运河申遗成功，含嘉仓成功入选世界遗产名录。

云、夏、长、灵、盐、兰、丰、鄯、凉、甘、瓜等州，所有义仓杂种，并纳本州。若人有旱俭少粮，先给杂种及远年粟。十六年正月，又诏秦、叠、成、康、武、文、芳、宕、旭、洮、岷、渭、纪、河、廓、幽、陇、泾、宁、原、敷、丹、延、绥、银、扶等州社仓，并于当县安置"（《贞观政要·辩兴亡》）。要求在陕西、甘肃等广大西北地区 26 个州县建立社仓。粮食征收分上、中、下三级，上户不过一石，中户不过七斗，下户不过四斗。开皇十七年（597），"户口滋盛，中外仓库，无不盈积。所有赍给，不逾经费，京司帑屋既充，积于廊庑之下，高祖遂停此年正赋，以赐黎元"（《隋书·食货志》）。

在管理制度方面，义仓在乡镇由村民管理，在州县实际由政府管理，尤其是在强制征收粮食之后，义仓粮食也由最初的自愿缴纳变成了租调之外的一种赋税，给予官吏摊派、挪移、支用、贪污的机会。

隋代的仓储在规模上也是历史之最，据《隋书·食货志》记载，除中央掌控的以洛阳为中心的官储大型粮仓之外，晋、陕、内蒙古西南部、宁夏到河西走廊的武威、张掖以及敦煌都有粮仓设施。

虽然隋代仓储有了很大的发展，但由于其国祚短促、炀帝穷兵，历史上对隋代仓储的评价是"不怜百姓而惜仓库"。《贞观政要·辩兴亡》载，"隋开皇十四年大旱，人多饥乏。是时仓库盈溢，竟不许赈给，乃令百姓逐粮。隋文不怜百姓而惜仓库，比至末年，计天下储积，得供五六十年"。

隋代之后，唐代在仓储方面再创历史高峰。除了继承隋代主要仓储系统之外，在转运仓建设方面组建了以江阴仓为代表的仓储系统。隋代为了弱化江南地区，文帝与炀帝均没有在江南地区设立漕仓，粮食直接运到以洛口仓为中心的仓储体系。到了唐代，京师常住人口超过百万，粮食需求更大，对江南的粮食更加依赖。开元末期，面对传统运河航道的堵塞以及直达式漕运方式的低效，裴耀卿于唐玄宗开元二十一年（733）对大运河漕运进行改革。次年八月，朝廷对转运仓布局进行了调整。新置三个仓，即河汴交汇处置河阴仓，三门峡东置集津仓、西置盐仓（三门仓），连同原有的太原仓（置于今河南省三门峡市西）、永丰仓、开元二年新置的龙门仓（《旧唐书·地理志》），重开的柏崖仓[①]，所有这些仓库构成一个新的运输体系。该体系以河阴、太原、永丰三仓为枢纽，河、渭并重，以提高向关中的转输能力。这改变了以洛阳为中心的布局，

---

① 柏崖仓在今河南省济源市西南黄河北岸柏崖山上。

这一调整是当时政治经济状况的必然要求。裴耀卿改革之后，唐转运仓系统在开元末期、天宝前期达到极盛，"每岁水陆运米二百五十万石入关"（《元和郡县·志华州华阴县》），这是唐代由关东向关中转运粮食数量的最高纪录。

受安史之乱影响，唐代运河疏浚工作中断，所以唐代后期的漕运需要重新建设。广德二年（764）刘晏着手恢复传统汴河运输，并对漕运制度再行改革。为避开汴州（今开封）、宋州（今商丘）乱军占领区域，刘晏开辟了江汉漕路，并在长江、汉水附近再置几处转运仓。他以裴耀卿"节级转输"（分段转运）方针为基础，针对江、汴、河、渭四水的水文状况，提出不同的漕运改革方案，并对转运仓布局实行了调整，加强了长江漕渠（即邗沟）、汴河黄河、黄河渭水三个交汇处转运仓的建设，形成以扬子、河阴、永丰三仓为枢纽的转运线。这次改革对河阴仓地位的提升有巨大的推动作用，使得扬子、河阴、永丰三仓的枢纽地位得以确立。

此外，唐代在建设义仓上有所创新。隋代后期义仓弊病丛生，失去其初始的救灾职能，因此在唐初义仓已经荒废。贞观二年（628），戴胄总结了隋建义仓的得失，认为义仓如果管理得当可发挥重要作用，进言重建义仓。《旧唐书·食货下》载，"贞观二年四月，尚书左丞戴胄上言曰：'水旱凶灾，前圣之所不免。国无九年储蓄，《礼经》之所明诫。今丧乱之后，户口凋残，每岁纳租，未实仓廪。随时出给，才供当年，若有凶灾，将何赈恤？故隋开皇立制，天下之人，节级输粟，多为社仓，终于文皇，得无饥馑。及大业中年，国用不足，并贷社仓之物，以充官费，故至末涂，无以支给。今请自王公已下，爰及众庶，计所垦田稼穑顷亩，至秋熟，准其见在苗以理劝课，尽令出粟。稻麦之乡，亦同此税。各纳所在，为言义仓。若年谷不登，百姓饥馑，当所州县，随便取给。'太宗曰：'既为百姓预作储贮，官为举掌，以备凶年，非朕所须，横生赋敛。利人之事，深是可嘉。宜下所司，议立条制。'户部尚书韩仲良奏：'王公已下垦田，亩纳二升。其粟麦粳稻之属，各依土地。贮之州县，以备凶年。'可之。自是天下州县，始置义仓，每有饥馑，则开仓赈给。以至高宗、则天，数十年间，义仓不许杂用"。

但以后各级官员开始不断以各种名义挪用义仓粮食，到了唐中宗神龙年间（705—707），义仓粮储空虚，已经名存实亡，但各级官吏向农民收取的义仓存粮并未减少，每三年一次，要求百姓将义仓粮米运到长安，运费自付。与隋代一样，义仓成为一种附加税。

唐玄宗认识到义仓管理的弊端，并于开元四年（716）下令重整义仓，在五月的诏令中道，"诸州县义仓，本备饥年赈给。近年已来，每三年一度，以百姓义仓糙米，远赴京纳，仍勒百姓私出脚钱。自今已后，更不得义仓变造"（《旧唐书·食货志》）。这里的"变造"内涵是既不能利用义仓盘剥百姓，也不能将各地义仓的粮食变卖换成别的货物。开元二十五年（737）唐玄宗再次重申义仓作用，并声明恢复义仓粮食收储办法，规定自王公以下以户为单位，根据各户名下田亩数，每年每亩收粟二升。商人和无田户，分为九等，上上户交五石，上中户以下递减。以粟为基准粮食单位，其他粮食按粟折合，如稻谷一斗五升合粟一斗，稻谷三石可折成糙米一石四斗。

在玄宗的不断努力下，义仓发展迅速，在天宝八年（749），全国义仓储粮达 63 167 660 石（表 9 - 3）。

表 9 - 3　天宝八年全国十道正仓、义仓储粮数[①]

地区		正仓（石）	占比（%）	义仓（石）	占比（%）
北方	关内道	1 821 516	11.27	5 946 212	9.41
	河北道	1 821 546	11.27	17 544 600	27.77
	河东道	3 589 180	22.20	7 309 610	11.57
	河西道	702 065	4.34	388 403	0.61
	陇右道	372 780	2.31	300 034	0.47
	河南道	5 826 414	36.04	15 429 763	24.43
北方合计		14 132 501	87.41	46 918 622	74.28
南方	剑南道	223 940	1.39	1 797 228	2.85
	淮南道	688 252	4.26	4 840 872	7.66
	江南道	978 825	6.05	6 739 270	10.67
	山南道	143 882	0.89	2 871 668	4.55
南方合计		2 034 899	12.59	16 249 038	25.72
全国合计		16 167 400		63 167 660	

安史之乱之后，义仓储备均被盗用。唐穆宗长庆四年（824），李恒叹息"义仓之制，其来日久。近岁所在，盗用没入，致使小有水旱，生人坐委沟壑，

---

①　陈勇、顾春梅：《唐代经济研究三题》，《西华师范大学学报（哲学社会科学版）》，2003 年第 5 期，第 82 - 85 页。

永言其弊，职此之由"（《旧唐文·食货下》）。

表9-3中与义仓相对的正仓即官仓，主要是受纳租粟并供给禄廪，所谓"正租为正仓"（《通典·太府卿》），这里的正租是与租庸调制相匹配的田租。贞观之后各州县均置正仓，田租由州县征收，并置于州县的正仓之中。主要来源是每丁二石的赋税以及每亩二升的田租。正仓的支出除了支付州县官禄外，还供给各驿站运丁口粮，有时也行赈贷，是义仓的一种补充。由于唐后期义仓管理失位，盗用严重，赈灾一度倚重正仓。正仓在各州县由仓司负责，朝廷通过吏部考功员外郎或考功郎中对各地正仓官员定期查核，全国正仓由仓部负责。

唐代在常平仓建设上大有功绩。在唐建国之初，唐高祖武德元年（618）颁布《置社仓诏》建立常平仓，"宜置常平监官，以均天下之货。市肆腾踊，则减价而出；田畴丰羡，则增籴而收……庶使公私俱济，家给人足，抑止兼并，宣通壅滞"（《全唐文·置社仓诏》）。这里的社仓其实就是常平仓。唐太宗贞观十三年（639），令洛、相（今河南安阳）、幽、徐、齐（今山东济南）、并、秦（今甘肃秦安）、蒲诸州置常平仓，并规定粮食的储存年限：粟藏九年，米藏五年，地势低下的潮湿地区粟藏五年，米藏三年。唐高宗永徽六年（655），"京师米贵"，又在京师长安东市与西市各置常平仓，两年以后（唐高宗显庆二年，657）为东西二市的常平仓配备官员管理，设置常平署，管理常平仓日常工作。

从唐高宗设立常平仓以来，经中宗、睿宗、武周，常平仓的粮食均挪为他用，几乎没有余粮。到唐玄宗时期（712—756），天下丰收，为防止谷贱伤农，玄宗在开元二年（714）恢复了常平制度，《唐会要·仓及常平仓》载，"天下诸州，今年稍熟。谷价全贱，或虑伤农。常平之法，行之自古，宜令诸州加时价三两钱籴，不得抑敛。仍交相付领，勿许悬欠。蚕麦时熟，谷米必贵，即令减价出粜。豆谷等堪贮者，熟亦准此。以时出入，务在利人。其常平所须钱物，宜令所司支料奏闻"。

开元七年（719）六月，唐玄宗在关内、陇右、河南、河北、河东五道，及荆、扬、襄、夔、绵、益、彭、蜀、汉、剑、茂等州，并置常平仓。开元十六年（728），"自今岁普熟，谷价至贱，必恐伤农。加钱收籴，以实仓廪，纵逢水旱，不虑阻饥，公私之间，或亦为便。宜令所在以常平本钱，及当处物，各于时价上量加三钱。百姓有粜易者，为收籴。事须两和，不得限数。配籴讫，具所用钱物及所籴物数，申所司"（《旧唐书·食货下》）。这里特别指出，

"时价上量加三钱"，同时规定"事须两和，不得限数"，确实起到了稳定粮价、保护粮农的作用。

至建中元年（780）之前，常平仓确有作用，"夫常平者，常使谷价如一，大丰不为之减，大俭不为之加。虽遇灾荒，人无菜色。自今已后，忽米价贵时，宜量出官米十万石，麦十万石"（《旧唐书·食货下》）。

到了建中三年（782），户部侍郎赵赞上言要推广常平制度，奏曰："自陛下登极以来，许京城两市置常平，官籴盐米，虽经频年少雨，米价未腾贵，此乃即自明验，实要推而广之。当军兴之时，与承平或异，事须兼储布帛，以备时须。臣今商量，请于两都并江陵、成都、扬、汴、苏、洪等州府，各置常平，轻重本钱，上至百万贯，下至数十万贯，随其所宜，量定多少。唯贮斛斗疋段丝麻等，候物贵则下价出卖，物贱则加价收籴。权其轻重，以利疲人。"从之。赞于是条奏诸道津要都会之所，皆置吏，阅商人财货。计钱每贯税二十，天下所出竹、木、茶、漆，皆十一税之，以充常平本。时国用稍广，常赋不足，所税亦随时而尽，终不能为常平本（《旧唐书·食货下》）。意思是为了补充常平仓籴本，在江陵、成都、扬、汴、苏、洪（江西南昌）增常平仓，并在通津要路置专职官员收商业税，以充常平本金。每一贯交税二十钱，竹、木、茶、漆要交1/10税额。但实际上这部分钱并没有作为常平仓籴本，而是经常挪作他用，所以才说"时国用稍广，常赋不足，所税亦随时而尽，终不能为常平本"。

安史之乱后，唐代京师实际权力下降，财政入不敷出成为常态，因此常平仓的籴本总是不足。唐宪宗元和元年（806），规定诸州府于每年地亩税内十分取二以充常平仓及义仓，依例籴、粜或赈、贷，自此常平仓与义仓职能合一，并称常平义仓。唐文宗开成元年（836），又命官民常赋外每亩另纳粟一升，于诸州所置常平仓逐年添储，会昌中停罢，常平仓又与义仓一样成为了额外赋税。

唐代在皇室仓储方面有所突破。唐初所有财货由户部统管，皇室储备与国家储备界限不清。但到了玄宗时，由于玄宗晚年沉迷声色，这种公私存储的矛盾开始凸显，玄宗建立了百宝、大盈等皇室仓储。安史之乱后，国家储备中的左藏[①]被并入了大盈内库，到德宗时已经持续了20余年。宰相杨炎进行财政改革并提出不同意见，要求公私库分离，德宗采纳，诏曰："凡财赋皆归左藏库，

---

① 《旧唐书·杨炎传》载，"初，国家旧制，天下财赋皆纳于左藏库"。

一用旧式，每岁于数中量进三五十万入大盈，而度支先以其全数闻"（《旧唐书·杨炎传》）。即每年只从国库中支列部分入内库。《旧唐书·陆贽传》载，陆贽更为激进，谏曰："'琼林''大盈'，自古悉无其制。传诸耆旧之说，皆云创自开元。贵臣贪权，饰巧求媚，乃言：'郡邑贡赋所用，盍各区分：赋税当委于有司，以给经用；贡献宜归于天子，以奉私求。'"言下之意，皇室内库就不应当存在，不得已德宗取消了皇家储备。

值得一提的是，唐代在粮仓管理上亮点突出。一是专门设立"仓部"管理全国粮仓，属于户部，内设郎中一名（五品上），员外郎一名（从六品上），主事三名（从九品上），下面还有令史九人，收令史二十人，常固四人，州、县粮仓由州县主管官员负责。二是"分仓储存，专仓核算"。在1971年出土的洛阳含嘉仓的仓窖中发现，每仓每窖刻有缴纳、存储粮食的数量，领取官员的姓名，领取时间。对于粮食损耗有明确限制，粮食一石储三年，损耗限额一升，五年限额二升。官员俸禄，凭仓部所发木契领取。粮仓中的称量工具与运输工具有统一的布置与规定，称量工具一律为国家统一制造，大者三斛，中者二斛，小者一斛，铁制斛边，校准后加盖官印方可使用。

第四节　常平义仓的衰败

"两宋灾害频繁度之密，相当于唐代，而其强度与广度，则有甚于唐代"[1]。应对灾害最重要的方式就是仓储，虽然宋代朝廷在仓储方面颇费心思，但结果并不理想，储量较唐代也相去甚远[2]。

一、宋代义仓

义仓是民办民管的应对自然灾害的最好方式。宋代初期，宋太祖在建隆四年（963）就决定在全国范围内以州县为单位设立义仓。《宋会要辑稿·食货》载，"令诸州于所属县各置义仓。自今官中所收二税，每一石别输一斗，贮之以备凶歉给与民人"。这标志着宋官办义仓的设立，规定"民饥欲贷充种食者，县具籍申州，州长吏即计口贷讫，然后奏闻"（《宋史·食货上》）。如果义仓不够发给，须发官廪时，则须奏明待报，方可开发。但这次兴办义仓仅存一

---

① 邓云特：《中国救荒史》，商务印书馆，2011年，第25页。
② 郭九灵：《宋代义仓论略》，《华北水利水电学院学报（社科版）》，2008年第3期，第67-70页。

年，一年后各地义仓已无存储，重叠输送，百姓劳费，义仓废止。

宋仁宗明道二年（1033），"诏议复义仓，不果"。景祐年间（1034—1038），集贤校理王琪请复置："令五等已上户，随夏秋二税，二斗别输一升，水旱减税则免输。州县择便地置仓贮之，领于转运使。计以一中郡正税岁入十万石，则义仓可得五千石，推而广之，则利博矣。明道中，饥歉，国家欲尽贷饥民则军食不足，故民有流转之患。是时，兼并之家出粟数千石则补吏，是岂以官爵为轻欤？特爱民济物，不获已为之尔。且兼并之家占田常广，则义仓所入常多；中下之家占田常狭，则义仓所入常少。及水旱赈济，则兼并之家未必待此而济，中下之民实先受其赐矣。"事下有司会议，议者异同而止。庆历初，琪复上其议，仁宗纳之，命天下立义仓，诏上三等户输粟，已而复罢（《宋史·食货上》）。

宋神宗熙宁十年（1077），义仓再次被提及，史载，诏开封府界先自丰稔畿县立义仓法。第二年，提点府界诸县镇公事蔡承禧言："义仓之法，以二石而输一斗，至为轻矣。乞今年夏税之始，悉令举行。"诏可，仍以义仓隶提举司。京东西、淮南、河东、陕西路义仓以今年秋料为始，民输税不及斗免输，颁其法于川峡四路。元丰二年（1079），诏威、茂、黎三州罢行义仓法，以夷夏杂居，岁赋不多故也。八年，并罢诸路义仓。

绍圣元年（1094），哲宗诏，"除广南东、西路外，并复置义仓"。从第二年开始，"放税二分已上免输，所贮专充赈济，辄移用者论如法"（《宋史·食货上》）。但义仓钱谷救灾是为他司所侵，所存无几。宋徽宗宣和五年（1123），京师缺粮，诸路灾伤，于是令京东、江南、两浙、荆湖路义仓各留三分，余下全部起发赴京。

可见，宋代义仓，时立时废，设置时间短，废置时间长，主要原因是宋代官员贪于安逸，因循苟且。北宋官员张方平说："此者敕书有谕州县使立义仓之言，徒有空文而无划一之制。于兹三年，天下无立者。凡今之俗，苟且因循，严令坚约，犹复违慢。为民兴利，岂易其人？有位者无心，有心者无位。在上可行者务暇逸而从苟且，在下乐行者或牵束而得不专。以故民间利不克时兴，害不得时去"（《乐全集 四库全书本》）。

南宋之时，从宋高宗绍兴元年（1131）起，便与唐后期一样，常平仓与义仓又合而为一，但所储之米为陈腐者多。宋孝宗乾道八年（1172）时，常平义仓之米常被诸州军擅用，户部侍郎杨倓奏："义仓在法夏秋正税斗输五合，不及斗者免输，凡丰熟县九分以上即输一升。令诸路州县岁收苗米六百余万石，其合收义仓米数不少，间有灾伤，支给不多。访闻诸州军皆擅用，请稽之"（《宋史·食货上》）。

南宋末年，官府在征收义仓米之后，还加征"外义"绢、绸、豆，凡是耕地一律从租税加征一成，即使蠲免二税户其义米照征不误。景定五年（1264），监察御史程元岳奏："随粳带义，法也。今粳糯带义之外，又有所谓外义焉者，绢、绸、豆也，岂有绢、绸、豆而可加之义乎？纵使违法加义，则绢加绢，绸加绸，豆加豆，犹可言也；州县一意椎剥，一切理苗而加一分之义，甚者敕恩已蠲二税，义米依旧追索。贫民下户所欠不过升合，星火追呼，费用不知几百倍。破家荡产，鬻妻子，怨嗟之声，有不忍闻。望严督监司，止许以粳带义，其余尽罢。其有循习病民者重其罚"（《宋史·食货上》）。

宋代义仓谷物收支一般随每年的夏、秋两税一起征收，称"随税以入"。夏税，开封府等70州，五月十五日起纳，七月三十日毕。河北、河东诸州气候差晚，五月十五日起纳，八月五日毕。颍州等13州及淮南、江南、两浙、福建、广南、荆湖、川陕等路，五月一日起纳，七月十五日毕。秋税，自九月一日起纳，十二月十五日毕，后又并加一月。如值闰月，田蚕亦有早晚不同者，有司临时奏裁。河北、河东诸州秋税多输边郡，常限外更延长一月。江南、两浙、荆湖、广南、福建土多秔稻，须霜降成实，自十月一日始收租（《宋史·食货上》）。

义仓征收比例在太祖时为每石输一斗，仁宗时为二斗输一升，神宗时为二石输一斗。南宋孝宗时比例为夏秋征税斗输五合，不及半者免输[1]。在义仓粮食的支出方面，宋太祖允许州县按人口支用，可以先用后报，但随后管理愈加严格，史称严义仓之法，即州县官员在支用之前必须申报，这种层层申报降低了义仓的使用效率，真正在赈灾时粮食支用量少，且远离州县的偏远地区则得不到粮食。

北宋时期义仓仅维持50余年，南宋则一直保有义仓。宋孝宗乾道八年（1172）义仓储量约为30万～60万石，景定三年（1262）约为200万石，咸淳十年（1274）义仓米748万石，虽然数量上有所增加，但总量来说较隋唐还是少得多。

---

[1] 合、升、斗、石均为十进制，五合即半升。

宋代的义仓除了废置无常之外，更是成为政府剥削农民的手段。北宋时"义仓不在而义米仍在"的情况时有出现，还有"人亡役在"的情况也是常态[①]。一些州县为了盘剥百姓，有时也会自设义仓。熙宁元年（1068），知齐州王广渊多方筹集粟十余万石，私置义仓，熙宁五年（1072）二月，"赵子几弹劾考城知县郑民瞻擅置义仓"（《续资治通鉴长编·卷二百三十》）。

二、宋代常平仓

除义仓之外，宋代也有常平仓，但相比义仓建设较晚。据《宋史·食货上》记载，淳化三年（992），京畿大穰，分遣使臣于四城门置场，增价以籴，虚近仓贮之，命曰常平，岁饥即下其直予民。这是宋常平仓的最早记载。宋真宗景德三年（1006），朝廷在京东西、河北、河东、陕西、江南、淮南、两浙等地区皆设常平仓，并对常平仓的制度作了较为明确的规定（表9-4）。

表9-4　景德三年（1006）常平管理制度（《宋史·食货上》）

名称	规定
籴本	"计户口多寡，量留上供钱自二三千贯至一二万贯，令转运使每州择清干官主之，领于司农寺，三司无辄移用"
管理	"令转运使每州择清干官主之，领于司农寺，三司无辄移用""增置司农官吏，创廨舍，藏籍帐，度支别置常平案"
籴粜	"岁夏秋视市价量增以籴，粜减价亦如之，所减不得过本钱"
设立位置	"而沿边州郡不置。诏三司集议，请如所奏"
储量	"大率万户岁籴万石，户虽多，止五万石"
质量	"三年以上不粜，即回充粮廪，易以新粟"

到了天禧四年（1020），荆湖、川峡、广南皆增置常平仓。天禧五年（1021），诸路总籴数十八万三千余斛，粜二十四万三千余斛。

在景祐年间（1034—1038），淮南转运副使吴遵路上书，"本路丁口百五十万，而常平钱粟才四十余万，岁饥不足以救恤。愿自经画增为二百万，他毋得移用"。仁宗许可，并进一步强调："天下常平钱粟，三司转运司皆毋得移

---

①　郭九灵：《宋代义仓论略》，《华北水利水电学院学报（社科版）》，2008年第3期，第67-70页。

用。"但数年之后，常平仓有积蓄而军食不足，于是命司农寺出常平钱百万缗助三司给军费，从此，常平钱挪用为军费及其他三司费用时有发生，常平蓄积尽无。此后，常平仓与广惠仓公共管理，常平仓平抑物价的职能也由其他仓代替。

三、宋代特有仓储

由于义仓、常平仓制度在宋代都被毁坏，但救济与平抑物价的职能又必须实现，因此宋代创新了一些新的仓型来实现义仓与常平仓的职能，如惠民仓、广惠仓、社仓等。

惠民仓本由后周的周世宗设置，在正税之外再收杂税，并用部分杂税购粟贮藏，灾荒之年减价销售以救民，平抑粮价。北宋太宗继承了这一制度，并在淳化五年（994）令天下置惠民仓，在灾年谷价上涨时再售，每人限购一斛。但发展不大，到南宋孝宗时期（1163—1189）后已不存在。

广惠仓是宋仁宗在嘉祐二年（1057）设立，宋仁宗"诏天下置广惠仓，使老幼贫疾者皆有所养"，即令各州县设立广惠仓。广惠仓以国家没收的私人土地或绝户人家的土地为基础，然后再募人耕种，所得租税为粮食来源，并用以救济地方上老弱贫疾不能自食之户。规定不满万户的州县留田租千石，万户的州县留田租两千石，两万户的州县留田租三千石，逐次类推。嘉祐四年（1059）起由司农寺①统一管理，并由每州选派属员和部曹②各一人负责监督之职。每年十一月始至次年二月止，每三天发放一次赈济粮，成人每次一升，儿童减半。宋神宗熙宁四年（1071）由于青苗法推广，广惠仓并入常平仓，用于青苗放贷。宋哲宗元祐三年（1088）再置广惠仓，随后不久废止。南宋之后，宋孝宗乾道五年（1169）在成都府置广惠仓。宋宁宗庆元元年（1195）又诏各地提举司置广惠仓，这是最后一次设立。

丰储仓也是一种类似常平仓的仓储，是宋代特有的一种仓储形式。南宋高宗绍兴二十六年（1156），户部尚书韩仲通奏请设置丰储仓，将上供所余的百万石米预备给军粮或灾荒之用。丰储仓初设置于临安，储谷仅百万石，后来扩

---

① 司农寺，古代官署名，北齐始建，历代沿置，掌粮食积储、仓廪管理及京朝官之禄米供应等事务。唐代为九寺之一。

② 旧指京师各部司官。汉代尚书分曹治事，魏晋以后，渐改吏曹为吏部，但六部各司仍有称曹的。到明清时代，部曹就成为各部司官之称。

大到镇江、建康两府，储粮二百万石。在宋高宗绍兴三十年（1160），丰储仓规模进一步扩大，"今关外亦积粮一百万斛有奇，然行在岁费粮四百五十万斛余，四川一百五十万斛余，建康、镇江皆七万斛余"（《建炎以来朝野杂记》）。

　　宋孝宗淳熙六年（1179）六月，丰储仓规模进一步扩大。吴自牧《梦粱录》记载，临安府有东、西两个丰储仓，东仓在"仁和县侧仓桥东……成廒百眼"，西仓在"余杭门外佐家桥北，其廒五十九眼"。丰储仓的粮食来源是供米，既可在青黄不接时用于救济，也可在灾荒发生后用于救灾。比如在宋孝宗淳熙十五年（1188）政府出卖丰储仓粮以济民食，秋收时需于市场收购补齐。在宝祐元年（1253）温、台、处三郡大水，宋理宗"诏发丰储仓米并各州义廪赈之"。

　　宋朝还有一个仓储创新是社仓，由朱熹所创。社仓在隋唐时期就是义仓，但在宋代流弊甚多。在宋孝宗乾道四年（1168），朱熹的家乡发生灾荒，朱熹向建宁府（今福建省建瓯市）供米六百石建立社仓。朱熹于淳熙八年（1181）任浙东提举使，并向朝廷上书建立社仓，孝宗许之，并规定"诸路提举司能晓示本路各州县，任民从便，其敛散之事，皆由本贯耆老公共措置，州县并不得干预抑勒"。所以，南宋社仓是一种真正的农民互助组织，朱熹在崇安县开耀乡设置社仓的具体做法是：由朱熹和本乡土居朝奉郎[①]刘如愚主持赈贷，夏季发放仓米，冬季每石加收息米二斗偿还。小灾之年，息米减半；大灾之年，息米全免。十三年后（淳熙八年，1181），朱氏社仓将最初所借六百石本金全部偿还，并建成粮仓三间，存粮三千一百石。此后赈贷不再加息，每石收仓储耗米三升，一乡四五十里之间，民不缺粮。

　　朱氏社仓的成功有赖于朱熹的威望，李绂道："近六百年，后人以为朱子之所为也，辄欲仿而行之，然往往暂行而辄废，未见其利而先受其弊者。徒知法为朱子之法，不自量其人非朱子之人。朱子之始行于崇安也，任事之人，皆其门生故旧，学道君子也……非朱子门生故旧之比，则其法亦不可得而行也"（《皇朝经世文编·卷四十·户政十五·仓储下》）。在南宋其他社仓之中，有的社仓之粮被官府借用不还，有的只借有田之家，真正的贫困农民却得不到赈贷。同时，由于社仓借粮有息，夏借冬还，与青苗法无异，南宋黄震指责"朱

---

　　① 官名，北宋前期，为正六品上文散官。宋神宗元丰三年（1080）废文散官，用为文臣新寄禄官，取代旧寄禄官后行员外郎、左右司谏，正七品。

熹之法，社仓归之于民，而官不得参与。官不参与，也终究有纳息之患"。

平籴仓是南宋时期由地方设置的，以调剂粮食余缺、稳定粮价为目的，类似于常平仓的另一种形式。《永乐大典》中有多处关于南宋平籴仓的记载，如金陵转运司于绍定年间（1228—1233）创平籴仓，民赖其惠。虽歉岁市无贵籴。设有六七年籴本化为乌有。嘉定十四年（1221）岳珂复置未果，亦废。苏州平籴仓建于淳祐五年（1245），在营桥东，由废弃军营改造而成，到了宝祐年间（1253—1258）成为百万大仓。维扬平籴仓在城隍庙之南，旧为备御柴场，宝祐元年（1253）大使贾公似道请于朝，建廒屋三十楹，受米十万余石以备赈粜。又宝祐三年马光祖知建康建平籴仓，贮米十五万石，又为库贮籴本二百余万缗，补其折阅，发籴常减于市价，以利小民。金陵平籴仓设自咸淳元年（1265）七月，至咸淳二年（1266）正月得米七万石，又自二月至六月，再得三万石，合为十万石余（《永乐大典·七千五百十四卷》）（表9-5）。

表9-5 两宋仓储概况[①]

仓储名	设置时间	主要功能	筹集管理方式	备注
义仓	乾德四年（966）	救济	民筹官办	北宋时废置无常
常平仓	淳化三年（992）	平抑物价	官筹官办	兼及救荒
惠民仓	淳化五年（994）	平抑物价	官筹官办	孝宗朝后已废止
广惠仓	嘉祐二年（1057）	救济	官筹官办	仅见于两宋
丰储仓	绍兴三十年（1160）	救济	官筹官办	仅见于南宋
社仓	淳熙八年（1181）	救济	民筹官办	由朱熹首创
平籴仓	绍定年间（1228—1233）	平抑物价	官筹官办	存在时间短

在仓储管理思想方面，南宋董煟在《救荒活民书》对义仓、常平仓的发展历程、管理方式、救荒效果进行总结，是宋代仓储思想的代表。

四、元代仓储

元代在仓储体系上与宋代没有明显的差异，主要有两大体系，分别是服务统治阶级的正仓、太仓、军仓、漕仓，以及服务市场与百姓的常平仓、义仓。

---

① 韦双龙：《两宋仓储与救荒探析》，《农业考古》，2013年第4期，第138-141页。

元代仓储总体上可以分为四个阶段：第一阶段是蒙古时期未置粮仓，因为游牧生活不需要粮仓。第二阶段是元太宗灭了金国之后，接管了金国的仓储体系，于是有了关于粮仓的记载，如《元史·太宗纪》中始有记载：太宗元年（1229）"始置仓廪，立驿传"。太宗二年（1230）置"十路征收科税使"开始征收丁税、地税，这种粮仓的征收自然需要仓廪存储。第三阶段是元世祖忽必烈时期（1260—1294），征服南宋，大力汉化，传统的常平仓、义仓开始出现，并在全国推广。第四阶段是元朝末期，由于灾荒不断，全国仓储多空置、废弃，仓储体系名存实亡。显而易见，元朝粮仓大发展时期是在第三阶段，太仓、正仓、漕仓、常平仓、劝农仓（即义仓）构成了元代的仓储体系。

太仓主要是中央各院、司、府的仓房，用以贮存供应宫廷、内府及各部官吏的粮食。主要包括宣政院①的大济仓，宣徽院的大都醴源、上都醴源、大都太仓、上都太仓、永备、丰储、满浦，太禧宗禋院的盈益（会福财用所）、普赡（崇祥财用所）、永积（永福财用所）等仓，内宰司的丰裕仓与尚供总管府的景运仓等。

正仓就是正税所收集粟米的存储用仓。一般分布在州县地区，有上供、支付官吏俸禄、赈灾，以及其他如支学粮等开支。正仓主要分为三部分：以金朝粮仓为基础的北方诸正仓、以北宋粮仓为基础的中原诸正仓、以南宋粮仓为基础的江南诸正仓。

漕仓是伴随着漕运而形成的中转仓，在前期主要是承用北方金朝漕仓，在统一南宋之后，主要实行海运。漕仓分为两大体系：北方的京畿都漕运使司诸仓和南方都漕运使司诸仓。元代漕仓的另一个作用就是供应军粮。

在常平仓方面，元代与宋代一样废置无常。早在蒙哥时期（1251—1259）就有常平仓存在，主要是原金朝粮仓，到至元九年（1272）已经达到二千余仓房，初具规模。《大元仓库记》记载，在至元九年（1272）常平仓"总计原有廒房一千五百二十间，今添盖六百九十间"，王恽在《上世祖皇帝论政事书》中写道，"窃见至元八年（1271）设立常平仓，验随路户数收贮米粟，约八十万石，以备缓急接济支用"。

---

① 宣政院，初名总制院，是元朝时期设立的一个直属中央政府管辖的国家机构，负责掌管全国佛教事宜并统辖吐蕃（今西藏）地区的军政事务。

常平仓的来源主要是政府拨给钱粮以及和籴。《元史·食货志》载，"至元六年（1269）始立常平仓……八年以和籴粮，及诸河仓所拨粮贮焉。二十三年定铁法，又以铁课籴粮充焉"。在籴本方面还将"各处没官财产，系官赃罚，阙官子粒，并入粟补官散济不尽钞数"。

这一次常平仓设立大概持续了十年就"起运尽绝""常平空有其名"（《便民三十五事》）。因此，王恽在至元十八年（1281）又提议复常平仓，次年中书省发文，意图恢复常平仓，但诏令效果不大。

至元二十一年（1284）元世祖再次发诏令建常平仓，"以五十万石价钞给之"（《元史·世祖纪》）。于是有了至元二十六年（1289）"武平路饥，发常平仓米万五千石"的记载，这也是元世祖时期唯一一次常平仓参与赈灾的记载。好景不长，在至元二十九年（1292）"常平仓既立，即今空无一粟"（《紫山大全集·论积贮》）。所以，在整个忽必烈时期，虽然他一心想建立常平仓，但实际上常平仓名存实亡。

在元成宗铁穆耳大德七年（1303），郑介夫在《太平策》中指出原因，"此法（常平仓）不可行于今矣。何也？贪官污吏，并缘为奸。若官出官入，民间未沾赈济之利，且先被打算计点之扰。及出入之时，又有克减百端之弊，适以重困百姓也"。

在元武宗海山年间（1308—1311），财政危机，社会全面改革，由于新钞发行，粮价上涨。尚书省想再立常平仓以平粮价，但御史台官员认为，常平仓本是利民之事，但农业连年歉收，现在忽然立常平仓，反而会增加百姓负担，不如罢了。随后的两位皇帝仁宗爱育黎拔力八达和英宗硕德八剌都想立常平仓，但都因上述同样原因作罢。在元文宗图帖睦尔天历二年（1329）十月，再次"命所在官司设置常平仓"（《元史·文宗纪》），也未见成效。

元代末年，社会矛盾空前激化，物价飞涨，元顺帝为缓解矛盾再次设立常平仓。在元统二年（1334）四月，成州旱饥，发常平仓米赈之，元统三年（1335）江浙大饥，发常平义仓，并海运粮食 80 370 石赈之，这样将常平仓粟米消耗殆尽。同年（至元元年，1335）又得再立常平仓，在至元六年（1340）赈处州、婺州饥。在至正三年（1343）"诏立常平仓"（《元史·顺帝纪四》）。次年再赈巩昌陇西县饥荒，每户贷常平仓粟 3 斗。但随后元末大起义，元代灭亡。

综上，元代的每个皇帝都立志设立常平仓，以平抑由于纸币超发带来的粮价上涨，但常平仓在元代除了在元末 30 余年时间发挥些许作用外，在大多数时间都是名存实亡，或处于彻底废置状态。研究表明，政治腐败是根本原因。《紫山大全集·论积贮》就曾指出，（元代）"诸仓粮腐烂"的原因是"官非其人，收受不精，仓廒不整，曝晾不时"，更甚者则"移粜本以为他用，及至上司或差官盘点或移文催征，往往仓皇失措，或私券而赊贷于富家，或低价而收买于铺户，粜未足而虚作数，藏未久而浥变损坏"。营私舞弊、弄虚作假行为发生于元代常平仓运营的每一个环节。官府发粜本建仓时，"在各路则减刻于府吏之手，县不能得全数，在各县则减刻于县吏之手，乡都不能得全数"。当丰年粜米入仓时，则令民纳谷若干，家家被扰。当灾年需赈粜时，则巧立姓名，悉空其仓，真正穷困百姓无一夫可得①。

义仓（社仓）在元代也有很长的历史，根据《康济录》载，早在元世祖至元七年（1270）就颁布立社法令，"诸县所属村疃，凡五十家为一社，不以是何诸色人等并行立社。众推荐年高通晓农事兼丁者立为社长""每社立义仓，社长主之。如遇丰年收成去处，各家验口数，每口留粟一斗，若无粟抵斗，存留杂色物料，以备歉岁就给各人自行食用"。自此之后，义仓在时间上从世祖到顺帝持续存在，同时在空间上不论湖广、成都还是东南沿海，甚至岭南边陲都有义仓分布。如镇江便有义仓 96 所之多，元顺帝元统二年（1334）杭州、镇江、嘉兴、常州、松江、江阴六地义仓粮食赈济饥民 57 200 户。元顺帝至元三年（1337）三月，溧阳州义仓救济饥民 69 200 人。这说明义仓在元代，尤其是元代末年确可"丰年蓄其有余，歉岁补其不足"，对备荒救灾事业起到较大的作用。但义仓在元代的大多数时间，与常平仓一样，也是管理混乱，空空如也。

与常平仓类似，元代的大多数皇帝也都重视义仓建设，在元世祖至元二十八年（1291）和元仁宗皇庆二年（1313）"帝复申其令，然亦皆名存实亡"（《续文献通考·市籴三》）。在元明宗至顺二年（1331）修撰的《经世大典》中总结道："国朝自至元六年诏立义仓于乡社，又置常平仓于路府，使饥不损民，丰不伤农，粟直不低昂，而民无菜色，诚救荒之良法也。"

元代义仓失败的原因与常平仓类似，但由于义仓是民办民管，所以又略有不同。根据规定，义仓由社长管理，社长一般由小地主或富户兼任，大多数社

---

① 黄鸿山：《元代常平义仓研究》，《苏州大学学报（哲学社会科学版）》，2005 年第 4 期，第 93 - 96 页。

长与贪官狼狈为奸，侵渔义仓，所以义仓又成了农民在正税之外的一种负担。许右壬在其《民间疾苦状》中写道："社长并不益民，止助贪污官府鸠敛钱物，侵剥细民，合行罢去。"同时，义仓之粮常被挪为他用也是义仓衰败的另一原因，虽然政府规定"官司并不得拘检借贷动支，经过军马亦不得强行取要"，但在至元末年确有义仓之粮"运赴河仓"之事，虽然元世祖在至元二十八年（1291）年诏中再次强调"（义仓）今后照依原行法度收贮，以备饥岁，官司不得拘检"，但实际上也是一纸空文。

第五节　预备仓的兴起

明代仓储最大特征是其自创的预备仓体系，原因有三：一是朱元璋在元末起义时深深地体会到灾荒与社会动乱之间的关系，为维护明代社会的稳定，应对灾荒，储备为先；二是明代是我国灾难频发的时期[①]，黄河夺淮入海导致整个中原地区黄患不断，同时又是历史上的小冰期，旱、蝗灾害高发，仓储是维护社会稳定的最重要手段；三是明代皇帝从一开始就认识到宋、元传统的常平义仓制度不能充分发挥效用，需要依靠政府的行政力量才能建立起一个相对完善的仓储制度，因此明代有很长一段时期将粮食储备完成情况与官员考核升迁直接挂钩，以提高仓储管理的效率。

除了预备仓之外，明代的仓储还有太仓、水次仓，以及由地方政府建设的常平仓与义仓，从管理体制上可分为两类：一类是由中央直接管理的仓储，包括京通仓、水次仓、卫所仓；另一类由地方政府或民间管理，主要是预备仓、常平仓、义仓。由于预备仓是明代最具代表性的仓储体系，因此理解预备仓体系对理解整个明代的仓储管理至关重要。

一、明代预备仓

明代洪武元年（1368）就开始建立预备仓。《广治平略》载，"明太祖起自民间，历试艰难，尤轸念民瘼。洪武元年，令各处悉立预备仓，各为籴粜收贮，以备灾荒。择其地年高笃实者管理。已而命户部运钞二百万贯，往各府州县预备粮储，如一县则于境内定为四所，于居民丛集处，置仓民家，有馀粟，

---

① 《中国灾害通史·明代卷》对明代灾害发生频率的计算：明代 277 年间共发生自然灾害 3 952 次，年平均发生概率达到了 1 426.71%，平均 0.84 个月就有一次自然灾害发生。

愿易钞者，许运赴仓交纳，依时价偿其直。官储粟而扃钥之，就令富民守视，若遇凶岁，则开仓赈给，庶几民无饥饿之患"。因其"择其地年高笃实者管理"，因此也称为"老人仓"。

虽然洪武元年（1368）开始诏立预备仓，但实际建设速度各地不同，比如苏松地区的预备仓大部分在洪武二十三年（1390）左右建立，且并不是每县均有设置，即便有所设置也并非按诏立所言东、西、南、北四所，比如昆山、嘉定两县就仅立一仓①。

明太祖为推动预备仓建设，令未置粮仓的县派老人至京领钞建仓，"已，又令未备处，皆举行，而召天下老人至京，随朝命择其可用者，使赍钞往各处，协同所在官司，籴谷为备"（《广治平略》）。如洪武二十三年（1390）五月，太祖捐内帑之资建预备仓，遣老人运钞七十九万一千九百余锭，往湖广籴谷置仓收贮，以备荒歉；六月遣老人往江西诸郡县收籴备荒粮储，凡钞一百五十五万三千九百二十四锭；六月遣老人往青州所属州县收籴备荒粮储，凡钞二十一万四千六百八十锭；七月遣老人往山东济南府所属州县收籴备荒粮储，凡钞二十万六千三百九十四锭；八月遣老人往直隶淮安等十二府所属州县收籴备荒粮储，凡钞三十八万一千四十九锭；十月遣老人往福建诸郡县收籴备荒粮储，凡钞四十万八千四百五十五锭。在朱元璋的大力支持下，预备仓制度开始在明代各州县广泛设立。历经永乐朝的搬迁、宣德朝的衰微与正统朝的复兴，到嘉靖朝彻底走向了衰败，预备仓立仓共计二百余年（《明实录太祖实录·大明太祖高皇帝实录卷之二百零二》）。

明代预备仓为官仓，其粮食主要也由官办籴本构成，籴本前期筹建时主要由中央投入，后期管理则由地方筹办。洪武二十一年（1388），朱元璋命户部发钞二百万贯往各处籴粮预备；洪武二十三年（1390）如上述，支内帑之资建立预备仓。正统年间（1436—1449）、成化年间（1465—1487）、嘉靖年间（1522—1566），都有官银籴米贮预备仓的记载，但由于各地执行程度不同，导致各地预备仓的储备情况也不尽相同。

明正统年间（1436—1449），明英宗为了扩大预备仓的粮食来源，除了农民可以将多余粟米按市价存预备仓处换钞之外，政府还有其他方式来增加预备仓的粮食储备。比如纳粮嘉奖或纳粮免役，由于连年歉收，正统五年（1440），

---

① 吴滔：《明代苏松地区仓储制度初探》，《中国农史》，1996年第3期，第53-61页。

明英宗令，"凡民人纳谷一千五百石，请敕奖为义民，仍免本户杂泛差役。纳谷三百石以上者，立石题名，免本户杂泛差役三年"。不久又议准，"凡民人自愿纳米麦细粮一千石以上，杂粮二千石以上请敕奖谕"《大明会典·户部·预备仓》。

到了成化六年（1470），明宪宗开纳粮授官之例，以缓解地方灾情，"凤阳、淮安、扬州三府军民舍余人等，纳米预备仓赈济者二百石，给与正九品散官；二百五十石正八品；三百石正七品"。嘉靖八年（1529）规定，"若有仗义出谷二十石、银二十两者给与冠带，三十石、三十两者授正九品散官，四十石、四十两者正八品；五十石、五十两者正七品。俱免杂泛差役"。到嘉靖朝为止，所授官职还是在国家政治生活中不太重要的散官，到万历时这一定例被突破，所授官职的品级大大提高。万历十六年（1588），"江南守臣以奇荒告"，明神宗规定，"出粟至三千石者，予两殿中书；千石者，予署丞及两司幕官，仍令有司旌其门"（《大明会典·户部·灾伤》）。

如果说纳粮授官只给个虚名，那么纳粮充吏就是直接给工作岗位了。成化十二年（1476），浙江水灾严重。明宪宗为筹粮救灾，对纳粮充吏作了详细的规定，《明宪宗实录·成化十二年十二月丙申条》载，"民间无碍子弟有愿纳米麦充吏典者，都布按三司一百石；各府并连司七十石；司府经历司、理问所、断事司、各县并有品级文职衙门五十石，杂职衙门三十石。俱先查勘考试，相应于缺粮仓分纳米，完日需次拨充，俟丰年有积则止"。

还是在成化年间（1465—1487），因为部分地区灾情严重，为了赈灾需要，官员可以纳粮免考，即免去官员入京考察手续。在成化元年（1465）保定府水灾而实行该政策。成化六年（1470），明宪宗明确规定，"六年，奏准预备救荒，凡一应听考吏典纳米五十石，免其考试，给与冠带办事在外，两考起送到部，未拨办事；吏典纳米一百石，在京各衙门见办事吏典一年以下；纳米八十石，二年以下纳米六十石，三年以下纳米五十石，免其考试就便实拨，当该满日俱冠带办事各照资格挨次选用"（《大明会典·户部·预备仓》）。但这种放弃考核官员的做法只有在灾情严重的地区才临时实施。

在明代中期，为缓解财政紧张带来的预备仓空虚，朝廷多次下令可以将罚没入官的财物用于籴粮。在景泰四年（1453），山东、河南、江北等处受灾，代宗令所在问刑衙门，责有力因犯于缺粮州县仓纳米备赈，并制定了标准，"杂犯死罪六十石；流徙三年四十石；徙二年半三十五石；徙二年三十石；徙一年半二十五石；徙一年二十石；杖罪每一十，一石；笞罪每一十，五斗"。
成化年间（1465—1487），明宪宗曾令各府州县，"尽各处官赃赎，籴米为备"
（《大明会典·户部·灾伤》）。在此之后，纳赎成为预备仓最重要的钱粮来源，
嘉靖年间（1522—1566），唐顺之建议凡遇户婚、田土、坊场之类的诉讼，不
管胜诉败诉，被告原告都要纳粮。嘉靖年间，乐清县知县潘璜确实如此做了。
在任知县时，"每听讼先使原告入谷一斗，被告五升，谷入始听之"（《中国地
方志丛书·乐清县志·规制志·仓储》）。除此之外，还有钞关纳银、盐茶所
得、官田得租、生员捐纳等其他渠道的钱银都曾作为预备仓的籴本使用，虽所
占金额不大，但也使寻租腐败有了可乘之机（表9-6）。

表9-6　明代历朝预备仓储粮标准[①]

年份	标准
成化七年（1471）	每里三百石
弘治三年（1490）	十里以下，万五千石；二十里以下，两万；三十里以下，两万五千；五十里以下，三万；一百里以下，五万；二百里以下，七万；三百里以下，九万；四百里以下，十一万五千；五百里以下，十三万；六百里以下，十五万；七百里以下，十七万；八百里以下，十九万
嘉靖六年（1527）	府以一万石、州以四五千石、县以二三千石为率，明立簿籍查考
隆庆年间（1567—1572）	剧郡无过六千石，小邑止千石
万历五年（1577）	酌定上、中、下三等，为积谷等差。如上州县，每岁以千石为准，多或至二三千石；下州县以数百石为准，少或至百石。务求官民两便，经久可行

　　预备仓的管理分为两个体系：一是以户部下属"仓部"为核心的备案、
监察的中央管理体系；二是以地方布政司和按察司为主的地方管理体系，包
括对其下属州县预备仓管理的监督和其他粮仓看仓老人的管理。仓部对地方
管理体系的考核极为严厉，在正统（1436—1449）到嘉靖时年间（1522—
1566），比如弘治年间（1488—1505），"每三年一次盘查，有司少三分者罚
俸半年；少五分者罚俸一年；少六分以上者，九年考满降用"（《大明会典·
户部·预备仓》）。但由于标准过高，大多数预备仓不够标准，因此法不责
众。到了嘉靖年间（1522—1566）则降低标准，同时加大处罚，"如各官任

_____

① 张焕育：《明代预备仓研究》，苏州大学硕士学位论文，2010年。

内三年、六年全无蓄积者，考满，到京户部参送法司问罪"。

这种严厉处罚在隆庆年间（1567—1572）开始放宽，隆庆五年（1571）陕西葭州知府尹际可等积谷不足按例当降调，吏部认为积谷务荒虽然重要，但与正税相比又要次之，况且积谷多是出自罚赎等钱银，地方贫富也有影响，各地方的预备仓数量也不能统一标准，处罚也应相对放宽。

万历以后，各朝对预备仓储粮不足的原因认识更加深刻，因此处罚也相对减轻。万历五年（1577），除进一步降低积谷标准外，还规定"不及数者，以十分为率：少三分者，罚俸三个月；少五分者半年；六分者八个月；八分以上者一年。仍咨吏部劣处。全无者降俸二级亦咨吏部停止推升，待有成效抚按酌议题请复奉。若仍前怠玩参究革职"（《食货典·荒政》）。万历八年（1580）奏准"如三年偶遇升迁事故，抚按官即按年考核积谷，如数方许离任。果有灾荒事故，委不能及原数者，明白具奏，方免参罚。其考满、朝觐，俱照例行"（《大明会典·户部·预备仓》）。

在明代皇帝大力推动和吏部对官员的考核制度约束下，明代的预备仓得到了快速发展，并达到了历史仓储管理的最高峰，但仍然经常出现灾民无法救济，预备仓空空如也的情况。比如宣德四年（1429），欧阳齐言道："洪武中于各州县置仓积粟……今各仓多废。一遇荒歉，民无所望。"宣德七年（1432）湖广御史朱鉴指出地方政府对储备仓不重视，"今各处有司，以（预备仓）为不急之务，仓廒废弛，谷散不收"（《续文献通考·市籴考》）。正统十年（1445），陕西御史发现"陕西民饥，按月发粟赈济，缘仓廪积储十空八九"。成化二年（1466），"河南诸郡频年水旱，民流移饿死者不可胜计，其未流者，仓廪空虚，无所仰给"（《明实录·宪宗实录》）。弘治八年（1495），"各处预备仓、军器库年久不修，以致米谷混烂，军器损坏"。嘉靖九年（1530），"近年秋粮仅足兑运，预备仓粮颗粒无存"（《明实录·世宗实录》）。

预备仓松弛的原因诸多，首先是吏治腐败。在明太祖朱元璋时期吏治严苛，地方官对预备仓不敢有丝毫松懈。但在明代中期之时，吏治开始腐败，明神宗说："目今四方吏治，全不务讲求荒政、牧养小民，止以搏击风力为名声，交际趋承为职业"（《明实录·神宗实录》）。其次是明代重中央轻地方，在地方仓出现空虚的同时，中央仓却是储备充分的。在整个明代，京通两仓每年存量平均有 400 万石，而年支出只有约 1/3（《明经世文编·议储蓄》）。再如南京仓，成化年间（1465—1487），当各地预备仓均空虚之时，南京监察御史崔廷圭曾报称，南京各卫仓现存小麦足够支付十年之用（《明实录·宪宗实录》）。嘉靖二十三年（1544），户部统计，"南京各卫仓米约四百五十万石，而每年官军俸粮仅约用七十五万石。见在仓米足备六年之用"（《明实录·世宗实录》）。最后是明代自然灾害太多，粮食生产极不稳定，同时明代人口大幅度增加，社会整体的粮食供需矛盾突出，为预备仓的设立增加了无形的困难。尤其在明中期，自然灾害发生概率为整个明代最高，1451—1500 年，共发生灾害 892 次，占明代灾害总数的 22.57%，每年灾害发生概率为 1 784%[①]，如此之高的灾害频率如果没有储备仓的赈济，经济社会早就陷入混乱，也正是在这一时期明代预备仓的储备进入低谷。

正是由于官办官储的预备仓存在上述问题，因此在预备仓之外，明代还设有常平仓与义仓。对于常平仓历史记载较少，《续文献通考·市籴考》中有成化十八年（1482）南京"常平所储粮八万六千余石"平籴以解江南米价腾贵之困的记载。万历《南靖县志》记载，知县陈宗愈于万历二十五年（1597）"复捐俸金，并申请府库原筑城税亩余银八十五两，即预备仓前建置常平仓"[②]。可见，常平仓与预备仓不尽相同，但都是官办粮仓，但常平仓的含义是平抑粮价、调节余缺，因此仅凭上面两则记载还很难断定明代确实设了常平仓。

二、明代义仓

明代义仓出现较晚，在明太祖之时本没有义仓，到宣德九年（1434）在廷议中提到要求州县立济民义仓，收储赈济米与诸色种子，春放秋收，每季具数申报不得侵为他用。到了正统年间（1436—1449），义仓初具规模，但作用仍十分有限，在正统十四年（1449），"今四方多事，水旱之灾、虫蝗之害、饥荒相继，盗贼滋多，流离者所在存恤，开义仓以赈贫难，罢不急以苏民力"（《明实录·英宗实录》）。在成化年间（1465—1487），义仓逐步发展，但作用规模不大。成化十八年（1482），"苏、松、常、镇、淮、扬、凤阳，去岁春夏不雨，秋冬霖潦，米价腾踊，民不聊生""凤阳卫所久缺军粮，苏、松、常、镇

---

① 兰婷：《明代民间救济研究》，江西师范大学硕士学位论文，2016 年。

② 龚建伟：《明代福建地区的饥荒与救济》，华东师范大学硕士学位论文，2006 年。

义仓亦皆有名无实"(《明实录·宪宗实录》)。

在嘉靖年间（1522—1566），义仓得到了快速的发展，并且形成制度，因为预备仓从嘉靖一朝开始松弛，希望通过义仓有所弥补。嘉靖八年（1529）规定了社仓之法（这里的社仓就是义仓），"民二三十家为一社。择家殷实而有行义者一人为社首，处世公平者一人为社正，能书算者一人为社副。每朔望会集。别户上中下，出米四斗至一斗有差，斗加耗五合。上户主其事。年饥，上户不足者，量贷，稔岁还仓。中下户酌量赈给，不还仓。有司造册，送抚按岁一察核。仓虚，罚社首出一岁之米"（《明会要·食货四·社仓》）。这种义仓制度想学"朱子之法"，也就是类似宋青苗法的贷赈之制，但由于对上户、中户、下户的差异过于明显，上户显然动力不强，导致义仓储粮不足。即便如此，义仓在嘉靖年间的州县还是得以普及。

万历十五年（1587），礼部侯先春奏修改义仓之法，"今山东诸省旱灾，宜令天下郡县广置义仓，复祖宗预备之旧，即于一乡中推择有德行身家者主其事，听凭敛散，每年以五分仿常平之法籴新卖故，以二分周恤孤贫，大饥则发一岁之所敛而赈之，以为水旱之备"（《明神宗显皇帝实录·卷一百八十四》），神宗准之。同时在万历年间（1573—1620），金学曾建议对纳粮上户给予适当奖励，试图修正原来对上户的特殊对待，但作用不大。崇祯年间（1628—1644），由于预备仓进一步衰退，政府再次大力倡导义仓，但没有实质性成效。

对于义仓，明政府希望利用源于乡里的民间储备来弥补州县官储的不足，但义仓的建设大多有赖于乡里的宗族、士绅，因此总是存在管理不善、服务地主的特征，难以得到长远发展。

明代储备量最大、管理最严格的粮仓并非预备仓，而是中央直属仓库，主要包括南京仓、京通仓、水次仓。

南京仓是明太祖朱元璋时期开始修建的京仓，由60余个卫仓组成，坐落在南京城附近，长江南北两岸均有分布，是明代第二大仓。始建于洪武三年（1370），主要用于收储粟米供京畿军队与百官的俸禄，在永乐迁都北京之后，由于大部分官员的俸禄仍由南京仓支付，因此仓储系统建设还在推进，并在宣德年间（1426—1435）达到高峰。到宣德十年（1435）达到卫仓六十余处，总存储规模在600万～700万石。但在嘉靖之后储量逐渐下降，原因是北京朝官的俸禄不再由南京仓支取，导致朝廷对南京仓的关注下降。然后在万历年间

（1573—1620），随着张居正改革的深入，南京仓储备规模有所恢复，但好景不长，在天启末年又降到几十万石，已经不足以支付各卫军官司，从此再无起色（表 9 - 7）。

表 9 - 7　南京仓各时期粮食储备①

年份	储量（万石）
宣德元年（1426）	522.6
嘉靖元年（1522）	600～700
嘉靖二十三年（1544）	450
嘉靖二十八年（1549）	270
嘉靖四十五年（1566）	130
隆庆六年（1572）	200
万历七年（1579）	400
天启七年（1627）	45

　　京通仓是明代第一大仓。在永乐北迁之前就开始修建京仓，正统元年（1436）又建通州仓，由京仓与通州仓合称京通仓，共有 68 个卫仓，其中京仓 52 个，通州仓 16 个。主要收纳全国各行省及南北两直隶的税粮，大部分税粮通过漕运方式到达京通仓，因此可以将京通仓理解为各大水次仓的终点。明代平均每年往京师漕运粮食数量为 400 万石，但在不同年份也有所波动，所有这些粮食均储备在京通仓。

　　京通仓的储量在永乐年间（1403—1424）就达到高峰 600 万～700 万石，由于朝臣俸禄大多由南京仓支取，因此供应京城开支绰绰有余。在成化二十二年（1486）到嘉靖年间（1522—1566），每年入京通仓的漕粮稳定在 400 万石，其中四成入京仓，六成入通州仓；每年的支出约为 140 万石，因此每年漕运量可供三年支用。隆庆之后因灾情增加，税收下降，同时有折银征收，因此每年运往京通仓的粮食数量有所下降，但总体上保持在 260 万～300 万石，较为稳定（表 9 - 8）。

---

① 谢文森：《明代南京仓研究》，辽宁师范大学硕士学位论文，2018 年。

表9-8　京通仓储粮数量

年份	储量（万石）
永乐八年（1410）	201
永乐十三年（1415）	642
永乐十六年（1418）	464
永乐十八年（1420）	47
宣德元年（1426）	239
宣德七年（1432）	674
正统、景泰年间（1436—1457）	420～450
成化元年（1465）	370
成化二十二年至嘉靖年间（1486—1566）	400
隆庆二年（1568）	271
泰昌元年（1620）	263
天启元年（1621）	247
天启三年（1623）	268
天启五年（1625）	299
天启六年（1626）	295

　　最初的两京仓由卫所军管理，但后来因为军队存在强征行为，将卫所仓交由地方政府管理。明代在各地区还存在亲王直属的王府仓，因为这些类似私人仓储，资料散乱，难以研究。

　　明代的仓储管理也较为复杂，总体来说两京仓与水次仓归中央管理，各行省的预备仓归行省布政司统管；州县预备仓由县官管理，布政司巡查；社仓由乡民管理。在两京仓和水次仓的管理中涉及户部、工部、军卫三个大部门。其中，户部的总督仓场由户部尚书担任（后来改为侍郎），工部有提督修仓负责仓库修建和都水司负责运河修浚，军卫则有各卫所负责粮食的看护。但由于这些机构都在宦官的监督下工作，总督仓场太监、总督粮储太监或提督仓场太监大权在握，宦官对仓储的影响深远，加速了明代仓储体系的消亡。

第六节　常平义仓的终结

清王朝在关外时期并没有粮食仓储的概念，在顺治年间（1644—1661）入关之后才开始注重仓储体系的建设，并在明代预备仓体系上着手恢复仓储建设。主要分为两大体系：由中央管辖的京通仓与漕仓体系，以及以地方管理为主的常平仓、社仓、义仓体系。从储备量来看，清代储备以常平仓为主，因此清代的常平仓体系是最能体现其仓储特征的系统。

一、清代常平仓

清政府在顺治十七年（1660）确定常平仓基础制度。《清史稿·食货》载，"顺治十一年（1654），命各道员专管，每年造册报部。十七年（1660），户部议定常平仓谷，春夏出粜，秋冬籴还，平价生息，凶岁则按数给散贫户"。到了康熙年间（1662—1722）更加注重常平仓的管理，史载"康熙六年（1667），甘肃巡抚刘斗疏言：'积米年久恐浥烂，请变价籴新谷。'从之。七年（1668），陕西巡抚贾汉复请将积谷变价生息。帝谕出陈入新，原以为民，若将利息报部，反为民累，著停止生息。十九年（1680），谕常平仓留本州岛县备赈，义仓、社仓留本村镇备赈。三十年（1691），户部议令直隶所捐米石，大县存五千石，中县四千，小县三千；嗣又令再加贮一倍。三十一年（1692），议定州县积谷，照正项钱粮交代，短少以亏空论。三十四年（1695），议定江南积谷，每年以七分存仓，三分发粜，并著为通例。四十三年（1704），议定州县仓谷霉烂者，革职留任，限一年赔完复职；逾年不完，解任；三年外不完，定罪，著落家产追赔"（《清史稿·食货二》）。康熙年间（1662—1722）的常平仓储量，以县为单位分5 000万石、4 000万石、3 000万石三个等级，这样全国的标准存量应当在3 379万石；在出陈籴新方面，规定每年以七分存仓，三分发粜；在仓储处罚方面，如有仓谷霉烂则限一年内补完，否则解任，三年补不完则定罪。

康熙四十七年（1708），"议定州县官于额贮外加买贮仓，准其议叙，若捐谷以少报多，或将现贮米捏作捐输，后遇事发，除本管知府分赔外，原报督抚一并议处。至官将仓谷私借于民，计赃以监守自盗论，谷石照数追赔。康熙五十四年（1715），议定绅民捐谷，按数之多寡，由督抚道府州县分别给扁，永免差役"（《清史稿·食货》）。为鼓励州县储粮，县官超额完成储备任务的可以单独"议叙"，而以少报多则一并"议处"。同时，为鼓励民户捐粮，可以按所捐粮食多少给予免除差役。

在雍正年间（1723—1735），进一步细化了仓储管理，比如雍正三年（1725）允许福建潮湿地区存谷不存米，并规定"一米易二谷"。雍正五年（1727），"定各省常平仓，每年底令本府州盘查。如春借逾十月不完，或捏造，俱行参处，照数追赔。又因福建常平仓各属有银谷两空者，有无谷而仅存价者，查实，将亏空之州县官更换"（《清史稿·食货》）。

在乾隆年间（1736—1795），常平仓的储备达到高峰。乾隆三十一年（1766）全国仓储总额达到4 080万石，其中社仓823万石，义仓183万石，常平仓3 070万石，常平仓储备还是没有达到康熙十三年（1674）的全国标准3 379万石。全国储备在乾隆五十六年（1791）时达到最高峰4 575余万石，但此时人口总量超过3亿，人均食粮反而减少。总体而言，虽然乾隆时期的储备增加，但其增加速度不及人口增长速度。清代在摊丁入亩之后，人口从最初的1.4亿人，增加到道光年间（1821—1850）的4亿人，人口的增加迅速增长了粮食消耗，在粮食产量没有大增的情况下，储备增长实不太可能。

乾隆元年（1736），各州县为了比拼政绩，在市场上大力收购粮食；此外，清政府鼓励私营粮食贸易、出台政策奖励，因此，导致粮价上涨。乾隆九年（1744），朝廷曾降旨让各地暂停收购，改储钱银，以保证粮价平稳。同时，在乾隆十三年（1748），朝廷给各省及州县定储备额度，避免各地区竞争性采购。但到了乾隆三十一年（1766），各省奏销，报实存谷数，惟江西、河南、广东与十三年定额相同，其他省份均不达标。

因此到了嘉庆初，清仁宗屡下买补之令。召谕："国家设立常平仓，若不照额存储，仅将谷价贮库，猝遇需米之时，岂银所能济用。"于是命各省采买还仓。嘉庆十七年（1812），户部浙江司所存常平仓谷数凡三千三百五十万八千五百七十五石有奇，去乾隆中定额（3 379万石）不远。

至道光十一年（1831），副都御史刘重麟、御史卞士云先后疏言，各省州县常平仓大多无谷。于是皇帝命各督抚严核究治。根据道光十五年（1835）户部奏，查各省常平仓谷实数，仍只2 400万石，比嘉庆年间（1796—1820）又差一些，再到咸丰年间（1851—1861）又天下崩乱，储备无增长。同治年间（1862—1874）寇盗蜂起，虽然命各省整顿常平仓，但效果不大。光绪元年（1875），直隶、河南、陕西、山西连遭旱灾，饥民死者日近万人，常平仓已然失去赈济功能。

　　清代的常平仓仓廒是官建官营，其修建从顺治十三年（1656）到雍正四年（1726）逐步推进，同时规定，"凡地方仓廒有渗漏，及墙垣木植不坚全者，所需工费无多，该地方官即为修补；若年久倾圮，砖瓦木植破碎朽坏者，该地方官即详明上司，委官估计工费报部，即动支正项修盖"（《钦定大清会典事例·卷一百八十九》）。意指主要修缮费用由州县自理，若年久失修的大修则可报户部，启用中央经费。清代常平仓的修建进度较为缓慢，在康熙年间（1662—1722）仅有28%的州县有常平仓，到雍正年间（1723—1735）各州县才基本上设立了常平仓[①]。仓廒平时的维护也与地方官员的政绩直接相关，保存仓廒的完整坚固是每一任地方官的责任，在官员交接过程中检查仓廒及其储粮情况是重要内容，"若有倾圮渗漏及木植朽坏之处，着接任官即行揭报，不准接受。倘有徇情滥受者，即系接任官之责，除照例处分外，仍令赔修"（《钦定大清会典事例·卷一百八十九》）。

　　清代常平仓的粮食来源相对广泛，包括官民捐输、贡监捐纳、例外征收、政府采买、截留漕粮等，在不同时期的主要来源不尽相同。

　　官民捐输从清初就是仓米的重要来源，在清初的顺治（1644—1661）与康熙年间（1662—1722），由于四处征战，财政匮乏，政府对捐输多是鼓励的，比如顺治十二年（1655），"其乡绅富民乐输者，地方官多方鼓励，毋勒以定数"（《大清会典·康熙朝》）。顺治十八年（1661），准"商民纳米五十石，银一百两者，给匾族奖。纳米一百石，银二百两者，给九品顶戴。纳数多者，遁加职衔"（《大清会典·雍正朝》）。在康熙年间是照例执行，曰"捐输米谷入常平等仓备荒，有伸民生，最为坚要。务令经管各官禅心奉行，力图实效"（《康熙起居注》）。

　　除了富民捐输，官员捐输在顺治与康熙年间同样盛行，并作为官员加级与奖励的重要参考。"（顺治）十八年（1661），议准捐输贩荒，见任官员、乡绅愿纳米一千石，或银一千两以上者，加级。纳米一千石，银一千两以下，至米一百石，银一百两以上者，分别记录"（《大清会典·康熙朝》）。康熙二十一年（1682），再命州县卫所官员，设法劝捐，并议定奖励办法，"一年内劝输米二千石以上者，记录一次；四千石以上者，记录二次；六千石以上者，记录三

---

　　① 牛敬忠：《清代常平仓、社仓制度初探》，《内蒙古师范大学学报（哲学社会科学版）》，1991年第2期，第104-110页。

次；八千石以上者，记录四次；一万石以上者，准加一级"(《清圣祖实录》)。康熙三十一年（1692）又规定"积贮所以重农，凡直省现任官员，各量力捐谷于就近地方常平仓存贮，每年逐一造册报明"(《四库全书·贵州通志》)。至此，捐输成了仓米常规来源。

贡监捐纳是指捐粟纳官制度，有捐实官、捐虚衔、捐出身等，比如在顺治十一年（1654），"生员捐米三百石，准贡；俊秀捐米二百石，准入监读书"(《大清会典·康熙朝》)。在康熙四年（1665），提高了捐纳的门槛，比如入监读书需要捐一千石[①]。这样门槛提高反而使得捐纳总数减少，因此后来又将门槛下降以扩大米源。林华的研究表明，该时期，"俊秀人等捐谷四百石或米二百石，廪生捐谷一百六十石或米八十石，增生捐谷二百石或米一百石，附生捐谷二百四十石或米一百二十石，青衣捐谷三百石或米一百五十石，具准作监生"[②]。康熙四十九年（1710），浙江巡抚黄秉中请开纳监之例，杭、嘉、湖三府各捐米十万石或谷二十万石，其余八府各捐米五万石或谷十万石，捐足之日，即行停止[③]。各地的捐监标准不尽相同，户部只给最低标准，各省根据情况调整，比如经济发达的江苏地区，其捐监的标准均不低于户部标准（表9-9）。

表9-9　江苏捐监标准[④]

生源	谷（石）	折银（两）	户部捐监折银数（两）
俊秀	220	165～175	108
附生	190	142～152	90
增生	170	127～136	80
廪生	130	97.5～104	60
青衣	210	157～168	150

---

① 清代国子监为最高学府，其生源广泛。《清史稿》载，国子监"肄业生徒，有贡、有监。贡生凡六：曰岁贡、恩贡、拔贡、优贡、副贡、例贡。监生凡四：曰恩监、荫监、优监、例监。荫监有二：曰恩荫、难荫。通谓之国子监生"。皇帝恩赐入监的称恩监，贵族官僚的子弟因祖、父为朝廷效力或死于国事而得以入监的称荫监，由增生、附生选优入监的称优监，由俊秀援例报捐贡生的称例监，由廪生、增生、附生或俊秀监生援例报捐贡生的称例贡。

② 林华：《清代仓贮制度概述》，《清史研究》，1987年第3期，第7-13页。

③ ［清］嵇曾筠、李卫等修；沈翼机、傅王露等纂：《浙江通志》，上海古籍出版社，1991年，第1 459页。

④ 王睿：《清代常平仓衰败的道德表述与市场实际——基于黄梅案的考察》，华东师范大学硕士学位论文，2018年。

由于国子监是清官员的重要源头，因此清政府对捐监的数量有所控制，比如山东地区只有在康熙四十五年至五十三年（1706—1714）的捐监，典收谷 3 110 160 石；云南地区在康熙二十九年至四十二年（1690—1703）有捐监，共收谷 327 320 石①。在康熙晚年，各省要开捐监之例需要得到朝廷的同意。

常平仓的第三个米源是摊派征收，有按亩摊派与按赋摊派两种形式。按亩摊派是按每户名下所拥有的土地征收。在康熙三十一年（1692），山东有每亩捐四合的规定，西安、凤翔两府及浙江等其他地区也都效仿这一比例。按赋征收则是按赋税量征收，在陕甘等西北地区曾有施行。康熙四十二年（1703），陕甘二处按照赋税地丁银一钱、米一斗者征收三合为标准，以备灾用，但荒年不征。

在康熙后期，由于政府财务好转，捐监与摊派征收逐渐作为次要手段，直到嘉庆年间（1796—1820），采买是常平仓的主要米源。采买的籴本主要是地方自筹，因区域差异较大，具体来源则较为广泛，主要是正项钱粮，即各地正税收入。雍正四年（1726），雍正帝令各常平仓："亏空仓谷，请支正项买补。"同时，储备粮粜出也选择收成较好的年份，这样不至于提升粮价。

当正项银粮不足时可以上报中央动用司库银两，特殊时期可动用地丁银、帑银、存公银两等其他款项，但这种中央银钱的运用必须得到皇帝的首肯。在雍正四年（1726），因山东连年丰收，粮食多被贩卖他处，清雍正帝谕山东巡抚，动用帑银，委官购买，并将粮食分储于米少州县。乾隆三年（1738）圣谕："今岁山东、河南二省，麦秋大稔，但恐小民于有余之时不知撙节，耗费于无用之地……务使商贩流通彼此，均受其益。如果再有余粮，即着地方官动支库帑，照时价籴买，存贮公所，以为余蓄，不使有穀贱伤农之虑，但不可绳以官法，勒令交易，致滋扰累，着该抚善为经理"（《钦定大清会典则例》）。比如嘉庆二十四年（1819），濮、范等州县水灾，除了截留漕粮救灾外，还用了地丁银采买米麦（《清会典事例》）。

除上述来源之外，还有截留漕粮、邻省调拨、谷息收入等②。历史有多次截留漕粮补充常平仓以赈恤灾情的记录，如康熙四十二年（1703）上谕，因泰

---

① 王金艳：《康熙朝地方仓储研究——以常平仓、社仓、义仓为主》，曲阜师范大学硕士学位论文，2019 年。

② 吴霞成：《清代山东仓储探究》，曲阜师范大学硕士学位论文，2009 年。

安至德州灾情严重，可将漕粮多行截留，于山东沿河州县村镇，俱各存贮，以备赈济平粜之用。雍正九年（1731）二月，山东济南、兖州、东昌三府，因上年水灾之后用谷 180 余万石，现存粮不足，拟将南漕截留数 10 万石，分贮分次州县，其中东昌以下的近水州县可截留湖广、江西漕粮 30 万石，转运分贮。乾隆九年（1744）山东济南、东昌、武定三州县，因灾歉收，现有运京漕粮 4 万余石，就近截留，再将北上漕米截留 20 万石，分贮沿河临清、德州二仓，随时调拨接济[①]。

所谓谷息收入则是常平仓在春季借出谷物，秋后还仓，每石加谷息一斗，在歉收之年免息，具体规定为"凡年收成八分至十分者，仍照例收息；五分至七分者免，又定本年收成五分者，缓至明年秋后责入；六分者本年责入其半，次年全入；七分者本年责入免息；八分至十分者本年责入，仍加息"（《皇朝通典·食货》）。

虽然政府对常平仓的管理有详尽的考核条例，但在整个清代，常平仓的储备量很少达到康熙十三年（1674）的标准，更多时候是储备不足的。对于这个问题，当时认为是官员的不作为。乾隆五十七年（1792），由于各地常平仓储备量日益下降，清乾隆帝指出，"可见各省仓储并不能足数收贮，此皆由不肖官吏平日任意侵挪亏缺，甚或借出陈易新为名勒卖勒买，短价克扣，其弊不一而足。以古人之良法，转供贪墨之侵渔，而该督抚等并不实力稽查，惟以盘查无亏，一奏了事，以致各省仓储俱不免有名无实，备荒之义安在乎"（《清实录高宗实录》）。可见，清乾隆帝将原因归结为官员的贪腐与省督抚们的稽查不力，因此派朝廷大员进行巡视。

但也有不同意见，清代章谦存提出，由于清代政府没有详细人口统计制度，导致常平仓管理不力。清初，因为取消人口税之后，清政府对人口的清查只由各州县报送，没有了汉唐时期的逐个登记，这使得清代的人口统计就是估计数据，各州县因为无法估计具体人口，导致储备不足，灾情应对乏力（《中国荒政书集成·使足篇·通论一》）。

第三种观点认为是储粮折银所致，基本逻辑是在乾隆年间（1736—1795）由于人口增加，对粮食的需求增加，政府如果继续大量采买储备粮则会进一步导致粮价上升，为了稳定粮价，比如乾隆九年（1744）乾隆帝下旨

---

① 山东师范大学历史系、中国近代史研究所选编：《清实录山东史料选》，齐鲁书社，1984 年。

"因（常平仓）籴买太多。市价日昂诚恐有妨民食，因降旨暂停采买，俾民间米谷自相流通，价值平减，亦无非为百姓计也"（《清实录乾隆朝实录》）。在此之后，清政府对储银还是储粮有了争议，地方官员普遍认为储银较为便利，比如不用大量籴买推高粮价，没有存储的自然损耗与受潮风险，免去每年出陈籴新，银钱的存储管理相对粮食更加便捷简单（《皇朝经世文编·户政·仓储》）。中央则认为，粮食储备是银钱所不能代替的，因为在灾情之时只有粮食能赈灾。最后有部分官员实行了钱粮共储，这无形导致了粮食储备的减少。

二、清代社仓

清代社仓是作为常平仓的辅助仓而产生的，因为常平仓主要设于州县，赈灾时对偏远地区不能覆盖，又是官办官储，时有不足。社仓是为弥补官仓不足而设，在空间上置于乡间，由民输民储，增加粮源。清代最早提到社仓的建议是在顺治年间（1644—1661），谕"各府州县俱有预备四仓及义仓、社仓等法。每处积贮，多者万余石，少者数千石，各省仓储俱数百万计。故民有所恃，荒歉无虞"（《清实录世祖实录》）。但这一次的圣谕不是专指社仓，而是涵盖所有仓储，实际上社仓并没有兴建。在康熙十八年（1679）再次提到社仓，题准"地方官劝谕官绅士民捐输米谷，乡村立社仓、市镇立义仓，照例议叙"（《皇朝通志·卷八十八》）。这标志着清代社仓的开端。到了康熙四十一年（1702），由于直隶地区常平仓米谷不敷赈济，所以以直隶为试点建立社仓，并视情况向其他地区推广，"直隶各省州县虽设有常平仓收贮米谷，遇有饥荒之年，不敷赈济，亦未可定。应于各村庄亦设立社仓，收贮米……设立社仓，于本乡捐出即贮本乡，令本乡诚实之人经管，上岁加谨收贮，中岁籴借易新，下岁量口赈济"（《钦定大清会典则例·卷一百九十三》）。康熙年间（1662—1722）直隶地区社仓的发展，同时对周边的山东、河南地区亦有影响。社仓的大规模建设是在雍正年间（1723—1735），雍正元年（1723）提出"备荒之仓莫便于近民，而近民莫便于社仓"的口号，并要求"有司善为倡导于前，留心稽核于后，使地方有社仓之益，而无社仓之害，此则尔督抚所当加意体察者也"（《清朝文献通考·卷三十五》）。社仓由此发展。在雍正二年（1724）时各省渐行"社仓之法"，约定了社仓的筹建、输粮、管理的基本要求，比如约定"令地方官开诚劝谕，不得苛派米石，暂存于公所、寺院收存。俟息米已多，建厂收贮"（《皇朝政典类纂·卷一百九十三》）。

清代社仓的建设主要有四种途径：一是借用寺庙、公所、会馆、富户房屋贮粮，二是变卖息谷建仓，三是劝谕绅民捐建，四是地方官捐俸筹建。

社仓粮食的来源主要是绅民捐输，还有籴谷与划拨，以及摊派。在康熙年间（1662—1722）与雍正年间（1723—1735）分别出台了不同的鼓励捐输办法：如康熙五十四年（1715）的劝输条款"富民能捐谷五石者，免本身一年杂项差徭，多捐一二倍者，照数按年递免。至绅衿捐谷四十石，令州县给匾；捐谷六十石，令知府给匾；捐谷八十石，令本管道给匾；捐谷二百石，督抚给匾，其富民好义比绅衿多捐献二十石者，亦照绅衿例次第给匾；捐至二百五十石者，咨吏部给与义民顶带，照未入流冠带荣身，凡给匾民家永免差役"（《清朝文献通考·卷三十四》）。雍正年间（1723—1735）的绢输奖励大体相似，"有司劝捐，不得苛派，所捐之数，立册登注，不拘升斗，如有捐至十石以上者，给以花红；三十石以上者，给以匾额；五十石以上者，递加奖励；其有年久不倦，捐至三四百石者给以八品顶戴带"（《皇朝通典·卷十三》）。

社仓的籴谷就是用银钱买谷，社仓虽是民办民管，但是其粮食储备是一并计入官员考核的，所以有很多地区的官员是有意出籴本置办储粮，如《康熙邹县志·建置》载，"国朝康熙三十八年（1699）奉文，为广设社仓，以培民生事案内，知县户薪儒赴府，领银一百六十三两一钱五分二厘，买谷四百七石八斗八升，分贮四乡，耆老收管"。同时，在社仓晚期，摊派的弊端又开始出现，光绪年间（1875—1908）《鱼台县志·积谷》载，光绪八年（1882），山东抚宪任奏，题准议"阖省州县亩捐积谷，颁发章程札示到县，按章中治谷五千石……按八亩起派，每亩二升，积谷六千零七十三石七斗有奇……分贮四乡，绅董存储，每处立贩用印，以便查验"。

清代社仓管理相对简单，有正副社长分开簿记粮食收支，借出谷息为一石二斗，账本每年交州县备份，以备核查，且州县只能核查不能干预。《皇朝通典·卷十三》载，"每社设正、副社长二人，以司出纳，其收息之法，凡借本谷一石收息二斗，小歉减半，大歉全免。至十年后，息倍于本，只以加一行息（乾隆三年议定，息谷十升，以七升归仓，以三升给社长作修仓折耗）。其出入斗斛遵照部颁公平较量，夏则计口给发，冬则依限完纳。其册籍登记，每社设用印官簿二本，登载数目一社长收执，一缴州县存查，其存查之本，夏缴秋领，冬缴春领。凡州县官、止听稽查。不许干预出纳"。

三、清代义仓

义仓与社仓同属民办民管的仓储，在很大程度上具有共性，有时统称为社义仓。但清代的义仓与社仓略有区别：一是地点差别，即"乡村设社仓，市镇设义仓"；二是社仓重在借，义仓重在赈。

清朝义仓的建设较社仓稍晚，在康熙年间（1662—1722）与雍正年间（1723—1735），朝廷有设义仓的倡议，但重点在建设社仓。《清史稿·方观承列传》载，乾隆十一年（1746），方观承任山东巡抚时奏请设义仓，他说："义仓与社仓同为积贮，但社仓例惟借种，义仓则借与赈兼行，而尤重在赈。设仓宜在乡不宜在城，积谷宜在民不宜在官。秋获告丰，劝导输纳，岁终将谷数奏明，不必开具管收除在。则其数不在官，法可行久。"

在嘉庆（1796—1820）与道光年间（1821—1850），清代的人口达到峰值，同时自然灾害增加，赈灾的压力让朝廷更加重视义仓的建设。嘉庆十八年（1813）劝谕，"地方富户，设立义仓，以备荒岁""不必官为经理"（《清实录仁宗实录》）。道光元年（1821），下令整顿义仓，"务检查从前办理旧章，各趁丰稔之年，劝谕绅民殷户量力捐输，妥慎存贮"（《清实录宣宗实录》），从此义仓的建设在全国范围推广。

早期义仓的设立与社仓一样，主要是利用富户房屋或是绅民捐输，其输谷也是采取官府奖励的劝捐政策，只是在管理上略有差异。义仓也有仓正、仓副二人，分权管理，账目统一核查，官吏不得干预，与社仓无异。但义仓重在储备赈灾而不借种，所以专意存贮。《清史稿·食货志》指出，"义仓苟欲鲜弊，惟有秋收后听民间量力输捐，自择老成者管理，不减粜，不出易，不借贷，专意存贮，以待放赈"。第二点差异在于，义仓仓正与仓副会定期核实交替，以防止长期担任而滋生腐败。据《中国地方志集成·石门县志》载，择"殷实绅士，二三年一更换，核实交替，胥吏衙署等不得下乡需索"。

清代粮食储藏体系的兴衰与清王朝表现一致，在乾隆后期就百病丛生，究其根本，主要的问题有两个：一是仓吏腐败，二是人口压力。仓吏腐败是历朝粮仓管理的顽疾，清代也不例外。清代仓吏腐败的形式表现多样，首先是领了籴银而不及时采买、出旧换新，而是视粮价而定，或是粜出籴少，中饱私囊。其次是惜银而不建、不修仓储设施，导致食粮储备损失严重，在晚清时很多仓廒废弛。再次是变卖、挪用、侵盗仓谷严重。康熙四十三年（1704），山东巡抚越世显密奏仓粮亏空 50 余万石①；雍正六年（1728）河东总督田文镜上疏东省仓库钱粮俱有亏空，历任抚臣，不及参差②；乾隆五十七年（1792）直隶南因旱歉收，仓谷平日任意侵挪亏缺，所存无多，无粮可赈③；晚清之时，侵盗更甚。清代是我国人口增长最快的时期之一，从康熙（1662—1722）到道光年间（1821—1850）人口年均增长率达到 3.6‰，其中 1700—1794 年达到 10‰④，而西汉末到清的整个时期，即公元 2 年至公元 1850 年，人口的平均增长率只有 1‰。高速的人口增长使清代的人口从顺治三年（1646）的 8 800 万增长到道光三十年（1850）的 4.3 亿⑤。巨大的人口压力增加了粮食供给压力，频繁的旱灾、蝗灾进一步压缩粮食储备空间。

① 山东师范大学历史系、中国近代史研究所选编：《清实录山东史料选》，齐鲁书社，1984 年，第 98 页。
② 山东师范大学历史系、中国近代史研究所选编：《清实录山东史料选》，齐鲁书社，1984 年，第 138 页。
③ 冯柳堂：《中国历代民食政策史》，商务印书馆，1993 年，第 189 页。
④ 葛建雄：《中国人口发展史》，四川人民出版社，2020 年，第 277 页。
⑤ 赵文林、谢淑君：《中国人口史》，人民出版社，1988 年，第 376 页。

消费篇

如何将原粮加工成口粮，口粮消费如何，是本篇研究的主题。磨盘的发明是粮食加工史上的重大进步，这使得稻麦食用口感大大改善。历史上另一个粮食消费大项是酿酒，由于酿酒会消耗大量粮食，所以民间的禁酒令在绝大部分历史时期内普遍存在。榷酒和酒税是财政收入的重要组成部分，由于酒的产生与推广也形成了中国特色的酒文化。粮食消费中最主要的是口粮消费，虽然历史上人类的生理机能未发生大的变化，但由于影响口粮消费的因素有很多，比如主粮品种、加工效率、蛋白质及蔬菜的摄入量、饮食习惯等，所以口粮消费的统计一直是个难题。在中国古代由于蛋白质普遍摄入不足，加工效率低下，长期保持着"百步为亩，一夫百亩，百亩百石"比例关系，这里涉及的度量问题也值得深入研究，如一步多长、一亩多大、一石多重。因此，口粮消费只能有大概的数据。

第十章
粮食加工的演进

粮食加工主要是将原粮加工成可供食用的成品粮的方式，在稻麦的加工上我国主要有三种方法，即碾压法、舂捣法和转磨法。从汉代之后转磨法成为主流，随后的发展只是不断改进转磨的磨齿，并用畜力或水力推动转盘。粮食加工的发展历程也是我国饮食文化不断丰富发展的过程，豆腐、面点、油条、月饼等食品的出现不但丰富了我国的粮食加工品类，而且对世界其他区域的饮食产生了深远影响。

第一节　粮食加工

粮食加工是粮食消费的第一个环节，而人类社会只有在定居农业之后才开始有规模的粮食加工。最早的粮食加工发生在旧石器时期。从接近于夏朝的洛阳龙山文化遗址中就出土不少石磨棒。石磨棒以碾磨的方式给谷物脱粒去壳，这被认为是加工谷物的早期工具，也是早期碾压技术的代表[1]，为后来的旋转碾压式谷物加工打下基础。

在新石器时代，杵臼结合的粮食加工法逐渐取代原始的石棒碾磨，这种方法加工工具制作简单，效率较高，且粮食损失较少。在夏代后期有石质、木质杵的大量应用。人们"断木为杵，掘地为臼；臼杵之利，万民以济"[2]，这种方法至今还在少数落后地区有广泛应用。

在新石器后期，陶器的发明和应用为粮食加工提供了便利。在夏代前后的遗址中发现大量的小钵、碗、盆、盘等，以及到了黄帝后期发现更加复杂的

---

① 陈崇斌：《新石器时期中原地区谷物加工技术初探》，《东南文化》，2009年第6期，第26-32页。
② 马洪路：《再论我国新石器时代的谷物加工》，《农业考古》，1986年第2期，第135-142页。

鼎、鬲、甗、釜、盂等。陶器的制作经历了手制、慢轮修整过渡到轮制陶器。洛阳二里头夏文化遗址发掘中就出土了不少陶片，而龙山文化遗址中已经出现轮制陶器，并且有类似甲骨文的早期文字画。

商代的粮食加工还是沿用碾压法和舂捣法，但功能更加多样。碾压法除了用于最初的脱粒去壳，还用于制作米粉和面粉。周代舂捣法也有了大的发展，出现了陶、石、木制杵臼，还有少量青铜制杵臼。同时，周代的石磨盘、石磨棒制粉技术进一步发展，并产生了转磨，这是粮食加工史上的巨大飞跃。《说文解字》中说，"古者公输班作硙"，硙即磨盘，而公输班为春秋鲁国人，可以认为在春秋时期已经有了转磨的应用。我国目前出土最早的旋转磨实物是陕西临潼武屯公社战国晚期石转磨下扇，其直径55.5厘米，厚8厘米，中心有3厘米见方竖孔，中置铁心轴[①]。

到了汉代，铁器的推广也使得旋转磨得到广泛应用。在此之前，麦、谷、豆都是粒食，有了旋转磨之后可以制粉食用，这不仅有利于人体的消化，还可以制作出美味的食品，糕点、面点和豆腐都产生于汉代，甚至有专门负责皇帝面食的官职。随着加工技术的进步和粮食产量的增加，贵族阶层由秦代的一日二餐向一日三餐过渡。汉代的旋转磨对磨齿的科学性和合理性有了深入的认知，在东汉时期已经出现辐射形、分区斜线形磨齿。

从旋转磨出土的地区来看，主要是小麦产地，可能的原因是小麦与水稻不同，小麦只有制粉后才便于制成可口的食物。在杵的驱动力方面，汉代已经有足碓、水碓等简单借用外力的器具。西汉晚期出现踏碓，可以借用人的自重踩踏带动杵棒，不但省力，而且加工效率大幅度提高。到了三国时期，制粉的普及与发酵技术的结合使得蒸食的馒头得以出现，并迅速取代烧饼成为小麦的主要食用方法。

与水碓相比，水磨到魏晋时期才出现。《魏书·崔亮传》载，"亮在雍州，读杜预传，见为八磨，嘉其有济时用，遂教民为碾。及为仆射，奏于张方桥东堰谷水造水碾磨数十区，其利十倍，国用便之"。加工效率的提升，使得普通百姓也转为一日三餐[②]。

到了唐代，制粉业已经日益成熟，在面点加工领域已经有简单机械出现，

---

① 田醒农、雒忠如：《秦都栎阳遗址初步勘探记》，《文物》，1966年第1期，第10-18页。
② 李艳：《汉魏南北朝时期谷物加工工具研究》，河南师范大学硕士学位论文，2019年。

名为"刀机"，可以代替手掌托面和切面。在《资暇录·下卷》中有载，"至如不托，言旧未有刀机之时，皆掌托烹之。刀机既有，乃云'不托'。今俗字有'馎饦'，乖之且甚"。

宋代在粮食加工机械上没有突出的创新，但在制作工艺上有更多的新品种。北宋时期各种小吃遍布街头，豆腐成为市井食品，在苏轼、陆游的作品中均有体现。在北宋南渡之后，南北交汇激发出很多新的食品，月饼和油条就是其中代表，苏轼称"小饼如嚼月，中有酥与饴"，就是对月饼最初的描述。油条在民间则意指油炸秦桧夫妇，是对他们陷害岳飞的一种戏称。

元时期是游牧民族统治，出现了中西饮食的碰撞。中国引入了最早在西亚地区的蒸馏酒技术，西方则由马可波罗传入我国的面条制作技术，由于主要在意大利地区生产，故统称为意大利面。在饮食理论方面，元代饮膳太医忽思慧著有《饮膳正要》，成为我国饮食方面的标志性成果。可能是以酒的发酵工艺为基础，在元代制酱技术也有了大的发展，经发霉发酵制成的甜面酱、黄豆酱逐步成熟推广。

明清时期我国的粮食加工与制作已经异常丰富，明清时期的小说如《红楼梦》《水浒传》《儒林外史》《金瓶梅》中对食品的描述已经让人感觉眼花缭乱，极尽细致。《天工开物》中已经载有水代分油法，这是榨油技术的重大突破。

第二节　酿酒消费

在中国的粮食史上，酿酒在粮食消费当中一直占有一席之地。关于酒的起源现在没有确切的发明者，晋人江统《酒诰》载，"酒之所兴，肇自上皇。或云仪狄，一曰杜康。有饭不尽，委余空桑。郁积成味，久蓄气芳。本出于此，不由奇方"。意指酒并非出自夷狄或杜康[①]发明，而是自然形成的。

"杜康"是夏第六代天子少康，对酒有研究，被视为酒神，通常用作酒的代名词，但宋代朱翼中《酒经》中又说"仪狄作酒醪，杜康作秫酒"。目前对夏的考古挖掘中出土了不少酒器，在洛阳二里头三期遗址中出土有铜爵，且青铜工艺较为复杂，说明夏代饮酒与酒器已经比较成熟。到了夏末期的桀时期

---

① "昔者帝女命仪狄作酒，禹饮而甘之"（《战国策·魏策》）。"杜康，黄帝宰人知康也，主粮食饮膳而能造酒，其后食于杜，故称杜康，略为杜康，其胤皆主酒事，酒甘旨，故曰杜康旨浓，尧能千锺"（《世本通释》）。

（前 1763—前 1711）酿酒规模已经较大，"为酒池糟堤，纵靡靡之乐，一鼓而牛饮者三千人"（《新序·刺奢》）。

到了商代（约前 1600—前 1046），饮酒之风更加盛行。从出土的文物来看，商代前期的青铜器中酒器的比例为 2/3，商代晚期这一比例则达到 5/6[1]。从形态上来说种类十分丰富，有觥、尊、壶、觯、盉、斝、勺等，大的有六七十厘米高，精致程度也是达到一定水平。这说明商代的酒已经成为人民生活的重要组成部分，尤其是对贵族而言。在河北藁城台西商代遗址上还发现了重 8.5 千克的酿酒酵母。酒曲的使用在世界酿酒历史上是重要突破，酒的历史简单可以分为酿造酒、蒸馏酒、再制酒三个阶段，我国商代已经正式开启对酵母菌繁殖规律的控制。1987 年在我国河南东南部商代墓地贾湖遗址出土有远古酒器与配方，是古代中国人已掌握酿酒技术的最早记录，也是目前世界上发现最早酿酒的古人类遗址。

到了周代，酿酒进一步发展。西周天子吸取商朝灭亡的教训，设置有专门管理酿酒的职位，以控制饮酒量。《周礼·天官·酒正》载，"酒正，中士四人、下士八人、府二人、史八人、胥八人、徒八十人。酒人，奄十人、女酒三十人、奚三百人……酒正掌酒之政令，以式法授酒材……酒人掌为五齐三酒"。"五齐""三酒"为酒名。在周代初期，酒主要用于祭祀等公事，酒正根据祭祀需要发放酿酒材料。但到了东周时期，列国群起，周礼对酒的约束成了空文，社会对酒的消费大增。《左传》中有载，齐景公饮酒七天七夜不止，赵襄子五日五夜不废酒。

秦汉时酿酒技术与规模进一步扩大，与粮食供应不时产生冲突。在规模上有"通邑大都，酤一岁千酿"（《史记·货殖列传》）的记载。在品类上已经按不同粮食品种来命名各种酒，有黍酒、稻酒、上尊酒、黍上尊酒，这些在马王堆一号汉墓的釉陶罐中均有存储。在酿造技术上，汉代针对不同粮食品类对应有不同的酒曲，酒曲也已经从散曲演变到饼状曲，更加便于保存与运输。为了增加酒的度数与口感，汉代已经开始了多次酿造技术，酿的次数多即为美酒，次数少则为下酒。由于酿酒消耗粮食过多，所以在汉代经常出现灾年禁酒的情况。如《汉书·景帝纪》载，汉景帝中元三年（前 147），"夏旱，禁酤酒"。东汉和帝永元十六年（104）"兖、豫、徐、冀四州比年雨多伤稼，禁沽酒"（《后汉书·和帝纪》）。东汉桓帝永兴二年（154），"朝廷失中，云汉作旱，川灵涌

---

① 佚名：《殷墟发现二百四十余座祭祀坑和殉葬坑》，《文物特刊》，1976 年第 16 期。

水，蝗螽孳蔓，残我百谷……其禁郡国，不得卖酒，祠祀裁足"（《后汉书·桓帝纪》）。由于汉代对酒的消费大为增加，对粮食的消耗太大，所以在汉武帝时设立酒榷制度，将酒的产销由国家控制，既补充了财政来源，又通过对酿酒总量的控制保障了粮食安全。

东汉末年，战火四起，魏、蜀、吴三国为保障粮食供应不约而同禁酒，但成效不大，《魏略·卷一》载，"太祖禁酒，而人窃饮之，故难言酒，以白酒为贤者，清酒为圣人"。西晋时期，醉饮成风。东晋时又值"三玄"盛行，清谈之风，将醉酒视为风雅，所以酿酒消耗粮食较多，在东晋安帝隆安五年（401）到义熙三年（407）因"岁饥禁酒"。

南北朝时期（420—589）均有不同程度的禁酒，大多是因为粮食危机。从南朝来看，刘宋文帝元嘉十六年（439）因"三吴水淹，谷贵民饥"（《宋书·沈亮传》）而禁酒；齐梁时期（479—557）通过控制酒税而间接控制酿酒数量，也常因"水旱成灾，谷稼伤弊"而断酒权；南陈的文帝天嘉二年（561）以"国有不足"为由又实行酒榷制度。对北朝来说，由于是少数民族政权，醉酒成风，影响社会稳定，"太安四年（458），始设酒禁，是时年谷屡登，士民多因酒致酗讼"（《魏书·刑罚志》），因此行禁酒令，酿、酤、饮皆斩之。但北魏末年，因国用不足，魏孝明帝正光年间（520—525）以断百官常给之酒来增加粮食供应，每年节约米 53 054.9 斛、谷 6 960 斛、面 350 599 斤（《魏书·食货志》）。北魏时期，酿酒的技术进一步提升，有了"不畏张弓拔刀，唯畏白堕春醪"（《洛阳伽蓝记·卷四》）的典故，即刘白堕善于酿酒，其酒饮之香美，使人久醉，经月不醒。

隋唐时期（581—907），中原地区重新统一，人少地多的时代背景下均田制得以推广，粮食相对充足。唐王朝在其前 200 年取消了酒禁和酒税，使得造酒业得以快速发展，加上社会稳定，商业繁荣，饮酒成为全民风尚。在《新唐书》和《古今图书集成》中多用关于皇帝赐酺的记载，即群臣与皇帝一起宴饮，唐代张说《东都酺宴》详细描述了帝王赐酺的宏伟场景"合宴千官入""欢呼动洛城"。在这种背景下才有了李白、杜甫等不少描写酒的诗作。

唐代有官办的"良酝署"负责酿酒，设专门的官员，以生产"御酒"，并形成了"春暴、秋清、酴醾、桑落"等各类御酒名称。民间则以坊酿为主，家酿为辅，坊酿中最具特色是的"酒家胡"，即胡姬当垆，并引发了上层社会胡伎与艺伎醉酒的风尚，进一步刺激了酒的生产与消费。

唐代（618—907）酒业最突出的特点是葡萄酒的推广，这大大减少了粮食酿酒的压力。葡萄酒最初由汉代张骞出使西域而带入，但由于此后胡汉一直没有进一步整合，而阻碍了葡萄酒的推广。唐代疆域辽阔，胡汉一家，并且有不少胡人在唐担任高官，使得葡萄酒得到官方认定并快速推广。史书记载唐太宗"贞观十四年（640），及破高昌（今新疆吐鲁番地区）收马乳蒲桃，实于苑中种之，并得其酒法，帝自损益，造酒成"（《册府元龟·卷九百七十》）。

安史之乱之后，为增加财政收入，朝廷开始恢复榷酒和酒税制度。除此之外还有榷曲与配于青苗钱上，这使得不喝酒的民众也得间接交纳酒税，酒税成了朝廷收入的重要一项。五代时期（907—960），朝廷基本沿用了唐代的榷酒和酒税制度，但统治阶级对酒的消费并没有减少，南唐顾闳中的《韩熙载夜宴图》就描绘了当时的豪饮状况。

宋代经济的繁荣又将酒的消费推向另一个高峰。由于南北作物相互推广，一年两熟已经得以普及，粮食供应相对充足，因此社会对酒的供应增加。从税收上看，由于宋代的茶、盐、酒都是专营，而这三项税收在两浙税入之中已十居其八。尤其是南宋时期（1127—1279），四川酒课收入一千四百万贯，约占总课税的23％，超过盐税收入一半[①]。

宋代由于取消了宵禁制度，市场迅速繁荣，在酒的品类上也达到历史的高峰，有黄酒、果酒、配制酒。果酒以葡萄酒、黄柑酒、梨酒、椰子酒为主，配制酒则以黄酒为基础，加入其他成分，有竹叶酒、桂花酒等。宋代制酒技术的代表是《东坡酒经》，用数百字详细描绘了酿酒的全过程。还有《北山酒经》，分上、中、下三卷分别记载了制曲造酒的细节，但主要是酿造黄酒，技术相对《齐民要术》有了长足进步，也因此推断宋代还没有现代意义的蒸馏酒或称烧酒。但是宋代人创造了以酵母菌为主的酒曲"干酵"，这使得酒曲的储存与携带更加方便，促进了酿酒技术的传播。

辽金元时期（907—1368）粮食一直供应不足，一是由于战争较为频繁，二是游牧民族本就不擅农业生产，因此在辽金元时期榷酤制度一直是常态。朝廷对酒的酿造实施垄断经营，百姓可以通过官酿作坊购酒，朝廷可以根据粮食的多少来控制酿酒的数量，以保障粮食的整体供应。但官员私酿一度成为法外之地，因此在辽兴宗景福元年（1031）开始对百官酿酒进行治理，"禁诸职官

---

① 张家驹著：《两宋经济重心的南移》，湖北人民出版社，1957年，第157-158页。

不得擅造酒糜谷；有婚祭者，有司给文字始听"（《辽史·食货上》），即禁止私自酿酒，确有婚祭有用酒需要，需向管理部门登记。这样在辽代，官员与百姓用酒都得到有效控制。

在金代（1115—1234），金太宗天会三年（1125）时"始命榷酒官以周岁为满"，原因是补贴财政，但随后又取消了榷酒制度。后来的熙宗本人好饮，所以榷酒令只成了表面文书，海陵王正隆五年（1160）曾下诏禁酒，《金史·列传第七十》载，"海陵将伐宋，诏朝官除三国人使宴饮，其余饮酒者死"。海陵王之后的金世宗又由于国用不足而设榷酤制度，大规模禁酒，并在大定三年（1163）对宗室百官的私酿进行严厉打击，《金史·食货》载，"诏宗室私酿者，从转运司鞫治""命设军百人，隶后马司，同酒司副使合千人巡察，虽权要家亦许搜索。奴婢犯禁，杖其主百"，并在大定二十七年时由榷酒改为榷曲，这一变化的原因是榷酒制度导致酒的口感单一，而榷曲则既可以实现榷酒的目的，同时酒的口感可以更加丰富，因为曲可以酿成不同口味的酒。金代的榷酒制度一直延续到金亡时期。

元代依然无法解决粮食危机问题，所以酒课、榷酤、禁酒贯穿于整个元代，但是与其他朝代相比元代的酒政有三点不同。

一是酒政变化次数之多是历朝之最。元代根据每年的粮食产量不同而实行酒禁，禁酒始于元世祖至元十四年（1277），起因是"以冬无雨雪，春泽未继"，但在至元十八年到至元二十九年间（1281—1292）禁了八次，弛了六次（《元史·世祖本纪》）。在很多时候禁酒与榷酤并举，意图全面抑制粮食的酿酒消费，朝廷前后颁布有关禁酒的政令达70多件，几乎贯穿整个元代统治时期。

二是元代的酒课对财政的贡献也是历史之最。元代的酒课主要来源于葡萄酒与粮食酒，虽然葡萄酒不受粮食产量的限制，但产量小，税率低，对财政的贡献小。元太宗窝阔台汗时期（1229—1241）葡萄酒的课征标准是1/30，粮食酒的标准是每石粮食一两。但在元太宗时期大兴扑买之法包办酒课，酒课所占的比重大致为中原全部岁课银额的25％，这个比例还是比较保守的估计，总收入高达70万～80万锭银，仅次于盐课，远高于商税和茶课[①]。

三是元代的蒸馏酒得到普及，为现代白酒打下基础。关于我国蒸馏酒或烧

---

① 杨印民：《元代酒课收入及其在政府财政中的地位》，《中国社会经济史研究》，2013年第3期，第8-15页。

酒的起源一直存在不同意见，有说起于宋唐时期，但无可争议的是在元代蒸馏酒这一技艺才得以在宫廷和民间广为流传。研究表明，现代蒙古族还保留着传统的蒸馏酒制作工艺①。

明代为革前朝之弊，在大部分时间取消了榷酒政策，使得自汉唐以来的酒水专卖制度得以消除。具体来说，在明代初年，由于战争需要朱元璋保留了禁酒政策以增加财政收入，自朱元璋之后禁酒就只是成为地方应对灾荒的暂时政策。明代用税酒制度代替了专卖，使得酒的酿造和贩卖有相当的自由度。这一制度的实行也使得大量的粮食被酿成酒水销售。《大学衍义补》载，"天下造曲处，惟淮安一府糜麦为多，计其一年以石计者，毋虑百万"。由于酿酒利润高，高粱的种植增加，间接影响了粮食的供应。所谓"盖自酿之利一昂，而秫者几十之四，粳者仅十之六，酿日行而炊日阻"（《青藤书屋文集·卷十八》）。

大量的粮食投入使得明代的酿酒技艺越发精深，明代的《本草纲目》《天工开物》《物理小识》对制曲过程有详细记载。《物理小识·饮食类·烧酒》记载，"稻、黍、杂粮等皆可烧。先煮熟铺地，候冷和曲，盖之，对昼则发热，炙手摊之。取入坛中，泥封其口，或三朝或七日乃蒸而取其气水"。这里对蒸馏酒的过程描述十分详细。全国各地出现了以酿酒为主业的产业集聚，浙江绍兴、福建南平、陕西凤翔等地方逐渐成为酿酒集中地，何乔远的《闽书》记有建阳（今福建省南平市）"其酿行东南"、顺昌（今福建省南平市辖县）"其酒行八郡"。

由于明代我国人口大幅度增加，到了清代，人口最高突破 4 亿人，酿酒与粮食的矛盾越发凸显，所以整个清代都有明确且严厉的禁酒与禁曲政策。早在康熙二十四年（1685），康熙帝就着手筹划禁酒事宜，他认为"酒乃无益之物"。雍正帝不但继承了康熙帝的禁酒政策，且执行更加严厉，将局部禁酒推广到全国，由灾年禁酒向常态化禁酒过渡。

乾隆帝也继承了先辈们的禁酒政策，但由于吏治松散而效果不佳。同时，各地督抚对于全面禁酒有不同意见，认为烧酒主要用高粱，一并禁止不利于粗粮的生产与赋税收入。黄酒主要用米麦细粮，与粮食供应存在冲突，可以考虑在歉收年份禁之。最终的政策是各地督抚因时制宜，以观其效，总体来说，要

---

① 王猛、仪德刚：《元代蒸馏酒制作技艺及其现代调查研究》，《农业考古》，2016 年第 3 期，第 197 - 201 页。

禁止大开烧锅，严禁踩曲贩卖，但民间的自用自踩不在禁止之列。从此，清代的禁酒政策向禁曲转向，因为制曲需要用到大量的小麦，河南和山东等省是制曲大省，是禁曲的重点。现代研究表明，乾隆元年（1736），河南一省年踩曲6 000万块，麦曲每块约1斤，耗麦3～4斤，因此河南年踩曲耗麦200万石左右。这些曲要再制成酒，还需要400万石粮食，因此河南每年粮食消耗在600万石以上，乾隆估计北方五省的禁曲可省千万余石米谷并不是虚言。[①]

乾隆年间（1736—1795）的禁曲在短时期取得了显著的成效，但由于酿酒利润巨大，导致官商勾结，屡禁不止，最终粮价上涨。同时，人口持续增长，粮食经常不敷食用。到了乾隆后期，禁曲仅徒有其名。从咸丰以后，清代的禁酒禁曲时松时紧，并没有起到约束粮食消费的效果，同时财政拮据，国力日下。嘉庆（1796—1820）和道光年间（1821—1850），酒税成为支持财政的重要手段，因此只在灾年禁止。到了晚清，这种因灾禁酒的制度也逐渐松弛，酒税对晚清的财政作用也日益明显[②]。

在酒的生产方面，清代也有重大突破。四川泸州大曲肇始于顺治和康熙年间（1644—1722）传入的陕西略阳酿酒技艺；贵州茅台始创于康熙四十三年（1704），由陕西凤翔人在贵州仁怀县茅台镇柳湾参照汾酒和西凤酒的酿造工艺而有所创新，并逐渐形成独特工艺；光绪二十一年（1895），广东华侨张振勋在山东烟台创立张裕酿酒公司，生产葡萄酒和白兰地。

---

① 范金民：《清代禁酒禁曲的考察》，《中国经济史研究》，1992年第3期，第92-104页。

② 赵晓华：《清代因灾禁酒制度的演变》，《历史教学（下半月刊）》，2013年第11期，第29-34页。

第十一章
口粮消费与粮食供应

口粮是指维持个体生存所需要的基本的粮食消耗，也称为基本粮。通常认为现代人与古代人如果在身体机能上没有太大差异，那么维持生命所需的口粮与古代人也应相同，可以用现代人的口粮消费来推测古人的口粮消费数量。但对历史口粮消费的研究而言，这种方法却不太可取，因为有太多的原因会影响到口粮消费的数量。首先是粮食消费的品种不一样。简单来说，我国北方的主食经历了从粟到菽再到麦的历程，南方的主食一直是水稻，消费数量则相对稳定。每个品种的热量不同，消费数量自然也不相同。其次是生活水平不同导致的口粮消费差异。随着生活水平的提高，人们由每日二餐向每日三餐或者多餐过渡，口粮消费量自然也是不一样的，而在同一历史时期，由于人们所处的社会阶层不同、收入不同，其口粮消费也存在巨大的差异。这里还需要考虑消费者的劳动强度和性别，一般来说劳动强度大则消费粮食多，男性相比女性消费量更大，这一点在我国计划经济时期也有明显的体现。再次是计量标准不同带来的度量困难。我国历史上对粮食的计量有升、斗、石等单位，但每一个历史时期其实际大小都不一样，同一时期不同地区也不尽相同，这对历史口粮进行定量研究带来很大的困难，不同史学家之间也是争论不休。最后，史料的缺乏也给研究带来很大困难，我国的历史主要是帝王史，有关于官员俸禄和军粮的数量记载，但少有关于百姓日常生活消费的记录。官员俸禄的粮食是作为收入计算的，其中直接用于消费的部分很少，而军粮数量与百姓消费数量也存在着差异，但可以作为日常消费的参考。本章的研究试图对历代口粮消费做粗略的介绍。

第一节　历代口粮消费

最早关于粮食消费的数据源于《周礼》。《周礼》记载了周代廪食制度不同阶层的粮食分配情况，而其中最低的分配数量可以认为是口粮消费，因为最低工资水平就接近于维持基本生活的开支。《周礼》载，"凡万民之食，食者人四鬴，上也；人三鬴，中也；人二鬴，下也。若食不能人二鬴，则令邦移民就谷，诏王杀邦用"。因此，二鬴是最低的水平，达不到则要移民或是削减财政开支。这里核心的问题就是计量单位"鬴"到底有多少？"鬴"通"釜"，是古代容量之器，为古六斗四升，周时期一升合今 187.6 毫升[①]。这里需要明确廪食制度的几个细节，廪食是指公家供应给劳动者的粮食，按月发放。根据古代的加工水平，由谷加工成米的损耗是很大的。所以，可以推断在周时期，人们的口粮最低标准是二鬴，即 128 升（周升，每升合今 187.6 毫升），每日用粮 4.27 升（周升），合 4 汉升，合今 0.8 升，大约 1.2 斤粮食，每月总计用粮 36 斤。每天 1.2 斤粮食应当就是最低标准，因为低于这个标准，劳动力确实无法生存，需要"移民就谷"。

春秋与战国时期（前 770—前 221），在《汉书》上有对农民生活收支的详细记载，"今一夫挟五口，治田百亩，岁收亩一石半，为粟百五十石，除十一之税十五石，馀百三十五石。食，人月一石半，五人终岁为粟九十石，馀有四十五石。石三十，为钱千三百五十，除社闾尝新春秋之祠用钱三百，馀千五十。衣，人率用钱三百，五人终岁用千五百，不足四百五十。不幸疾病死丧之费及上赋敛，又未与此。此农夫所以常困，有不劝耕之心，而令籴至于甚贵者也"。这里提到一个重要的口粮标准，就是"食，人月一石半"，一石半合 150 升，按照汉升的标准，合今 30 升，大约 45 斤粮食。但这里指的是粟，而粟作为原粮加工为成品粮存在损耗，加工率正常为 60%，这样 45 斤原粮只有 27 斤成品粮，这还低于前面说的 36 斤最低标准。因此有学者认为，这里的"石"是大石，因为在汉代石有大石、小石之分[②]，一小石等于 0.6 大石[③]，如果按大石来算，人均口粮在每月 45 斤，这就是安全范围了。

其实在先秦时期（旧石器时期—前 221），月食一石半（汉代大石）、日食五升是常规口粮标准，比如《墨子·杂守》也有说"半食，食五升"，也是这个意思。《庄子·杂篇·天下》也说："虽然，其为人太多，其自为太少，曰：

———————————————

①　见附录一：历代容器对照表。

②　大石与小石，相应有大斗与小斗，大升与小升，大升即现在 200 毫升，小升为 120 毫升。一般原粮石为大石，加工为成品粮后为小石，在没有指明的情况下就需要去推理。

③　吴慧：《中国历代粮食亩产研究》，中国农业出版社，2016 年，第 57 页。

'请欲固置五升之饭足矣。'先生恐不得饱，弟子虽饥，不忘天下，日夜不休。曰：'我必得活哉！'图傲乎救世之士哉。"这里说这些义士，如宋钘、尹文，每日只食五升米，虽饥但不忘天下，因此日食五升对成人来说还是比较低的水平，应该是一个家庭中老弱妇孺算在一起的平均水平。

再看《管子·国蓄》有载，"中岁之谷，粜石十钱。大男食四石，月有四十之籍；大女食三石，月有三十之籍；吾子食二石，月有二十之籍。岁凶谷贵，粜石二十钱，则大男有八十之籍，大女有六十之籍，吾子有四十之籍"。这里有男食四石、女食三石、小儿食二石的记载，加工成口粮就是男食 2.4 石、女食 1.8 石、小儿食 1.2 石，平均起来也差不多是月食一石半、日食五升，这里的升是汉升，每升合今 200 毫升。正是因为汉代及之前周代的升容量小，所以才有廉颇日食斗米的说法。

老百姓平均的口粮标准是日食五升，那么体力劳动者或是军人的口粮需求会更大，《盐铁论·散不足》有载，"十五斗粟，当丁男半月之食"，也就是日食斗粟，根据原意应为加工后的成品粮，所以是小斗，合今 1.2 升，这是体力劳动者的量，也是比较大的量。《汉书·赵充国传》中有讲到轻骑兵"一马自驮负三十日食，为米二斛四斗，麦八斛"，这里麦是马料，米为口粮，计日均 8 升，合今 0.96 升。吴慧（2016）通过对汉代史料中有关军粮记载的数据整理出了汉代戍卒及其家属的用粮量（表 11-1）。

表 11-1　汉代戍卒及其家属的用粮量[①]

单位：粟

人口类别	小石		大石	
	月用粮	日用粮	月用粮	日用粮
戍卒本人	3.333	0.111	2.0	0.066
大男	3.000	0.100	1.8	0.060
大女、使男	2.166	0.072	1.3	0.043
使女、未使男	1.666	0.056	1.0	0.033
未使女	1.166	0.038	0.7	0.023

---

① 吴慧：《中国历代粮食亩产研究》，中国农业出版社，2016 年，第 71-72 页。

在人口类别中，成卒本人是成年军士，所以用粮最大，用小石计的话也是日进斗粟（小斗）。大男指 15 岁以上的成年男子，使男指 7—14 岁男孩，未使男指 7 岁以下男孩，大女、使女、未使女与之相对应。

这样就可以理解《晋书·宣帝纪》中宣帝与使臣的对话内容了。史载："亮使至，帝问曰：'诸葛公起居何如，食可几米？'对曰：'三四升。'次问政事。曰：'二十罚已上皆自省览。'帝既而告人曰：'诸葛孔明其能久乎'，竟如其言。"很显然在日进斗米的军队中，诸葛亮只有三四升，只相当于未使女的饭量，而且事必躬亲，定不能长久。

现代研究表明，农村居民的平均口粮消费为每年 120 余千克，从 1997 年的 154.11 千克下降到 2009 年的 122.18 千克[①]，城镇居民的消费量同比少 20 千克左右。与古代人的日食五升标准相比，现代人的谷物消费量在大幅度减少。主要原因是现代口粮消费除了谷物之外，还有豆薯以及丰富的蔬菜与肉类蛋白，而在古代蔬菜与肉类的消费是很少的。《盐铁论·散不足篇》载，"古者栃食藜藿，非乡饮酒、腊、祭祀无酒肉。故诸侯无故不杀牛，大夫无故不杀羊，士无故不杀犬豕"。《黄帝内经·素问》中写道，"五谷为养，五果为助，五畜为益，五菜为充……五菜谓葵、藿、薤、葱、韭也"，葵是元代以前最重要的蔬菜。北魏贾思勰在《齐民要术》中列举三十一种蔬菜，葵排第一。王祯《农书》载，"葵为百菜之主，备四时之馔，本丰而耐旱，味甘而无毒，供食之余可为菹腊"。到了明代，葵的地位下降，《本草纲目》载，"葵菜古人种为常食，今人不复食之，亦无种者"。后由萝卜和白菜取代。正是由于古人菜肴简单，所以都以主食为主要能量来源，因此对口粮的消费自然较大。

汉代日食五升的标准一直到魏晋南北朝时期都没有大的改变，在南朝时《宋书·刘勔传》记，"二万人岁食米四十八万斛"，算下来每人岁食二十四斛（石），月食二石，日食六升半多，与上表中汉代成卒的标准一致（大石标准为0.66 石），这也验证了口粮标准在这一时期没有变化。

隋唐时期（581—907）由于度量标准的改变，口粮消费记载也有不同。《唐会要卷·八十九》载，"每丁年口粮为七担二斗，即每月六斗，每日二

---

① 张印午、曹雅璇、林万龙：《中国城乡居民口粮消费差距估算——基于中国健康与营养调查数据》，《西北农林科技大学学报（社会科学版）》，2012 年第 4 期，第 50 - 56 页。

升"。《新唐书·严郢传》也有"大抵岁僦丁三百，钱二千八百八十万，米二千一百六十斛，实所得不补所费"。这里300丁每年费米2160斛（石），每丁每年也是七担二斗，折每日二升。《唐六典·卷六》载：官奴婢，"其粮丁口日给二升，中口一升五合，小口六合。诸户留长上者。丁口日给二升五合，中男给二升"。从汉以来的日食五升到唐的日食二升，其中的原因是隋开皇时将升的容积放大了，也就是唐代一升为汉代三升，所以唐代的日食二升相当于汉代的六升，这时六升是丁的口粮，考虑到家庭的老幼一起，差不多人均五升，与汉代一致。

宋代延续了唐代的人日食二升，比如北宋《梦溪笔谈·卷十一》载，"余尝计之，人负米六斗，卒自携五日干粮，人饷一卒，一去可十八日：米六斗，人食日二升。二人食之，十八日尽。若计复回，只可进九日。二人饷一卒，一去可二十六日；米一石二斗，三人食，日六升，八日，则一夫所负已尽，给六日粮遣回。后十八日，二人食，日四升并粮"。这里日食二升是军队用粮的人均标准。

《宋会要辑稿·食货》讲：乾道七年（1171），"绍兴府诸暨县……开凿约用六十八万一千五百工，每工日给米二升"。淳祐元年（1241），浙江宁波的淘沙工每天支十七界会子五百文，米二升半，所以丁每日二升至二升半是其用工标准。可见，宋代的口粮标准与唐代一样都是二升，但也有学者认为，宋的二升较唐的二升量要大，是唐的2.2升，但这一点仍有待考究。

元代（1271—1368）的度量又有转变，《元史·食货志》载，"其输米者，止用宋斗斛，盖以宋一石当今七斗故也"，所以元的一石较宋有增加，每日用粮数量自然有所变化，为日1.4升（元代的升）。

明清时期（1368—1911）升的容量又有增加，史载口粮都是人日食一升（明清）。任启运认为，"夫人食谷（每日）不过一升""以人口日一升计之，一人终岁食米三石六斗"（《清芬楼遗稿·卷一》）。至于一个家庭年均的口粮消费数量也有人做过估计，如据强汝询估算"八口之家，人日廪米四合，率日食四升八合，一岁食米十七石二斗八升"，这样算来人均是2.61石/年，所以徐浩认为，清代每人3石左右的年均口粮标准还是差不多的[①]。现代研究认为，明清时期的升与现代标准升已经非常接近，合今1.0225升。

---

① 徐浩：《清代华北农民生活消费的考察》，《中国社会经济史研究》，1999年第1期，第30-39页。

从历史发展的进程不难看出，虽然各朝代的单位容量大小不同，但从生物学角度来说，每个人需要消费的口粮是基本相同的。可以对比历代口粮消费与新中国成立后改革开放前的口粮消费数据，就可以认定这一基本论断。比如在 1955 年国务院颁发了《市镇粮食定量供应暂行办法》，对不同地区制定粮食定量供应给出了指导性意见，各地区在指导意见的范围内结合当地口粮品种与不同情况自行制定详细标准。比如武汉市在 1955 年 9 月发布了《武汉市粮食定量供应实施细则》，对不同劳动者的口粮供应做了详细的规定（表 11 - 2）。

表 11 - 2　1955 年 9 月武汉市粮食定量供应实施细则

劳动者类型	说明	用粮标准 （以大米为主粮）
特重体力劳动	固定的采石开山工人、高温冶炼工人，以及其他属于此等特重体力劳动的工人	每人每月 50 斤
一等重体力劳动	甲、乙等装卸搬运工人、砖瓦制坯工人、铁路筑路铺轨工人，以及其他属于此等重体力劳动工人	每人每月 45 斤
二等重体力劳动	丙等装卸搬运工人、锻工、铆工、手工大锤打铁工人，以及其他属于此等重体力劳动的工人	每人每月 40 斤
三等重体力劳动	手工水泥制管工人、煤球生产工人，以及其他属于此等重体力劳动的工人	每人每月 35 斤
一等轻体力劳动	丁等装卸搬运工人、手工织毛巾工人	每人每月 33 斤
二等轻体力劳动	内燃机司机、皮件工人、印刷工人，以及其他属于此等轻体力劳动的工人	每人每月 30 斤
三等轻体力劳动	机器纺织工人、缝纫工人、猪鬃和牙刷生产工人、炊事员，以及其他属于此等轻体力劳动的工人	每人每月 28 斤

（续）

劳动者类型	说明	用粮标准 （以大米为主粮）
机关、团体工作人员、 公私营企业职员、店员和 其他脑力劳动者	无	每人每月 27 斤
中等以上学校之男学生 及训练班学员	无	每人每月 29 斤
中等以上学校之女学生	无	每人每月 26 斤
凡不属上述各类人口的居民	包括从事副业生产的家庭妇女、职工眷 属、军人眷属、夫妻店成员、摊贩、私营 工商业者和十周岁以上的儿童	每人每月 24 斤
六周岁以上不满十周岁的儿童	无	每人每月 19 斤
三周岁以上不满六周岁的儿童	无	每人每月 13 斤
不满三周岁的儿童	无	每人每月 7 斤

数据来源：武汉地方志数字方志馆，"武汉票证：计划经济时期市民生活记忆"，http://szfzg. wu-han. gov. cn/。

由表 11-2 可知，体力劳动者的口粮标准为 28～50 斤/月，这与秦汉以来的日食五升、月食 36 斤的数字相符合，而重体力劳动者每月 50 斤也与成卒日食 6.6 汉升，即 48 斤接近。这里未用改革开放后的数字，因为改革开放后人民生活水平大幅度提升，摄入食物更加丰富，对口粮的直接消费在逐渐减少。

第二节　人口演变与粮食供应

根据常理，在清楚口粮消费之后，再乘以每个朝代的人口，基本上就可以得到历代粮食需求。结合每个时期的粮食产量，便可知粮食供应的基本情况。

当然，这种方法的分析是非常粗略的，从粮食消费的角度来说，粮食消费的品类有很多，而在计算供给的时候就只计算了谷物；从粮食供应方面而言，各时期粮食产量分布都是不平衡的，且受水、旱、蝗、冻等灾害的影响，粮食产量也是极其不稳定的。最重要的是历史数据都不能保证准确性，有很大的推理成分，这是目前现代历史研究的最大困难。

中国历代人口数据一向是历史研究的重点，目前形成的研究成果较多，但没有形成统一的结论。人口研究一般以正史数据为基础，结合其他史料进行推理，正史的户口数据可见附录四"中国历代户口统计表"。将其中的人口数作为数据可以形成图 11-1。在清代中期之前，我国人口一直在 8 000 万以下，之后才有大幅度的增加，主要是受益于"摊丁入亩"政策。另一种可能的解释就是清代前期我国一直处于"马尔萨斯陷阱"，从 19 世纪初工业革命萌芽才开始摆脱这个陷阱，实现人口的快速增长，与世界人口增长趋势相同。

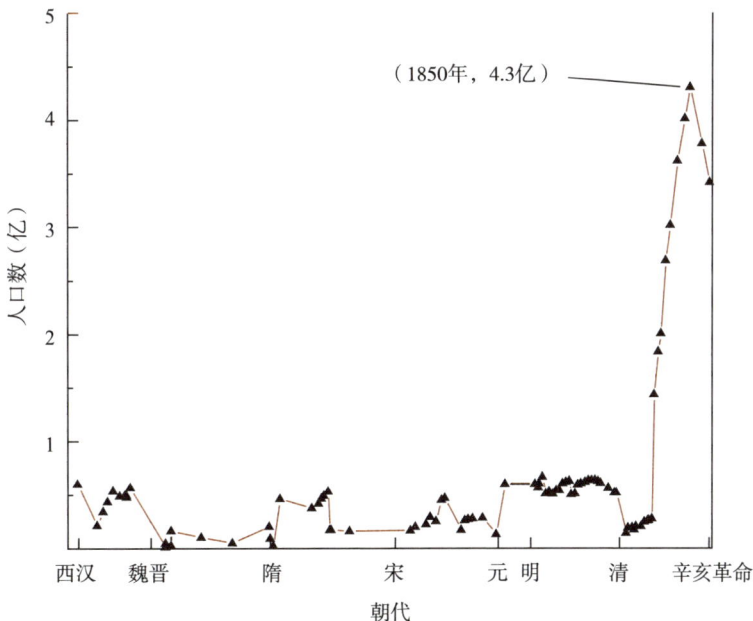

图 11-1 中国历代人口数据统计

现存最早的全国性人口数见于班固《汉书·地理志》中西汉平帝元始二年（2）户口数，为 12 233 062 户、59 594 978 口。由于西汉赋税起征标准为 3 岁以上的全部男女人口，且政策执行效率高，公认是最精确的数据之一。在整个

165

的历史进程中，我国的人口在和平时期曾出现快速增长，比如东汉时期（57—105）、隋唐时期（705—755）、北宋时期（1066—1100）、明代前期（1400—1600）、清代中期（1700—1850）。同时也出现了因社会动荡带来的人口急速下降期，比如两汉之间、东汉末年一直到隋之前、唐代安史之乱以及之后的时期、两宋之间、元末明初、清代太平天国运动期间。

现代研究的数据与古代官方数据有所出入，主要与税收政策有关。历史上各个朝代对居民人口的统计很大程度上是服务于税收的。比如西汉的口赋是对人口比较精确的统计。东汉到隋唐期间，税收以户调为主，因此对户的统计较多。唐代由于纸张的大量生产，为全国编造户籍成为可能，但户籍也是以均田为基础，为租庸调的税收服务的，因此只统计服役的对象，小儿和年老者则忽略不计。宋代时以丁税为基础建立了丁账制度，专门记录 20～60 岁的男丁数量，丁以外的妇女儿童不予统计。元代由于采用户等分类又导致管理混乱。明代终于有了黄册制度，对人口有了较为准确的记录，但明中后期制度又流于形式，县级部门出于自身目的开始编造黄册数据。清之后，在 1712 年实行"盛世滋生人口，永不加赋"的诏书后，从此丁口统计与税收脱离，从此国家也不再关心人口数字。因此，我国历史上汉代人口较为清楚，而唐宋之后比较模糊。

正是基于这个现实，有大量的历史学家致力于搞清楚我国的人口历史，也出现了不少的研究专著，如梁方仲《梁方仲文集：中国历代户口、田地、田赋统计》[1]、何炳棣《1368—1953 中国人口研究》[2] 以及葛建雄《中国人口发展史》[3]。由于葛建雄的研究在梁方仲之后，且论述较为全面，所以这里将葛建雄的研究成果做简要总结并列于表 11-3。

表 11-3　中国各朝代人口最高值估计[4]

朝代	时间	最高	理由
先秦	前 1046—前 256 年	2 000 万	根据《战国策》与《史记》战争的人数倒推

---

① 梁方仲：《梁方仲文集：中国历代户口、田地、田赋统计》，中华书局，2008 年。
② 何炳棣：《1368—1953 中国人口研究》，上海古籍出版社，1989 年。
③ 葛建雄：《中国人口发展史》，四川人民出版社，2020 年。
④ 根据《中国人口发展史》整理。葛建雄：《中国人口发展史》，四川人民出版社，2020 年。

（续）

朝代	时间	最高	理由
秦	前221—前207年	2 000万	因为《西汉人口地理》一书估计西汉初人口为1 500万～1 800万，这里应加上楚汉之争的人口减少
西汉	汉高祖建汉至汉武帝前期（前202—前134）	3 600万	增长率10‰～12‰
	汉武帝中后期（前133—前87）	3 200万	史书记"户口减半"不实
	汉昭帝始元元年至哀帝元寿元年（前86—前2）	公元前69年人口达4 000万人，后期达6 000万人	增长率6‰
两汉之间	9—25年	3 600万	史书载"户减过半"
东汉	25—220年	6 000万	天灾和战乱太多，增长缓慢
三国	220—265年	3 798.6万	编户、荫户、屯户、兵户、吏户、少数族户的总计数
西晋	280—300年	3 500万	太康元年1 616万，算上人口自然增长
东晋	317—420年	初为1 050万，末为1 746万～2 000万	1 000万为原本总人口1/3，外加50万北方移民。东晋期间年均增长5‰应不是问题，可以达到1 746万
宋	泰始三年（467）	1 500万～2 000万	淮北、淮西尽归北魏，加上内乱不止，人口不能高于东晋的上限
齐、梁、陈	梁武帝时期（503—557）	1 800万～2 100万	高峰出现在梁武帝时期，可达1 800万～2 100万人，随后有"侯景之乱"，到陈之后有所恢复，但人口最终在1 500万左右
隋	仁寿年间（601—604）	6 000万	《地理志》载，各州县统计为9 070 414户；《隋书》载为8 907 546户。北魏人口应在3 000万～4 000万，3 800万比较稳妥，而南方在陈之后有所增加，应当为1 660万上下，因此隋总人口应在5 600万～6 000万，基本恢复到东汉最高数

（续）

朝代	时间	最高	理由
唐	天宝十四年（755）	8 000 万～9 000 万	户 8 914 709，口 52 919 309。唐代长期的和平统一及相关政策有利于人口增长：①贞观元年（627）颁布《令有司劝勉庶人婚聘及时诏》，规定"男年二十，女年十五以上，及妻丧达制之后，孀居服纪已除，并须申以媒媒，命其好合……刺史、县令以下官人，若能使婚姻及时，鳏寡数少，户口增多，以进考第"。开元二十二年（734）又诏："男十五，女十三以上得嫁娶"，是历史上最小婚嫁法定年龄。西汉时也有过类似政策。②流民回归与境外部族内迁。③长期社会稳定、富足，黄河安流，没有重大灾害
五代	五代末（950—960）	3 000 万	唐后期人口增长缓慢，五代时期人口下降为总人口数的 1/2～1/3，与秦汉、两汉、三国、隋唐等过渡时期相比，五代的人口衰减期很长，幸好有部分地区损失较小，才使得人口下降幅度不至于成为历史上最大的一次
北宋	大观四年（1110）	10 000 万	北宋前 30 年有高速的人口增长，4 000 万在北方，6 000 万在南方。大观四年（1110）到北宋灭亡有 15 年，户数为 20 882 258，取每户 4～5 人，人口应有 0.94 亿～1.04 亿
南宋	1159—1234 年	5 800 万～6 400 万	江南人口在绍兴十二年（1142）开始回升，绍兴二十九年（1159）已经恢复到战前水平。但在端平二年（1235）蒙古攻宋，从此战争不绝，人口数开始下降
辽	947—1125 年	400 万	—
西夏	1038—1227 年	300 万	—
金	泰和七年至八年（1207—1208）	5 353 万	—
大理	1096—1253 年	115 万	—

（续）

朝代	时间	最高	理由
元	宋元人口低谷 （1234—1260）	金 1 050 万， 南宋 5 000 万	金在 1208 年后的 26 年间，人口（1 050 万）只有原来（5 500 万）的 18％～19％，平均每年下降 66％～69％。四川行省在与元战争中损失 700 万～800 万，南宋因战争损失超过 1 000 万
	元统元年至至正元年 （1333—1341）	8 500 万	元统元年至至正元年，年均增长 4‰，应当为 8 500 多万
	元代西藏人口	56 万	估计为 559 962
明	元末明初（1368）	6 000 万	战争减少 2 500 万，其中元顺帝北逃带走 600 万
	洪武二十六年 （1393）	7 000 万	洪武二十六年（1393）《后湖志》登记 6 054 万，加军队 560 万，这是下限。洪武十四至二十六年（1381—1393）平均增长率为 7.1‰～8.3‰是完全可能的
	万历二十八年 （1600）	16 000 万	明代的和平时期（1400—1600），何炳棣认为年均增长按 4.19‰算，北方人口也要翻一番，但实际上高于此数
	明末（1600—1644）	20 000 万	—
清	顺治十二年（1655）	11 900 万	—
	康熙三十九年（1700）	15 000 万	—
	乾隆四十四年（1779）	27 500 万	—
	乾隆五十九年（1794）	31 300 万	—
	道光二年（1822）	37 300 万	—
	道光三十年（1850）	43 000 万	—
	太平天国 （1851—1864）	33 000 万	太平天国运动持续 14 年，造成近 1 亿的人口损失，东北地区与中国台湾地区的开发也为数千万人提供了移居之所

　　显而易见，历史人口的真实数据通常要高于史书记载的数据，这是因为史书中的人口数据是征税对象"户"和"丁"的数据，而全部人口数据肯定是高于这些数据的。

　　人口决定了粮食的需求，而田亩数量与亩产量决定了总的粮食供应。在田亩数据方面历史学家也有丰富的研究。梁方仲统计了史料中的田亩数据，如图11-2所示。

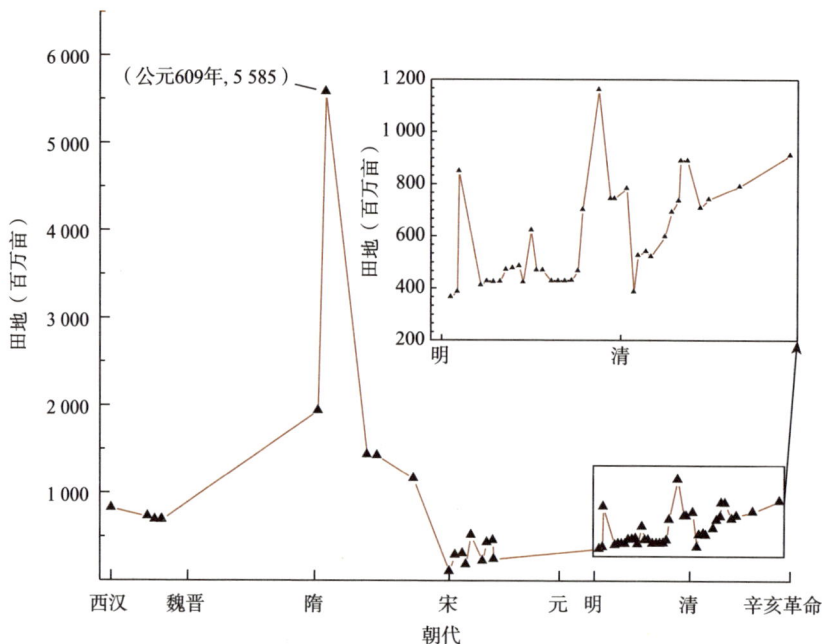

图 11-2　中国历代田亩数①

　　历代田亩的数据并没有像人口数据一样在清之后有大幅度的增长，反而整体上呈现前高后低的趋势，简单来说是由不同历史时期的亩制导致的，古亩较小，而明清之后的亩较大。因为亩制比较复杂，而且现代研究并没有形成统一意见，详细可参见附录三"历代亩制对照表"。

　　在井田时期按百方步为亩来计算，六尺四为一步，一尺为23.1厘米，而商鞅开阡陌之后创立二百四十方步大亩，六尺为一步，尺的长度不变，汉代沿用了大亩和小亩两种制度，大亩合今0.692亩，小亩合今0.288亩。隋唐时期为配合均田政策，再改六尺一步为五尺一步，尺长24.58厘米，同时保留大亩小亩，所

---

　　① 根据梁方仲《梁方仲文集：中国历代户口、田地、田赋统计》甲表1数据整理。梁方仲：《梁方仲文集：中国历代户口、田地、田赋统计》，中华书局，2008年，第6-18页。

以唐代的小亩面积最小，合今 0.227 亩，这也是隋唐时期亩数较高的原因。小亩在我国有着特殊的历史地位，是最古老的田亩标准，同时"百步为亩，一夫百亩，百亩百石"也是农民生活的基本诉求，因此从西周到隋唐均有小亩的痕迹。

宋、明、清三代只保留大亩，即二百四十方步为亩，一步五尺，每尺31.2～32.6 厘米，这就比较接近现代标准。此外，北宋、明、清三代对土地勘测的历史数据最为全面，尤其是明代的鱼鳞册制度，基本上每十年统计一次全国土地，为研究历史田亩提供了丰富的史料。

明、清两代是我国人口的稳定增长期，也是田亩数量的稳定增长期，从图 11-2 可知，明、清时期的田亩数虽然在明末清初时有大的波动，但整体上由四亿亩增加到了八亿亩，虽然低于人口的增长率，但总体上可以说明人口与田亩数的正相关关系。但是这一结论也只能是猜测，何炳棣在分析了大量中外史料与方志之后说："这长期研究的主要发现之一就是明、清两代的土地数字并不代表实际的耕地面积；最后分析起来，只能认为是纳税单位。"[1] 太平天国之后，"各地民数和谷数都不造报，又怎样可能有'真实'的数字呢？所以晚清的土地数字只是应行政上的需要，人为地延续而已"。他谨慎地指出："光绪十三年的土地数字较十四年前的数字增加 1.5 亿亩，部分地反映长江中下游各省和浙江的逐渐垦复及晚清政府增加税收的迫切需要。但光绪十三年的数字和实际耕地面积还是有很大的差距，当然还是纳税单位。"[2]

如果说耕田面积难以确定，那么每亩产量又是另一个难题。张邦炜教授指出他的研究生指导老师曾告诫："古代某些数字是算不清楚的，如粮食平均亩产量之类。"[3] 他自己在经过 50 年的研究之后，对这句话也是深表赞同。历代亩产数据也一直是农史研究的重点，最初在 1980 年余也非在总结历史文献的前提下，将古亩和石都转化为现代的市亩与市石，并简单地总结了一个历代粮食平均亩产的表格。总体上认为，北方的麦粟在元、明、清时期达到每亩一石，之前均为 0.7 石左右，南方稻米在元、明、清时期达到亩产二石，之前为一石左右[4]。吴慧在整理历史文献并进行逻辑分析之后得出不一样的结论，在

---

① 何炳棣：《中国古今土地数字的考释和评价》，中国社会科学出版社，1988 年，第 1 页。

② 何炳棣：《中国古今土地数字的考释和评价》，中国社会科学出版社，1988 年，第 105 页。

③ 张邦炜：《历史学如何算起来？——从北宋耕地面积、粮食亩产量等数字说起》，《唐宋历史评论》，2017 年第 1 期，第 243－251，381 页。

④ 余也非：《中国历代粮食平均亩产量考略》，《重庆师范大学学报（哲学社会科学版）》，1980 年第 3 期，第 9－20 页。

将历代田亩产量折合为市亩和市石之后，可以发现南北平均亩产在唐之前为二石，南方水稻也是两石，在唐之后为三石，南方水稻为比三石略多几十市斤。其中吴慧考虑了复种与混种的技术，比如明代亩产数字包括玉米、甘薯和双季稻，宋、元水稻按一季晚稻，而明、清则按早稻、晚稻两季，并加上豆麦等产量[①]。李伯重的研究则表明稻麦产出差异较大，他指出在唐代水稻亩产一般为三石，而麦的亩产为6～7斗，而在推行稻麦复种的情况下可以提高水稻产量，从而达到四石[②]。胡戟综合史料则得出唐广大地区的粮食平均产量为一石略多，新开荒地亩产少一二斗，而较好收成为二石，折合现今标准为一市亩二百多斤[③]。杨际平认为，汉代全国平均亩产在一石上下，此亩为240步之亩，以粟计为65市斤/市亩，麦粟各半计，合71市斤/市亩。汉之后由于牛耕与铁农具等耕种技术的普及，亩产到唐代约提高50%～60%，所以唐代亩产一石，以粟二麦一计约110市斤[④]。由上可知，亩产数字确实难以确定，如果希望通过亩产数据来确定口粮供应情况是十分困难的，历史研究通行的做法是通过口粮数量来反推历史亩产数据。为了对历史上粮食供应有一个简单的了解，这里用吴慧整理的数据进行说明（表11-4）。

表11-4　历代粮食亩产、人均耕地与人均占有粮的关系[⑤]

朝代	耕地面积（亿市亩）	其中粮食面积（亿市亩）	人口（亿）	每人粮食面积（市亩/人）	粮食亩产（市斤/市亩）	每人占有原粮数（市斤）	原粮出品率（%）	每人占有成品粮（市斤）	每一劳动力的粮食生产率（市斤）	
									原粮	成品粮
战国中晚期	0.9	0.846	0.2	4.26	216	921	61.1	563	3 318	2 027
西汉末	2.38	2.24	0.595	3.76	264	993	60.13	597	3 578	2 151
唐	2.11	1.99	0.529	3.76	334	1 256	52.96	665	4 524	2 396

---

① 吴慧：《中国历代粮食亩产研究》，中国农业出版社，2016年，第213-214页。

② 李伯重：《唐代江南地区粮食亩产量与农户耕田数》，《中国社会经济史研究》，1982年第2期，第8-15页。

③ 胡戟：《唐代粮食亩产量——唐代农业经济述论之一》，《西北大学学报（哲学社会科学版）》，1980年第3期，第75-76页。

④ 杨际平：《从东海郡〈集簿〉看汉代的亩制、亩产与汉魏田租额》，《中国经济史研究》，1998年第2期，第74-80页。

⑤ 吴慧：《中国历代粮食亩产研究》，中国农业出版社，2016年，第214-215页。

（续）

朝代	耕地面积（亿市亩）	其中粮食面积（亿市亩）	人口（亿）	每人粮食面积（市亩/人）	粮食亩产（市斤/市亩）	每人占有原粮数（市斤）	原粮出品率（%）	每人占有成品粮（市斤）	每一劳动力的粮食生产率（市斤）	
									原粮	成品粮
宋	4.15	3.9	1.04	3.75	309	1 159	52.2	605	4 175	2 179
明	4.65	4.2	1.3	3.23	346	1 118	56	626	4 027	2 255
清中叶	7.27	6.18	3.61	1.71	367	628	55.7	350	2 262	1 260

　　数据方面，原粮加工率在唐代有所下降，主要是因为稻谷的比重上升，故而出米率比较低。清中叶的嘉庆十七年（1812），每一名农业劳动力的粮食生产率是按每人占有粮食数量除以 27.76%（农业劳动力在人口中的比重）公式计算。每人占有的成品粮数量包括主食与副食的全部粮食，也包含酿酒等消费在内的，因此会高于最低口粮标准。

　　清中叶以后，人口增长的压力给粮食供应造成极大挑战，这是清末动乱的根本原因，而腐朽的封建王朝只是试图镇压革命，并没有试图从根本上去解决粮食危机，最终在内外交困中走向覆灭。

附

录

朝代与时期	量器名称	包含升数（升）	容积（毫升）	1升的容积（毫升）	与市（公）制比较[1升合市（公）升]	备考
周	釜	64	12 000	—	0.188	《周礼·冬官·考工记》
	斗	10	1 876	187.6	—	
春秋战国（东周）	斗	10	1 984	198	0.198	洛阳金村出土
赵国	斗	10	2 092.5	209	0.209	尹壶，又一原氏壶斗含 1 920 毫升
魏国	斗	11	2 114	211	0.211	少府铜盉
楚国	斗	10	2 160	216	0.216	楚铜量一升为 216 毫升
韩国	斗	10	1 860	186	0.186	阳城出土陶量（一斗）
齐国（春秋末）	釜	125	24 235	194	0.194	陈氏新量。临淄出土公区陶量容积 4 847 毫升，一区 25 升
齐国（战国）	釜	100	20 460	204	0.204	子禾子釜，量一陈纯铜釜容水 20 580 毫升
	钚（斗）	10	2 070	207	0.207	左关铜钚
	升		206	206	0.206	右里敀之升量者，右里升亦有容 187 毫升
秦国	石（斛）	100	19 860	198.6	0.199	商鞅铜方升

---

① 吴慧：《中国历代粮食亩产研究》，中国农业出版社，2016年，第 331－333 页。

（续）

朝代与时期	量器名称	包含升数（升）	容积（毫升）	1升的容积（毫升）	与市（公）制比较[1升合市（公）升]	备考
秦统一	斗	10	2 000	200	0.2	山东邹县出土始皇诏陶量
	升	1	199.5	199.5	0.199 5	始皇诏铜方升
西汉	石	100	20 187	201.9	—	天汉四年铜钟，此是小石
	斗	10	1 995	199.5	0.2	杨氏铜椭量
	升	1	208	208	—	上林共府铜升（平均可按每升200毫升计），此是小升。另有大升，小升为大升的3/5
新莽	斛	100	19 100	191	—	新莽湿仓铜斛（容水）
西汉	斗	10	1 900	190		始建国铜方升
	升	1	199.7	199.7	0.2	铜嘉量
东汉	斛	100	19 600	196	—	建武大司农铜斛（容小米）
	斗	10	1 990	199	0.2	元初大司农铜斗（容小米）
曹魏	斛	100	20 500	205	0.21	铜斛实物
西晋	斗	10	2 526	252.6	0.252 6	太康三年（282）铜斗实物
北魏北齐	斗	10	3 963	396.3	0.4	孔颖达《左传正义》载，"魏齐斗称于古二而为一"
北周	斗	10	2 150	210.5	0.21	北周玉斗容积，此处据《隋书·律历志》数据计算
唐	斗	10	5 940	594	0.59	承隋开皇三年制"以古斗三升为一升"，此是大升，小升仍与汉同
宋	斗	10	6 641	664.1	0.66	沈括考证，汉三升五合为宋之一斗
元	斗	10	9 488	948.8	0.95	《元史》载，"以宋一石当今元七斗"
明	斗	10	10 225	1 022.5	1.025	明铁斛（五斗）容积为5 112.6毫升
清	斗	10	10 355	1 035.5	1.035 5	现存户部铁方升容小米1 043毫升，此处据《清会典》记载计算

朝代	1斤合克数	与市制比较 (1斤合市斤)	备考
周	238.37	0.48	
秦	250	0.5	
西汉	250	0.5	
新莽	226.7	0.45	
东汉	250	0.5	
西晋	347.6	0.695	《中国古代度量衡图录》附录，按太康铜升铭文推算
南齐	375	0.75	
梁、陈、北魏	250	0.5	
东魏、北齐	500	1	
北周	281	0.56	
隋	680	1.36	隋以古秤3斤为1斤，古秤1斤按新莽嘉量较得之斤重226.7克计
唐、宋	680	1.36	见唐代斤重新说的资料
明、清	596	1.19	
市斤	500	1	

---

① 吴慧：《中国历代粮食亩产研究》，中国农业出版社，2016年，第334页。

朝代与时期	量地尺长度（厘米）	1步的含尺数（尺）	1亩的含方步数（步）	1亩的面积（米²）	与市制比较（1亩合市亩数）	备考
西周	19.7	8	100	248.38	0.372 6	《王制》载，"古者以周尺八尺为步"
齐地东田	19.7	6.4	100	158.96	0.238 5	东田以"周尺6.4尺为步"
秦国（商鞅变法后）	23.1	6	240	460.89	0.691 2	
秦统一后：秦地	23.1	6	240	460.59	0.691 2	
秦统一后：六国故地	23.1	6	100	192.04	0.288	
汉：大亩	23.1	6	240	460.89	0.691 2	
汉：小亩	23.1	6	100	192.04	0.288	
曹魏西晋	24.2	6	240	505.99	0.759	小亩仍以100方步计，合0.316 3市亩
东晋	24.5	6	240	518.62	0.778	百步小亩合0.324市亩
北魏	29.596	6	240	757	1.035 6	百步小亩合0.473市亩
唐：小亩	24.58	5	100	151.04	0.226 6	
唐：大亩	24.58	5	240	362.45	0.543 8	
宋	31.2	5	240	584.06	0.876	
明	32.64	5	240	575.77	0.959 7	
清	32		240	552.96	0.921 6	

---

① 吴慧：《中国历代粮食亩产研究》，中国农业出版社，2016年，第335页。

	年代	公元纪年	户数	口数	户均口数
西汉	平帝元始二年	2	12 233 062	59 594 978	4.87
东汉	光武帝建武中元二年	57	4 279 634	21 007 820	4.91
	明帝永平十八年	75	5 860 573	34 125 021	5.82
	章帝章和二年	88	7 456 784	43 356 367	5.81
	和帝元兴元年	105	9 237 112	53 256 229	5.76
	安帝延光四年	125	9 647 838	48 690 789	5.05
	顺帝永和五年	140	9 698 630	49 150 220	5.07
	顺帝建康元年	144	9 946 919	49 730 550	4.99
	冲帝永嘉元年	145	9 937 680	49 524 183	4.98
	质帝本初元年	146	9 348 227	47 566 772	5.09
	桓帝永寿三年	157	10 677 960	56 486 856	5.29
三国	蜀 刘禅炎兴元年	263	280 000	940 000	3.36
	魏 曹奂景元四年	263	663 423	4 432 881	6.68
	吴 孙皓天纪四年	280	530 000	2 300 000	4.34
西晋	武帝太康元年	280	2 459 840	16 163 863	6.57
十六国	前燕末年	370	2 458 969	9 987 935	4.06
南北朝	宋孝武帝大明八年	464	906 870	4 685 501	5.17
	北魏孝明帝熙平年间	516—518	5 000 000	—	—
	孝庄帝永安年间	528—530	3 375 368	—	—
	北齐幼主承光元年	577	3 032 528	20 006 880	6.6

---

① 葛建雄：《中国人口发展史》，四川人民出版社，2020年，第117-122页。

（续）

	年代	公元纪年	户数	口数	户均口数
	北周静帝大象中	579—580	3 590 000	9 009 604	2.51
	北周静帝大定元年	581	3 599 604	—	—
	陈宣帝太建年间	569—582	600 000	—	—
	陈后主祯明三年	589	500 000	2 000 000	4
隋	隋炀帝大业五年	609	8 907 546	46 019 956	5.17
唐	高祖武德年间	618—626	2 000 000	—	—
	太宗贞观年间	627—649	3 000 000	—	—
	高宗永徽元年	650	3 800 000	—	—
	中宗神龙元年	705	6 156 141	37 140 000	6.03
	玄宗开元十四年	726	7 069 565	41 419 712	5.86
	开元二十二年	734	8 018 710	46 285 161	5.77
	天宝元年	742	8 525 763	48 909 800	5.74
	天宝十四年	755	8 914 709	52 919 309	5.94
	肃宗干元三年	760	1 933 174	16 990 386	8.79
	代宗广德二年	764	2 933 125	16 920 386	5.77
	德宗建中元年	780	3 805 076	—	—
	宪宗元和十五年	820	2 375 400	15 760 000	6.63
	文宗开成四年	839	4 996 752	—	—
	武宗会昌五年	845	4 955 151	—	—
五代 后周	世宗显德六年	959	2 309 812	—	—
宋	太祖开宝九年	976	3 090 504	—	—
	太宗至道二年	996	4 574 257	—	—
	真宗景德三年	1006	7 417 570	16 280 254	2.19
	真宗天禧五年	1021	8 677 677	19 930 320	2.3
	仁宗皇祐五年	1053	10 792 705	22 292 861	2.06
	英宗治平三年	1066	12 917 221	29 092 185	2.25
	神宗元丰六年	1083	17 211 713	24 969 300	1.45
	哲宗元符三年	1100	19 960 812	44 914 991	2.25
	徽宗大观四年	1110	20 882 258	46 734 784	2.24
	高宗绍兴二十九年	1159	11 091 885	16 842 401	1.52

（续）

年代		公元纪年	户数	口数	户均口数
	孝宗乾道六年	1170	11 847 385	25 971 870	2.19
	孝宗淳熙七年	1180	12 130 901	27 020 689	2.23
	光宗绍熙四年	1193	12 302 873	27 845 085	2.26
	宁宗嘉定十六年	1223	12 670 801	28 320 085	2.24
	理宗景定五年	1264	5 696 989	13 026 532	2.29
	宋金合计 孝宗淳熙十四年 世宗大定二十七年	1187	19 166 001	69 016 875	—
	光宗绍熙元年 章宗明昌元年	1190	19 294 800	73 948 158	—
	光宗绍熙四年 章宗明昌六年	1193—1195	19 526 273	76 335 485	—
元	世祖至元二十八年	1291	13 430 322	59 848 964	4.46
	文宗至顺元年	1330	13 400 699		
明	太祖洪武十四年	1381	10 654 362	59 873 305	5.62
	洪武二十四年	1391	10 684 435	56 774 561	5.31
	洪武二十六年	1393	10 652 870	60 545 812	5.68
	成祖永乐元年	1403	11 415 829	66 598 337	5.83
	永乐十一年	1413	9 684 916	50 950 244	5.26
	永乐二十一年	1423	9 972 125	52 763 178	5.29
	宣宗宣德元年	1426	9 918 649	51 960 119	5.24
	宣德十年	1435	9 702 495	50 627 569	5.22
	英宗正统十年	1445	9 537 454	53 772 934	5.64
	代宗景泰六年	1455	9 405 390	53 807 470	5.72
	英宗天顺八年	1464	9 107 205	60 499 330	6.64
	宪宗成化十年	1474	9 120 195	61 852 810	6.78
	成化二十年	1484	9 205 711	62 885 829	6.83
	孝宗弘治三年	1490	9 503 890	50 307 843	5.29
	弘治十五年	1502	10 409 788	50 908 672	4.89
	武宗正德五年	1510	9 144 095	59 499 759	6.51
	正德十四年	1519	9 399 979	60 606 220	6.45

（续）

	年代	公元纪年	户数	口数	户均口数
	世宗嘉靖十一年	1532	9 443 229	61 712 993	6.54
	嘉靖二十一年	1542	9 599 258	63 401 252	6.60
	嘉靖三十一年	1552	9 609 305	63 344 107	6.59
	嘉靖四十一年	1562	9 638 396	63 654 248	6.60
	穆宗隆庆五年	1571	10 008 805	62 537 419	6.25
	神宗万历六年	1578	10 621 436	60 692 856	5.71
	万历三十年	1602	10 030 241	56 305 050	5.61
	光宗泰昌元年	1620	9 835 426	51 655 459	5.25
	熹宗天启六年	1626	9 835 426	51 655 459	5.25
清	世祖顺治十二年	1655	—	14 033 900	—
	顺治十八年	1661	—	19 137 652	—
	圣祖康熙十二年	1673	—	19 393 587	—
	康熙十九年	1680	—	17 094 637	—
	康熙二十四年	1685	—	20 341 738	—
	康熙四十年	1701	—	20 411 163	—
	康熙五十年	1711	—	24 621 324	—
	康熙六十年	1721	—	25 616 209	—
	世宗雍正二年	1724	—	26 111 953	—
	雍正十二年	1734	—	27 355 462	—
	高宗乾隆六年	1741	—	143 411 559	—
	乾隆十八年	1753	—	183 678 259	—
	乾隆二十七年	1762	—	200 472 461	—
	乾隆四十一年	1776	—	268 238 181	—
	乾隆五十五年	1790	—	301 487 114	—
	仁宗嘉庆十七年	1812	—	361 691 431	—
	宣宗道光十四年	1834	—	401 008 574	—
	道光三十年	1850	—	429 931 034	—
	德宗光绪十三年	1887	—	377 636 000	—
	溥仪宣统三年	1911	(1) 92 699 185	341 423 867	5.45
			(2) 71 268 651	368 146 520	5.17

参考文献

常璩，刘琳，1984. 华阳国志校注 ［M］. 成都：巴蜀书社．

陈崇斌，2009. 新石器时期中原地区谷物加工技术初探 ［J］. 东南文化（6）：26-32.

陈东有，李少南，2007. 明清时期鄱阳湖区的圩田开发与生态环境、洪涝灾害之间的关系 ［J］. 江西社会科学（11）：97-103.

陈峰，2000. 漕运与古代社会 ［M］. 西安：陕西人民教育出版社．

陈勇，顾春梅，2003. 唐代经济研究三题 ［J］. 西华师范大学学报（哲学社会科学版）（5）：82-85.

邓云特，2011. 中国救荒史 ［M］. 北京：商务印书馆．

冻国栋，2002. 中国人口史　第二卷　隋唐五代时期 ［M］. 上海：复旦大学出版社．

凡勃仑，2011. 有闲阶级论 ［M］. 蔡受百，译．北京：商务印书馆．

范金民，1992. 清代禁酒禁曲的考察 ［J］. 中国经济史研究（3）：92-104.

冯柳堂，1993. 中国历代民食政策史 ［M］. 北京：商务印书馆．

冯梦婷，2019. 明代宦官与仓储漕运研究 ［D］. 西安：陕西师范大学．

付志方，1982. 刘晏与唐代漕运 ［J］. 学术月刊（6）：51-56.

葛建雄，2020. 中国人口发展史 ［M］. 成都：四川人民出版社．

龚建伟，2006. 明代福建地区的饥荒与救济 ［D］. 上海：华东师范大学．

郭九灵，2008. 宋代义仓论略 ［J］. 华北水利水电学院学报（社科版）（3）：67-70.

郭松义，2014. 水利史话 ［M］. 北京：社会科学文献出版社．

何炳棣，1988. 中国古今土地数字的考释和评价 ［M］. 北京：中国社会科学出版社．

何炳棣，1989. 1368—1953 中国人口研究 ［M］. 上海：上海古籍出版社．

何汝泉，1996. 唐代转运使的设置与裴耀卿 ［J］. 西南大学学报（社会科学版）（1）：72-79.

胡戟，1980. 唐代粮食亩产量——唐代农业经济述论之一 ［J］. 西北大学学报（哲学社会科学版）（3）：75-76.

黄鸿山，2005. 元代常平义仓研究 ［J］. 苏州大学学报（哲学社会科学版）（4）：93-96.

嵇曾筠，李卫，沈翼机，等，1991. 浙江通志 ［M］. 上海：上海古籍出版社．

吉敬斌，2005. 西汉华仓遗址［J］. 陕西史志（1）：33-34.

江召棠，魏元旷，等，1996. 中国地方志集成. 江西府县志辑. 光绪南昌县志［M］. 南京：
　　江苏古籍出版社.

兰婷，2016. 明代民间救济研究［D］. 南昌：江西师范大学.

李伯重，1982. 唐代江南地区粮食亩产量与农户耕田数［J］. 中国社会经济史研究（2）：8-15.

李伯重，2008. 清代中期苏松地区的地租与房租［J］. 中华文史论丛（1）：243-252.

李文治，江太新，2008. 清代漕运［M］. 北京：社会科学文献出版社.

李文治，魏金玉，经君健，1983. 明清时代的农业资本主义萌芽问题［M］. 北京：中国社
　　会科学出版社.

李艳，2019. 汉魏南北朝时期谷物加工工具研究［D］. 新乡：河南师范大学.

李宇峰，1989. 辽宁汉晋时期农业考古综述［J］. 农业考古（1）：104-110.

郦家驹，2015. 宋代土地制度史［M］. 北京：中国社会科学出版社.

梁方仲，2008. 梁方仲文集：中国历代户口、田地、田赋统计［M］. 北京：中华书局.

林华，1987. 清代仓贮制度概述［J］. 清史研究（3）：7-13.

罗薇，2018. 明代江汉平原垸田开发研究［D］. 昆明：云南大学.

吕晓红，2012. 秦汉仓储粮食的管理［D］. 南京：南京师范大学.

马洪路，1986. 再论我国新石器时代的谷物加工［J］. 农业考古（2）：135-142.

牛敬忠，1991. 清代常平仓、社仓制度初探［J］. 内蒙古师范大学学报（哲学社会科学版）
　　（2）：104-110.

潘锦全，2004. 元代海运综述［J］. 北华大学学报（12）：78-封三.

全汉昇，1944. 唐宋帝国与运河［M］. 上海：商务印书馆.

任文洁，2022. 小麦的推广种植与先秦时期"四时"观念的强化［J］. 史学月刊（3）：5-16.

阮葵生，李保民，2012. 茶余客话［M］. 上海：上海古籍出版社.

山东师范大学历史系，中国近代史研究所，1984. 清实录山东史料选［M］. 济南：齐鲁书社.

沈颂金，2000. 秦代漕运初探［J］. 中国经济史研究（4）：114-119.

松浦章，2010. 清代内河水运史研究［M］. 董科，译. 南京：江苏人民出版社.

田醒农，雒忠如，1966. 秦都栎阳遗址初步勘探记［J］. 文物（1）：10-18.

王朝中，1984. 唐代安史乱后漕粮年运量骤降原因初探［J］. 中国社会经济史研究（3）：
　　67-76.

王金艳，2019. 康熙朝地方仓储研究——以常平仓、社仓、义仓为主［D］. 曲阜：曲阜师范
　　大学.

王猛，仪德刚，2016. 元代蒸馏酒制作技艺及其现代调查研究［J］. 农业考古（3）：197-201.

王睿，2018. 清代常平仓衰败的道德表述与市场实际——基于黄梅案的考察［D］. 上海：华
　　东师范大学.

王子今，1994. 秦汉交通史稿［M］. 北京：中共中央党校出版社.

韦双龙，2013. 两宋仓储与救荒探析［J］. 农业考古（4）：138-141.

吴承洛，1937. 中国度量衡史［M］. 上海：商务印书馆.

吴慧，2016. 中国历代粮食亩产研究［M］. 北京：中国农业出版社.

吴滔，1996. 明代苏松地区仓储制度初探［J］. 中国农史（3）：53-61.

吴霞成，2009. 清代山东仓储探究［D］. 曲阜：曲阜师范大学.

吴忠起，1992. 中国古代仓储史概要（二）中国古代仓储事业的第一个重要发展时期——
秦、两汉的仓储［J］. 中国储运（1）：50-51.

武汉地方志数字方志馆，2022. "武汉票证：计划经济时期市民生活记忆"［EB/OL］. http://
szfzg. wuhan. gov. cn/.

谢桂华，李均明，朱国炤，1987. 居延汉简释文合校［M］. 北京：文物出版社.

谢文森，2018. 明代南京仓研究［D］. 沈阳：辽宁师范大学.

辛德勇，2010. 论细柳仓与澂邑仓［J］. 陕西师范大学学报（哲学社会科学版）》（2）：
118-124.

徐浩，1999. 清代华北农民生活消费的考察［J］. 中国社会经济史研究（1）：30-39.

徐宏件，2007. 论唐都长安的粮食供应［D］. 西安：陕西师范大学.

徐鹏，2012. 明代江南漕粮改折与地方社会［D］. 上海：复旦大学.

杨际平，1998. 从东海郡《集簿》看汉代的亩制、亩产与汉魏田租额［J］. 中国经济史研究
（2）：74-80.

杨印民，2013. 元代酒课收入及其在政府财政中的地位［J］. 中国社会经济史研究（3）：8-15.

余也非，1980. 中国历代粮食平均亩产量考略［J］. 重庆师范大学学报（哲学社会科学版）
（3）：9-20.

岳琛，1990. 中国土地制度史［M］. 北京：中国国际广播出版社.

张邦炜，2017. 历史学如何算起来？——从北宋耕地面积、粮食亩产量等数字说起［J］. 唐
宋历史评论（1）：243-251，381.

张焕育，2010. 明代预备仓研究［D］. 苏州：苏州大学.

张家驹，1957. 两宋经济重心的南移［M］. 武汉：湖北人民出版社.

张晓东，2012. 隋朝的漕运系统与政治经济地理格局［J］. 中国社会经济史研究（3）：1-9.

张印午，曹雅璇，林万龙，2012. 中国城乡居民口粮消费差距估算——基于中国健康与营养
调查数据［J］. 西北农林科技大学学报（社会科学版）（4）：50-56.

张勇，2015. 两宋东南漕运格局与淮南地区水利开发［J］. 暨南史学（1）：115-126.

赵文林，谢淑君，1988. 中国人口史［M］. 北京：人民出版社.

赵晓华，2013. 清代因灾禁酒制度的演变［J］. 历史教学（下半月刊）（11）：29-34.

左丘明，杜预，孔颖达，1987. 文渊阁四库全书. 春秋左传注疏［M］. 上海：上海古籍出版社.

后　记

　　历史研究是极不容易的事情，其困难不在于要查阅史书典籍，识古文字，对于粮食经济史研究来说，更大的困难在于理解古地名、古河道的区位与意义，明白历代重量、长度、容积的度量与现代的差异，因为这对于粮食经济史的研究是十分重要的。

　　在研读诸多已出版的粮食经济史著作后，总是觉得不透彻、不完整。不透彻是因为粮食经济的范畴太大，以断代史方式来讲述容易顾此失彼；不完整是对整个粮食产业论述不全，比如主粮结构、漕运与储备方式、供需整体情况等。因此，萌生了写一本简明的粮食经济史的想法。但由于不是历史专业科班出身，这本简单的书花了两年多的时间来完成初稿，其后又用了很长的时间来进行校对，包括史籍原文校对、年代年号、历代人口、通假字等，即便如此，还是存在诸多不足。

　　自 20 世纪 90 年代之后，与其他学科相比，学界对粮食经济史的研究没有更进一步的发展，这也是完成这一著作的另一个原因。其实粮食经济史上的每一个时段的每个维度都值得仔细研究，都能形成独特的理论贡献。近些年，有关历史人口、田亩、农技、度量、漕运的研究成绩斐然。这些新研究成果可以丰富甚至修改粮食经济史的传统观点。然而，由于能力有限且工作量太大，本书还实现不了这样宏伟的目标。随着历史研究的不断发展，对每个朝代的认识都会更新，未来将会有更多新的历史发现来丰富粮食经济史的研究。

　　本书得到 2023 年河南兴文化工程文化研究专项项目资助，项目编号：2023XWH247。本书还得到孙中叶教授、蔡海霞老师的大力支持，研究生杨胜男制作了部分历史统计表格，研究生黄芬、刘娅琪、姚超霞校对了书稿，写作过程中得到了程叶蓁、程言雍的支持，并在好友孟聪和寿怡君的安排下实地考察了黎阳仓遗址与漕粮码头，一并感谢。

程晓林

2022 年 7 月于郑州